伝統野菜の今

地域の取り組み、地理的表示の保護と遺伝資源

香坂 玲
冨吉 満之

Japanese Vegetables in Globalizing Era:
National Icons or Transplanted Traditions?

アサヒビール株式会社発行■清水弘文堂書房編集発売

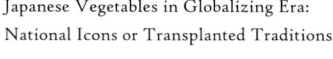

伝統野菜の今

目次

地域の取り組み、地理的表示の保護と遺伝資源

Japanese Vegetables in Globalizing Era :
National Icons or Transplanted Traditions?

Ryo Kohsaka & Mitsuyuki Tomiyoshi

はじめに　8

伝統野菜が問いかけるもの　10

第Ⅰ部　曖昧なる伝統野菜　15

1章　そもそも伝統野菜と呼ばれるものとは何か　16

1・1　和食の世界遺産登録　16

【コラム1】　世界遺産の登録は抹消もあり得る　23

1・2　伝統野菜と在来品種　26

1・3　なぜ伝統野菜を守るのか　31

【コラム2】　雑煮と伝統野菜　38

1・4　ただの野菜はいかにして伝統野菜になったか　40

【コラム3】　昔の野菜のほうがおいしかった？　47

1・5　伝統野菜の担い手は誰か　49

2章　全国各地の伝統野菜　58

2・1　多様性と曖昧さ　58

2・2　京野菜（京都）　60
【コラム4】　京都のつけもの・すぐき漬け　69
2・3　加賀野菜と能登野菜（石川）　71
【コラム5】　スイーツの進化：里山の恵みの六次産業化　83
2・4　やまがた伝統野菜（山形）　85
【コラム6】　飛行機でも伝統野菜が登場　90
2・5　広島お宝野菜（広島）　92
2・6　ひご野菜（熊本）　98
【コラム7】　ダイコンとナス　105
2・7　大和伝統野菜（奈良）　109
【コラム8】　女性と種子　119
2・8　江戸東京野菜（東京）　121
2・9　あいちの伝統野菜（愛知）　126
【コラム9】　徳島れんこん　134
2・10　「伝統野菜」よりも古くからある作物たち
　　——「世界地図でみる作物のルーツ」　136
【コラム10】　トマトとジャガイモ　142
2・11　伝統野菜から見えるもの　146

2-12 いつから「伝統」になれる？ 152

各地の事例〈補足資料〉 157

資料編「全国の伝統野菜」に関する情報 171

第Ⅱ部 闘い、制度、そして伝統野菜の未来へ 179

3章 遺伝資源をめぐる国内外の動き 180

3-1 非政府組織による問題提起 180

3-2 食と遺伝資源をめぐる産業界の動き 191

4章 知的財産と地理的表示 202

4-1 知的財産と農産品をめぐる近年の動向と課題
——激化する遺伝資源の「私有化」と揺らぐ地名の扱い 202

4-2 地域団体商標と地理的表示の保護 220

【コラム11】伝統野菜の認知度を上げる
インターネットよりも強い意外な情報源「店舗での会話」 236

5章 農業や農村に関わる国内の制度 240

あとがき 274

S T A F F

PRODUCER 礒貝日月（清水弘文堂書房）
CHIEF IN EDITOR & ART DIRECTOR 二葉幾久
EDITOR & PROOF READER 深澤雅子
DTP EDITORIAL STAFF 中里修作
COVER DESIGNERS 深浦一将　黄木啓光・森本恵理子（裏面ロゴ）
SPECIAL THANKS 石川祥次郎

□

アサヒビール株式会社「アサヒ・エコ・ブックス」総括担当者 佐藤郁夫（経営企画本部 本部長）
アサヒビール株式会社「アサヒ・エコ・ブックス」担当責任者 鈴木敦子（社会環境部 部長）
アサヒビール株式会社「アサヒ・エコ・ブックス」担当者 原田卓也（社会環境部）

伝統野菜の今

地域の取り組み、地理的表示の保護と遺伝資源

香坂 玲　冨吉満之

アサヒビール株式会社発行　清水弘文堂書房発売

はじめに

伝統、文化、環境の話というのは、えてして建前で終わってしまったり、ついついお説教のようになってしまったりする。しかし、例えば環境についての話をする際に、「私たちの暮らしにどのような関係があるのか」という視点を入れると、聴き手の反応がずいぶんと変わる。暮らしと関わる身近な題材のなかでも、特に食べ物の話は身近に感じてもらいやすい。地球温暖化は気温が変化するだけではなく、コメ、リンゴの産地が変わるとか、生態系が破壊されると、ハチによる受粉が行われなくなり、ソバ、アーモンド、メロンといった食べ物にも変化が起き、財布にも影響を及ぼすと話すと、「なるほど」と話を聞いてもらえることも多い。いわば胃袋に訴えると、自分や子孫の暮らしに直結した問題であると納得してもらいやすいようだ。納得してもらった瞬間から、環境の問題がにわかに自分が触れるもの、日常に関わるものとなる。

実感を伴って話がわかることを、英語で、もともとは触ることができることを意味する「タンジブル（tangible）」という。「味覚」を意味するテイスト（taste）と語源は共通する。環境に限らず、伝統や文化といったテーマも、味覚、触覚などの五感にどれだけ訴え、どれだけタンジブルであるかが、そのテーマに関心を持ってもらう上で勝負となる。話をした部屋から一歩出ると忘れさられてしまうのか、あるいは日々の生活のなかでの行動に取り入れようと思ってもらえるのか、その分岐点は「腑に落ちるかどうか」という点にかかっているともいえそうだ。

一方で、「食」だから五感に訴えてわかりやすい、というのも注意が必要だ。特にそれが、伝統、文化など形式ばった装いをまとっているときには、なおさら注意する必要があろう。本書は、そうした装いをまとった伝統野菜について、その背景、制度、各地での取り組みを取り上げている。野菜を通して見えてきた伝統というものは、定まった型や様式を継承し、受け継いでいくというより、実はその時代、その時代に合わせて変化しており、その起源も曖昧であることに気づかされる。伝統というと何世代にもわたって継承され、長く続けられてきたと思いがちだが、戦後、場合によっては30年前後と意外にも短い期間の場合もある。伝統のなかには、変化やダイナミズム、曖昧さ、いい意味での「いいかげんさ」も混在している。タネもしかけもないように見える「伝統野菜」というジャンルは、実は伝統といいながらもタネがよそから来ていたり、起源の逸話がかなり曖昧であったりもする。その曖昧さゆえに、多くの地域での活動や運動が可能となり、新しい試みも生まれてきており、伝統野菜にはそんな大らかな側面がある。反面、規模や流通が広がれば曖昧さは通用しないだろうと、何か統一された規格や基準を持ちこもうとすると、その瞬間に風味が失われてしまう。そんな繊細さも併せ持っているのが伝統野菜だ。ただ同時に、伝統野菜のジャンルは、曖昧さやいいかげんさを許容するおおらかな世界、あるいは繊細な世界だけでもなく、実は多くの緊張関係を孕《はら》んでいることにも気づかされる。

本書には伝統野菜という括りに対して若干批判的な記述もある。しかし、いうまでもなく、現場での活動を批判するものではない。むしろ、各地の現場では、伝統野菜の生産、商品づくりに取り組んでいる人々の世代を超えた想いや交流に触れる機会を得た。そうした多くの方々の現場での努力、創意工夫による実践が行われていることに敬意と感謝を表したい。であればこそ、地理的表示などの制度や今後の取り組みに関する議論において一つの糧となれば望外の喜びだ。

食という味覚に関することを、活字を通して伝えることはなかなか難しい。曖昧さこそが風味ともいえる伝統野菜を論ずることは、ある意味では野暮なことであるのかもしれない。本書を通じて、どこまで読者の皆さんの五感に訴えることができるのか、心もとないが、伝統野菜の奥深さと、いい意味での「曖昧さ」を、少しでも味わっていただければ幸いである。

伝統野菜が問いかけるもの

グローバルという言葉があちこちで聞かれるようになって久しい。ある場所での出来事が、海を伝う波のように、世界の遠く離れたほかの場所で影響を及ぼすようになった。あるいは、「モノ・ヒト」が貿易を通して商品やサービスとして遠く離れた土地にまで拡散されるようになった。その種類、規模、スピードが大きい時代に我々が生きていることは間違いない。

モノの流通が広がると、競合他社の参入によってさまざまな類似品が出てくる。その後、多様化したモノを均質化しようとする規格化の力が働く。例えば、パソコンの接続の口やＵＳＢの形状が地域や国ごとに異なっていては、それを変換させる作業が必要となり、不便だ。そこから、形や質を同じようなモノに統一して、規格というものを作り出そうとする力が加わる。いわゆる「規格化」の流れだ。私たちの身のまわりの製品の大半は、形状・品質・安全などさまざまな観点から規格に沿って製造されている。新しい商品やサービスに対しては、その規格をどのように決めていくのか、日々、国内外で議論が行われている。スポーツでいえば、試合のルールを決めるようなもので、どの産業もセクターも必死だ。

　特に日本人はこのような流れや情報に対して敏感に反応し、グローバル・スタンダードなどに目を光らせ、吸収しようとしてきた。それゆえ、世界の流れから外れてしまったものは、どんなに優れていても「ガラパゴス化」していると切って捨てられる可能性がある。もちろん天然資源が少なく、加工貿易の重要性が高いという経済的な背景もあるだろうが、文化的な要因もありそうだ。内田樹が『日本辺境論』で、日本人は自分たちの国が辺境に位置しており、何か新しいもの、進んだものは他所からやってくるというメンタリティがあると指摘しているが、そうしたメンタリティも影響しているのかもしれない。

　かつてはグローバル化というと、主に工業製品が国内では議論されてきたが、近年の競争力強化、輸出戦略の議論で、農作物が注目されるようになった。「もう農作物ぐらいしか輸出拡大を図れる切り札がない」とぼそっと漏らした官僚もいたほどだ。ただ、それは同時に激しい規格化の圧力にさらされることとなり、それに付随して、パソコンや携帯電話と同様に、農業の分野でもさまざまな議論や取り組みがなされている。

　例えば制度面では、欧州連合（ＥＵ）での施策を参考に、２０１４年に特定農林水産物等の名称の保護に関する法律、いわゆる地理的表示法が成立し、２０１５年６月から地理的表示保護制度が本格的にスタートする。難しく聞こえるかもしれないが、実際にはヨーロッパのワインやチーズなどで馴染みのあるもので、お酒のシャンパン、チーズのカマンベール、肉のパルマなど、産地と結びつきが深く、品質などについて社会的な評価がある製品を保護する制度だ。製法や材料が含まれることもある。日本でも、九州の焼酎や白山の清酒、山梨のワインなど、酒類では先行してすでに制度化されている。伝統野菜は、各地で地名を冠していることからも関係が深く、先行した類似の制度のなかですでに商標として登録されている京野菜、加賀野菜などもブランド力アップに期待を寄せている。今後は、各地で生産者を含む現場レベルでの基準、地理的な範囲、合意形成が議論となるだろう。国内では模造品、いわゆるニセモノの対策が本格化できる反面、海外のブランドを国内で同じように尊重する必要性が出てくる可能性がある。

ただし、そのような制度的、技術的な問題というより、本書はそもそも帰るべき場としての伝統野菜は存在するのかどうかという問いを出発点としている。故郷の癒しや安らぎといったものをイメージさせる「伝統野菜」だが、データからは言葉の響きとは少し違う姿も見えてくる。また、その定義、ルーツ、実態が、かなり曖昧であったりもする。本書では、制度面も含めさまざまな側面から伝統野菜を眺めつつ、グローバルな時代における伝統野菜などへの回帰の動きが、一体、何を意味するのかを探っていく。日常の食卓に並ぶ食品に地球の裏側から持ってこられたものも数多く含まれる一方で、地元のもの、伝統的なものへ熱い視線が注がれている。そうした回帰は、どこから来るのだろうか。裏表の関係にある食のグローバリゼーションへの反発なのか。伝統野菜に向けられるまなざしは、単に昔のものを見直そう、広げようというものではなさそうだ。生産形式、ライフスタイル、社会を変えていくグローバル化の圧力のなかの救世主なのか。あるいは単一化されていく食の世界での局所的なガラパゴスなのか。

「伝統野菜を活用すれば地域が活性化できる」「ストーリーやブランド力のある伝統野菜はインバウンド観光や輸出する商品の候補だ」といった考え方も一般に流布している。しかし、本書を執筆するなかで、複数の伝統野菜の生産者の方からそれとは異なるご意見をいただいた。いわく、「そもそも伝統野菜は他所で販売したり、まして国外へと輸出されることを志向しているものではない。農業の輸出戦略などといったものと同列に論じられるべきではない」などと。金沢で種苗会社の代表を務める松下良氏からは、「作るのは大変だけれども、作り甲斐のある、味わいの深いもんが伝統野菜」という言葉をうかがった。前述の地理的表示などの制度を通じて、「『お上』に認定されたり、保護されたりするものではない」という指摘もあった。このように人々はさまざまな反応をし、その状況を利用して何かを実現しようとしたり、適応を試みたりする人や組織もある一方で、漠然と不安感を抱き、あるいは反発から、変化を受け入れるのではなく、むしろ、これまでのやり方や昔のものへ回帰しようという動きも出てくる。

本書では、国際的な制度との関係性や知的財産を含む地域資源の活用を軸とした香坂と、農業経済・植物遺伝を専門とする冨吉が異なる視点でそのような動きを追いかけた。これまでの伝統野菜の議論では個別の作物の紹介や生産者、レストランの事例紹介や分析が多かった。包括的で大規模な調査記録や辞典も存在するが、本書では伝統野菜という概念とその成立背景、そして今後の産地や知財の保護といった議論との関係性を掘り下げようと試みた。第Ⅰ部では、伝統野菜の概念とその揺らぎについて考え、その上で具体的にいくつかの「確立された」伝統野菜を概観していく。第Ⅱ部では、やや専門的な議論となるが、遺伝資源としての農作物をめぐって非政府組織や産業界が国際交渉の場でどのような議論や戦略を展開しているのか、地理的表示を含む知財としてどのような議論があるのかを紹介していく。そして、日本の農業全体に関わる議論へとつなげている。

引用・参考文献

内田樹（2009）『日本辺境論』新潮社

第Ⅰ部

曖昧なる伝統野菜

第Ⅰ部では、伝統野菜とはそもそも何者なのかを紐といていく。具体的には、1章で伝統野菜の基本的事項について、2章でいくつかの代表的地域の事例と作物のルーツについて述べる。

1章　そもそも伝統野菜と呼ばれるものとは何か

故郷には常にあったかのように懐かしく感じられる伝統野菜。ただ、その実態は多様である。和食の世界遺産の登録から振り返りながら、その由来、守る意義、そもそもどのように成立してきたのかを探っていく。

1-1　和食の世界遺産登録

２０１３年12月に「和食」がユネスコ無形文化遺産として登録され、「世界遺産登録」と大きく報道された。同年に東京開催が決まった２０２０年のオリンピック・パラリンピックと合わせて、喜ばしいニュースとなった。

ユネスコ無形文化遺産というのは、２００３年に条約として採択され、２００６年4月にスタートした比較的新しい制度だ。１９７２年から制度がスタートしている法隆寺などの有形の世界文化遺産、屋久島などの世界自然遺産などと比べると、まだ知名度は低いのかもしれない。ただ、日本は制度が採択された翌年、世界で三番目に締結しており、積極的な国の一つであろう。またすでに、能楽、歌舞伎、雅楽などに加え、特に農業と所縁《ゆかり》の深い石川県の「奥能登のあえのこと」、宮城県の「秋保の田植踊」、広島県の「壬生の花田植」、和歌山県の「那智の田楽」なども登録されている。

このように文芸、あるいは祭事に近い分野での登録が多い。世界的にも同様の傾向であるが、文化や社会的な慣習に所縁のある料理が登録される新しいトレンドも登場し、２０１０年にフランスの美食術、南欧とモロッコなどの地中海料理、メキシコの伝統料理、２０１１年にトルコのケシケキ伝統料理と登録が相次いだ。そして、２０１３年に和食が世界遺産の仲間入りを果たしたわけだが、「なぜ『世界遺産』たりうるのか」と論じた辻芳樹に代表されるように、和食について、軸がブレないようにしながらも、単に日本の食文化を継承するだけでなく、新しい要素を取り入れ、海外で受け入れられるようになったプロセスを積極的に評価する識者も多い。一方で、「和食」という言葉に疑義を抱き、敢えて「日本料理」という言葉で、天皇や皇族の宮廷料理を題材として、日本の食文化について読み解こうとする食品学者・松本栄文の著作など、和食にまつわる議論は盛んだ。

和食の世界遺産登録は大きなニュースとなったが、和食の登録を決定づけた提案理由については、ほとんど知られていないのではないか。提案の正式名称は、「和食：日本人の伝統的な食文化――正月を例として――」であり、その定義は、「『自然の尊重』という日本人の精神を体現した、食に関する社会的慣習として」となっている。提案理由を引用すると、以下のように述べている。

> 「和食」は、四季や地理的な多様性による「新鮮で多様な食材の使用」、「自然の美しさを表した盛りつけ」などといった特色を有しており、日本人が基礎としている「自然の尊重」という精

神にのっとり、正月や田植え、収穫祭のような年中行事と密接に関係し、家族や地域コミュニティのメンバーとの結びつきを強めるという社会的慣習である。

このように、単に料理そのもの、盛り付けや飾り付けの技、健康面での効用というよりも、四季や自然との関係、正月といった文化やコミュニティの行事のなかでの位置づけを強調しての登録であった。当然ながら、食品規格だとか技能検定試験のように、食品の品質あるいは料理や盛り付けの腕前を審査して合否を判定しているわけではなく、ミシュランガイドのように味やサービスを評価しているわけでもない。また、登録時に厳密な料理名や方法はリストアップされていない。つまり、和食として何が該当するのか、誰が担っていくのかという点は特定しないまま、共同体を結びつけ、維持させていく特質が示されている。コミュニティやメンバーなどの言葉でローカルな点を強調しつつも、ナショナルな誇りとなるような世界遺産への登録に結びついている。

世界遺産であれば、「国連、世界が認めた」、後述する地理的表示では「国のお墨付きを得る」という言葉を筆者自身（香坂）は何度も耳にしてきた。それが前向きな力になる面もあるが、同時に注意も必要だ。フランスの産地のブランド化の事例で、米国の社会学者は、地元の伝統やストーリーの語りは重要だが、時には純血主義や外国人排斥に結びつく危うさがあり、「地域性は（産地等の）アイデンティティに参画はするが、窒息させるものではない」という言葉を紹介し、警告している。

登録に伴う線引き

遺産登録は、各国の食文化の伝統もさることながら、実態とは異なっていても何となく想起される長い年月をかけて育まれてきた共同体を維持していこうという意図が読み取れる。和食と同時に登録された、韓国の「キムチ作りの文化」の提案もその意図を汲み取っているように思われる。いわく、自然の恵みである野菜が欠乏する冬場に備え、家族や地域の共同体が一緒になってキムチを漬けこみ、分け合う慣習は、共同体の結びつきを維持・増進する文化である。キムチと和食では全く異なるという過剰なまでの反応が報道されたが、登録に向けた提案でのストーリーの組み立て、論理自体は、極めて似ている。どちらからも「真似をされた」という声もあるだろう。また、それぞれの国のブランドやイメージをかけた国際競争として情報戦も繰り広げられたのだろう。ただ、経緯はどうであれ、国連に提出され、受理された正式文書では、自然との関係、共同体の結びつきを強調した類似のストーリー展開であった点を指摘しておきたい。

過去には、懐かしい故郷の風景や動植物が郷土愛や結束のシンボルとして使われた。今回の世界遺産登録を契機に、和食が国や地域コミュニティの結びつきの象徴になるのか。象徴となるには、誰が守っていくのかという点についても、義務が発生する。提案書の案では、「草の根グループや学校の教員、料理のインストラクターも、フォーマル及びインフォーマルな教育や実践を通じ、知識及び技術の伝承を担っている」と、フォーマル、インフォーマルという両方を含める形を取り、戦略的にか無自覚にか、曖昧にしている。しかし、フォーマルな登録がなされたことで、逆説的に、どの時期、どの地域、どの範囲のものを守り、維持していくのかといった議論が今後は欠かせなくなっている。

どの地点、どの時代の自然や伝統を再生、復活、維持していくのかというのはわかりきったもののようでいて、実は曖昧模糊としている。自然再生でも、日本の森であれば、縄文時代の照葉樹林とするのか、（実際にはハゲ山が多かった）江戸時代の里山にするのかといったことが議論となる。当然ながら、両者の森林としての性格は大きく異なり、どちらを目指すかによって、対応策は大きく異なる。もともとの地形、植生、生態系といった条件と、現在その地域に根づいている地域文化、人口、住民の意向なども関係してこよう。さらに、これからは、どのようなランドスケープ（景観）や地域社会を形づくっていくのか、将来への構想にも関わってくる。

伝統や自然というと、常に動じない、決まった姿があるように思われがちだが、設定する時代、社会情勢などがその姿に大きな影響を与え、変化していることも多い。「懐かしい故郷の風景」も、「おふくろの味」も、目を凝らすと時代時代によって変化をしてきていることが多い。もちろん、伝統のなかにも全く変えない型、軸、伝承の要素もあるのだろう。ただ一方で、時代や状況に応じて変化していこうとする力も働き、その押し合い、拮抗のなかに、「伝統野菜」も成立しているのではないだろうか。本書の事例から、そんな一面も読み解いていただければ幸いである。

私たちの体を形づくる細胞も、実際には入れ替わりながら同じ役割を引き継いでアイデンティティを保っている。生物学者の福岡伸一はそのことを「生命は動的平衡にある流れである」と表現し、注目を集めた。多くの伝統野菜も、タネなどの遺伝子、栽培や調理の方法などさまざまな要素が入れ替わりながらも、一定のアイデンティティを保ち、つながっていくものなのであろう。

制度の硬直性と柔軟性

一方で、世界遺産、あるいは地域ブランドの登録商標、地理的な産地証明といった制度の側は、「曖味さ」「いいかげんさ」といったゆらぎをなるべく少なくする力が働く。ある意味では、二律背反の反発し合う力ともいえる。

例えば、産地証明であれば、はっきりと地理的に区分したエリアのなかで生産されている原材料などを登録し、場合によっては製法まで追跡ができるように設計されている。ところが実際には、エリアを曖昧にすることで参加できる生産者を多く確保しようとするケースもあれば、行政や農業団体が設定した区分では、エリアが実情より広すぎる場合や、逆に途中で切れてしまうケースもままある。あるいは、収穫や水揚げされた場所とは異なる、梱包や加工をした場所で流通させるケースも少なくないのが実情だ。種子や知識が共同で管理されていて、所有者が特定できないケースもある。

今後、日本でも導入が予定されている「地理的表示の保護」（第2部で詳述）の制度では、地理的な区分に加えて、品質、製造方法、祭事など使われる場面などの特定にも踏みこんで登録が行われる可能性が議論されている。なるべく客観的に測れるブレがない成分で登録の線引きをしたいのが制度側の論理となる。一方で、伝統野菜などではエリアの線引きから、製造方法、味や品質まで制度化できるのかどうか、かなり疑問がある。

ブランドや伝統野菜の成り立ち、実情から必然的に生じるゆらぎに対して、試行錯誤をしながら制度の側も歩み寄る必要がありそうだ。従って、制度の柔軟性についても議論が必要となる。実際、フォーマルな制度のなかにもある程度の柔軟性は確保されている。

例えば世界遺産にしても、２００９年に一度登録された石州半紙が２０１４年に日本の和紙として再度登録されるとか、地中海料理の構成国が追加されるなど、より広い概念が出てきた際に、意義を強調するために再度登録や追加が行われることもあり、ある程度、柔軟な制度となっている。ただし、柔軟な制度といっても、このようなアメの要素だけではない。一方で忘れてはならないのは、登録抹消があり得るというムチの要素だ。危機遺産、登録抹消の事例が出た世界自然遺産の教訓だ。登録の抹消があり得るというムチの要素は、残念ながら日本でも見られる「登録されたのだから、お祭りは終わり」という傾向に歯止めをかけていく抑止力となる可能性を秘めている。

いろいろと課題を指摘したが、和食の世界遺産登録自体は、間違いなく喜ばしいニュースであり、多くの先人や関係者の努力によるもので、その努力には敬意を払いたい。ただ、和食が登録された瞬間に、登録されたものに含まれるものとそうではないもの、維持する主体に含まれるものとそうではないものという、定義や関係者の「線引き」の緊張関係が発生する面もあるということは指摘しておきたい。

制度の側では硬軟を織り交ぜながらも、登録されたものの基準や規格を保たせるために、生産できるエリア、方法、団体をはっきり線引きしようとする力が働くことだろう。一方で、現場では、時には意図せず、時には戦略的に、曖昧さを保ちながら、「和食」も「伝統野菜」もしなやかに、したたかに受け継がれていくのであろう。

コラム1　世界遺産の登録は抹消もあり得る

近年、世界文化遺産に登録されたことでニュースとなったものに富士山がある。和食と同様に、海外でも知られた日本のシンボル的存在で、浮世絵や文学作品にも登場する。「富士には、月見草がよく似合う」――文豪、太宰治の小説「富嶽百景」の有名なくだりだ。ただ実際の場面では、富士山をバックにした月見草を愛でているのではない。バスの車中、女車掌の「けさは富士山がよくみえる」という呟きに共感し、多くの乗客が嘆声を上げてざわつくなかで、太宰は「俗っぽい」とそっぽを向き、富士山とは反対側の断崖を眺める。その目線の先に、けなげに咲く月見草があったわけだ。

２０１３年の富士山の世界文化遺産への登録は、当初は自然遺産を目指した20年以上前からの長きにわたる関係者の努力の結果で、静岡県出身者として筆者（香坂）は素直に喜ばしいと思う。その一方で、世界遺産登録を祝った地が、押し寄せる観光客と、遺産としての保全や地元の細々とした営みの継続とのバランスで苦しんできた事例もあり、登録という華々しい側面以外にも慎重に目配りをしながら、祝いたい。

世界遺産は現状の仕組みでは「登録して終わり」ではなく、概ね6年に一度の定期報告書が求められる。何か課題があり、対応が不十分であると判断されると、「危機遺産リスト」に掲載され、毎年の報告書の提出が求められ、場合によっては登録が抹消される。

世界の危機遺産で目をひくのは、戦争や内戦の影響だ。クロアチアの文化遺産のドゥブロヴニク旧市街はセルビア・クロアチア内戦による砲撃で甚大な被害を受け、コンゴの国立公園などはルワンダの内戦に伴う難民の移動による影響が深刻であった。また、住民が世界遺産より利便性を選んだ事例もある。２００４年に世界遺産に登録されたドイツのドレスデン・エルベ渓谷では、キクガシラコウモリなど渓谷に住む希少動物や景観に及ぼす悪影響が懸念される橋の建設計画をめぐり、司法での争い、さらには橋の建設の可否を問う住民投票までもつれこんだ。結果的には、住民が橋の建設を選択し、皮肉にもドレスデン・エルベ渓谷は世界遺産から登録を抹消された事例として有名となった。

　世界自然遺産と比べて知名度は落ちるが、ユネスコのエコパーク、地形を特徴としたジオパーク、農業を中心とした世界農業遺産といった制度もある。２０１１年に世界農業遺産に登録され、多くの伝統野菜もその構成資産とされる「能登の里山里海」では、登録された後にこそ、派手でなくても遺産としてしっかりと残していって欲しいという声が数多く聞かれた。新聞社やテレビなどのメディアは、「登録」をゴールにして、そこまでを時々刻々と報道するが、むしろ登録後の日常、営みこそが遺産となっていくことを忘れてはならないだろう。

表１　国際的認定制度の概要比較

名称（略称）	ユネスコエコパーク（MAB）	世界自然遺産	世界農業遺産（GIAHS）	世界ジオパーク（GEO）
目的	・生物多様性の保全 ・持続可能な発展との調和　等	・普遍的価値を持つ自然地域の保護 ・国際協力体制	・伝統的農法と生物多様性の保全 ・次世代への継承	・地形・地質学的遺産の保護 ・経済、文化等の持続的発展
認定基準	・保全、経済発展等の機能 ・緩衝等地域の有無	・自然、地形等の基準 ・完全性	・食糧・生計の保障 ・生物多様性、文化等の保全	・教育、保護、保存 ・GEO ネットワークへの貢献
採択／事業開始	1976 年（構想は 1971 年）	1972 年	2002 年	2004 年
登録数	117 国　610 件（2012 年７月現在）	92 カ国　217 件（2012 年７月現在）	11 カ国　25 件（2013 年５月現在）	26 カ国　90 件（2012 年１月現在）
報告	10 年に１度	概ね６年に１度	４年に１度再審査	４年に１度再審査
登録地域（国内）	白山、志賀高原、大台ケ原・大峰山、綾、屋久島	知床、小笠原諸島、白神山地、屋久島	佐渡、能登、阿蘇、掛川、国東半島・宇佐	島原半島、室戸、糸魚川、山陰海岸、洞爺湖有珠山

いわゆる「環境保全」に関わる国際的認定制度の各特徴である。

ジオパークは、世界ジオパークだけではなく日本ジオパークもある。

世界ジオパークは、2013 年度内にユネスコの「支援プログラム」から「正式プログラム」に格上げされた。

出典：文部科学省専門委員会資料をもとに作成

1-2　伝統野菜と在来品種

「伝統野菜」と聞くと、読者は何を思い浮かべるだろうか。京野菜だろうか、加賀野菜だろうか。あるいは、「伝統野菜」など見たことも聞いたこともないという方もいるだろう。しかし、いずれにせよ、「伝統」という冠をつけるからには、昔から伝わる由緒正しい野菜をイメージするのではないだろうか。しかし、昔からといっても、どの程度の期間を示すのか。奈良時代、江戸時代、あるいは戦後だろうか。また、地域ごとに違いはあるのだろうか。誰がどのような想いで作り続けているのか。いくつかの疑問も思い浮ぶ。また、伝統野菜といえども、タネがよそから来ていたり、起源が曖昧だったりし、実は伝統のなかに、変化やダイナミズム、ある意味のいいかげんさも混在しているようだ。

そこで、そもそも伝統野菜とは、どういう括りなのかを見てみよう。一言でいえば、文字通り、伝統的に栽培されてきた野菜ということになるのだろうが、学問的には「農民が伝統的に栽培している品種を一般的に指す場合には『在来品種』という」とされている。そこで、まずは伝統野菜に類似した言葉である「在来品種」から見ていくことにしよう。

在来品種とは？

「在来」という言葉を広辞苑で調べると、「これまで普通にあったこと、ありきたり」となっており、在来を使った言葉として「在来種」と「在来線」が紹介されている。在来線というのは、新幹線の対語として生まれ、新幹線が開通するまで同区間を走っていた従来の路線ということだ。一方の在来種は、「ある地方で古くから栽培され、風土に適応してきた系統、品種」のことを指しており（西川2013）、「地方の品種」という意味がイメージされる。ちなみに、在来種にあたる英語はローカル・バラエティ（Local variety）であり、地方を意味するローカルという言葉が入っている。なお、「地方の品種」だからこそかもしれないが、在来種と同じ意味で、本書で使用している在来品種をはじめ、伝承野菜、伝承作物、地方品種、あるいは映画『よみがえりのレシピ』の舞台である山形県では在来作物など、さまざまな用語が使われている。

在来品種は呼称がさまざまあるように、実は、定義についても世界や日本で統一されたものは存在せず、各地の団体がさまざまな定義をしている。表2に国内外の定義をいくつか挙げるが、それを見ると、どのくらいの歳月を経たものが在来品種になるかは「長年」「世代を超えて」「20年以上」とされている。世代を超えるというのは、農家でいえば、30年程度と思われるので、20～30年が一つの目安となるだろう。日本の地理的表示などの議論でも25年程度という数字が目安とされている。

農業ジャーナリストの大野和興は著書『日本の農業を考える』のなかで、風土にそって、さまざまな作物を組み合わせる「まわし」（輪作）や「つくりまわし」が、農業の土地利用の真髄であったと指摘する。現在の石川県、加賀藩の農業の父ともいわれる土屋又三郎が江戸時代に著した農業書『耕家春秋』には、稲の品種が83種、麦類、雑穀、豆類、野菜、芋、菜種、藍、麻などが記録されているが、かつては加賀藩に限らず各地に多様な在来品種が存在したと思われる。それが戦後の急速な経済発展

表2　さまざまな在来品種の定義

定義者	用語	定義
Tripp	Local varieties（在来品種）	農家が作物の特性を入念に選抜したもの。祖先の性質が全く変わらず受け継がれているのではない。個々の時代において有用（・魅力的）な性質を、不完全ながらも繰り返し選択されてきたもの。(※ 1)
Zeven	Landrace（在来種）	生物・無生物によるストレスに対して高い耐性を有しており、低投入の農業生産体系においても安定した生産性と中程度の収量を持っている。(※ 2)
山形在来作物研究会 (2007)	在来作物	ある地域で、世代を越えて、栽培者によって種苗の保存が続けられ、特定の用途に供されてきた作物。
	在来品種	在来作物のうち、遺伝的な特性がほかの品目と明らかに区別できて、栽培がその地域内である程度のひろがりを持つときに「在来品種」と呼ぶことがある。
芦澤正和	地方品種	日本に渡来した野菜が、各地に伝播・馴化され、それぞれの地域でそこの気候・土壌・食生活・地域的行事などに対応するよう選抜・固定が繰り返されることによって分化した品種。
ひょうごの在来種保存会	在来種	ある地域で、『世代を越えて』栽培種の保存が続けられ、特定の用途に提供されてきた作物の品種、系統。
氏原・保野 (1974)	在来系統	20 年以上同一場所で栽培・採種を続けているものを在来系統とした。

※ 1　Tripp (1996) による定義を筆者が翻訳。

※ 2　Zeven (1998) による定義を筆者が翻訳。土地の種を意味する Landrace（ランド・レイス）も、日本語に訳すと在来種となる。

により、野菜の品種のモノカルチャー化が進み、在来品種は時代の波に飲まれながら減少の一途をたどることになった。しかし、そうしたなかでも在来品種は細々と栽培され、全国各地に残っている。

　そうして残っている在来品種のなかからいくつかが、いわゆるブランド化され、「伝統野菜」という衣をまとうようになったのである。全国的には京野菜や加賀野菜が有名である。

　ただし、伝統野菜に関しては、販路を拡大させたり、生産を増やしたりする過程で、特徴を組み合わせ、ハイブリッドないしは一代雑種化されたものも含まれ、「古くから農家が自分で（採種を含めて）継続的に栽培してきた」というイメージから離れていく場合もある。その結果、在来品種の定義が曖昧であることはすでに述べたが、伝統野菜についても在来品種と同様に「明確な定義はない」ということになる（日本経済新聞２０１４）。

　伝統野菜という括りは、曖昧さを伴いながらも、その曖昧さゆえに多くの関係者が参画することを可能にし、製品への付加価値のために利用される側面が強い。「伝統野菜」として認定されることにより、もしかしたらなくなってしまっていた在来品種の栽培が継続されたり、新たな担い手が出てくることもあるかもしれない。

　作物遺伝資源としての地方品種の研究に取り組む西川芳昭と根本和洋は、伝統品種という用語を、京野菜や加賀野菜など、地方品種のなかでも特に市場や消費者を強く意識した品種および品種群に対して用いており、「伝統野菜化によるブランド力アップが在来作物の保全に大きな役割を果たしている」と述べている。

　本書では、地域で農家が繰り返し栽培して自家採種をすることによって特徴を持つようになった野菜を「在来品種」とし、そのなかから栽培が広域化、ブランド化されることによって広く認知されるようになった野菜を「伝統野菜」と呼ぶことにする。よって、伝統野菜の多くは在来品種に含まれることになる。ただし、伝統野菜と呼ばれる作物のなかには、色、味、形で欲しい特徴のある遺伝子を持つ親をかけ合わせたF_1（First filial generation ＝雑種第一代の略：ある形質が雑種の第一世代のみ現れ、第二世代以後は現れない）化したものなど、自家採種を伴わないものも存在するため、完全な包含関係とはならないことを付記しておく。

特に、伝統野菜に関しては、ブランド化や地域活性化などの文脈のなかで登場することも多いため、専門家の間でも品種に対する理解が十分でないままに用語が使われる場合もあると思われる。各人がさまざまな活動と想いのなかで伝統野菜という言葉を使うがゆえに、伝統野菜の定義はますます曖昧になっていく。それは一方で、伝統野菜という言葉が懐の広い概念であることを物語っている。

最後に、参考として農林水産省のウェブサイトに掲載されている伝統野菜の定義を紹介しよう（広報誌の内容がバックナンバーとして公開されているもの）。

> 伝統野菜とは、その土地で古くから作られてきたもので、採種を繰り返していくなかで、その土地の気候風土にあった野菜として確立されてきたもの。地域の食文化とも密接していました。野菜の揃いが悪い、手間がかかる、という理由から、大量生産が求められる時代にあって生産が減少していましたが、地産地消が叫ばれる今、その伝統野菜に再び注目が集まってきています。
>
> （農林水産省『ａｆｆ（あふ）』２０１０年２月号「特集 野菜をめぐる新しい動き 伝統野菜の実力」）

これによると、「その土地で」「古くから」「採種を繰り返して」「食文化とも密接」に関係しているのが伝統野菜ということになる。つまり、場所、時期（期間）、技術（採種）、食文化の四つがどうやら鍵となっている。本書でも第2章で、これらの要素を軸に伝統野菜の整理を試みる。

以上、何かしっかりとした基準や規格があるかのように響く伝統野菜だが、定義を議論してみると、現時点での実態としてはかなり曖昧な姿が浮かび上がってくる。本書では、伝統野菜の曖昧さに注目し、敢えて戦略的に曖昧にしている点と、やや混線をきたしている側面の双方を取り上げる。

1-3　なぜ伝統野菜を守るのか

効率化が求められる時代にあって、作りづらく手間が掛かる伝統野菜をなぜ守ろうとするのか。先祖代々受け継がれてきた大切な野菜だから、独特の味わいある野菜に誇りを持っているからなど、理由はさまざまだろう。だが、そうした個々の想いとは別に、伝統野菜を守る意義について考えてみたい。

実は、伝統野菜は生物多様性の損失にも気候変動への適応にも役立っている側面がある。全く実感を伴わない話であり、何を大げさなと思う方もいるだろう。しかし、作物の多様性はどんどん損なわれ、それが生物多様性にはもちろんのこと、気候変動の適応にもリンクしている。そうした現状を見ながら、伝統野菜が活用されている事例を紹介していきたい。いわば「生物多様性にも温暖化にも効く伝統野菜」という話からはじめよう。

保険としての遺伝資源

スーザン・ドウォーキンというアメリカの伝記作家による『地球最後の日のための種子』という本がある。植物の多様性を守るために、世界各地の作物の種子を収集し、そのタネをバンクなどの形で残していこうとする、「ノアの方舟」などのプロジェクトを実行し、ジーンバンカー（遺伝子銀行家）と称されたデンマーク人科学者、ベント・スコウマンの伝記である。コムギの黒さび病など、作物に病気が流行したときに、耐性を備えている可能性のある原種や野生種を、普段は使われてなくともバックアップとして取っておくことの大切さを訴えている。

それについての賛否はともかくとして、現実として農作物の多様性は失われようとしている。これまで人類は農業で七〇〇〇種程度を栽培してきたが、いまや小麦、コメ、トウモロコシの三種類で、植物由来のカロリーの半分をまかなっているという指摘もある。また、国連食糧農業機関（ＦＡＯ）の統計によると、三〇種類の植物で植物からのカロリーの九割が摂取されるようになっているという。この傾向が続くと、栽培されていた品種の九割が二一世紀のうちに失われると想定される。そんな目に見えない危機が進行中なのだ。

農業の生物多様性が失われている原因は多岐にわたる。一つの原因として、一世代限りの雑種（改良品種）で形状や機能だけを重視した作物を栽培していることが挙げられる。あるいは効率一辺倒で、大規模生産しやすいものを優先し、そのほかのものが追いやられたという面もある。生産方法だけではなく、市場も大きく影響している。自由貿易協定あるいは地域連合などに加盟する際に、農業の政策や価格が大きく変わってしまって、地元の小規模な農家が淘汰されてしまうケースも多い。実際に東欧がＥＵに加盟した際に、小規模農家には、生産する作物、経営形態に大きな変化があった。だが、いずれの場合にも共通するのが「認識」の問題である。つまり、生産者、行政、消費者が、どのような社会を作っていきたいと考えていくのかという点だ。

また、昔から栽培されてきたものは劣っていて、外国から来る新しいもののほうが優れているという思いこみも、途上国などの地域で根強いのも現実である。そうではない科学的なデータや根拠が出てきたとしても、実情では「やはり外国で品種改良されたもののほうが優れている」という認識はなかなか覆らない。農業の生物多様の損失には、生産者のみならず、消費者も間接的には関わっているといえよう。

このように作物の多様性がどんどんと損なわれ、形の整った新しい品種に注目が集まり、気候も変化していく状況において、実は伝統野菜とその遺伝子は保険のような役割を果たす貴重な遺伝資源なのである。遺伝資源をめぐっては、世界でさまざまな駆け引きや争いが生じているが、伝統野菜とその遺伝子は、紀元前からの長い時間のなかで農家や農民の創意工夫によって創り出されてきたものであり、自然にそこにあったというよりも、その土地の人々が工夫をして維持しながら、今の形になって残っている「遺伝資源」なのだという認識を持つ必要がある。そうした認識に立ち、遺伝資源へのアクセスについて、農家の人々の貢献を確認し、擁護する必要性が、「農民の権利」という形で世界的に呼びかけられている。

気候変動への適応力を高めてくれる伝統野菜

伝統野菜など遺伝資源の保全は「気候変動」へ漢方薬のようにジワジワと効く薬となる可能性もある。

現在、気候変動が進んでいることは社会にとって脅威になっている。科学の世界の議論だけではなく、雨の降り方、気温などを通じた「異常気象」で、実感として気候変動を感じている方も多いのではないだろうか。気候変動への対策は世界中で取り組まれているものの、残念ながら効果のほどは定かでなく、気候が変わっていくことを前提として適応していくことも重要となる。そうしたなか、さまざまな変化にさらされながら根づいてきた伝統野菜は、その土地その土地の風土に適した作物と育て方のヒントを与えてくれる。端的に例を挙げれば、暑い地域で栽培されていた野菜の遺伝資源や種子を、これまではそこまで気温が上がらなかった場所に持ってきて、生産や関連する知識を移転するような活用が期待される。ただ、気候変動で伝統野菜が役立つのは、野菜そのもの、タネそのものの移転だけではない。そこでは、同じ条件で育ってきたという伝統野菜の変わらない部分よりも、変化に絶えずさらされてきて、生き残ってきたプロセスが我々に多くのことを教えてくれる。全ての作物が適応できるとは限らないが、気候の変化に我々が追い付けなくなる事態が発生する前に、伝統野菜から学び、共有していかなければならない知恵は多い。以上、最初は少し大げさに聞こえたかもしれないが、伝統野菜は生物多様性と地球温暖化の二つのテーマにも役立っていることをおわかりいただけただろう。

文化財としての伝統野菜

在来野菜研究の先駆者である故・青葉高は、その著作なかで「野菜の在来品種には二つの側面があり、一つは空腹や栄養を満たす食べ物としての側面、もう一つは、その来歴、地域の歴史、栽培・利用のノウハウ、その土地で生きる知恵などを伝えてきた『生きた文化財』としての側面がある。後者の側面こそ、在来作物の最大の特徴であり、守るべき意味がそこにある」と、述べている。青葉の言葉に触発された研究者が設立した山形在来作物研究会は、副題を「やまがたの在来作物は生きた文化財」とした書籍を出版している（山形在来作物研究会 2007; 2010）。この文化財としての側面について考えてみたい。

伝統とか在来という冠を付けた野菜であっても、その場に自生していたというより、世界各地にルーツを持つ野菜が、人の手によって別の地にもたらされ、その地に暮らす農民が新たに栽培するようになったものである。つまり、原産地とは遠く離れた地にタネが運ばれ、その地の環境に根差した作物に改良されていくのだ。その改良は、バイオテクノロジーのような急速な技術革新ではなく、新たな地の環境に適応する形で少しずつ進んでいった。さらにはその地の食文化（あるいは加工方法）と互いに影響しあいながら、作物は農民の手によって、少しずつその味や形を変えていったのである。例えば、ダイコンにしても、原産地は地中海だという説があり、それが日本に渡ってきてから各地で少しずつ変化し、次第に図1のように多様な形が見られるようになった。図の右端にある「守口大根」などは細長く、形だけを見るとゴボウのようである（色は白いので、実際はゴボウのようには見えないが）。

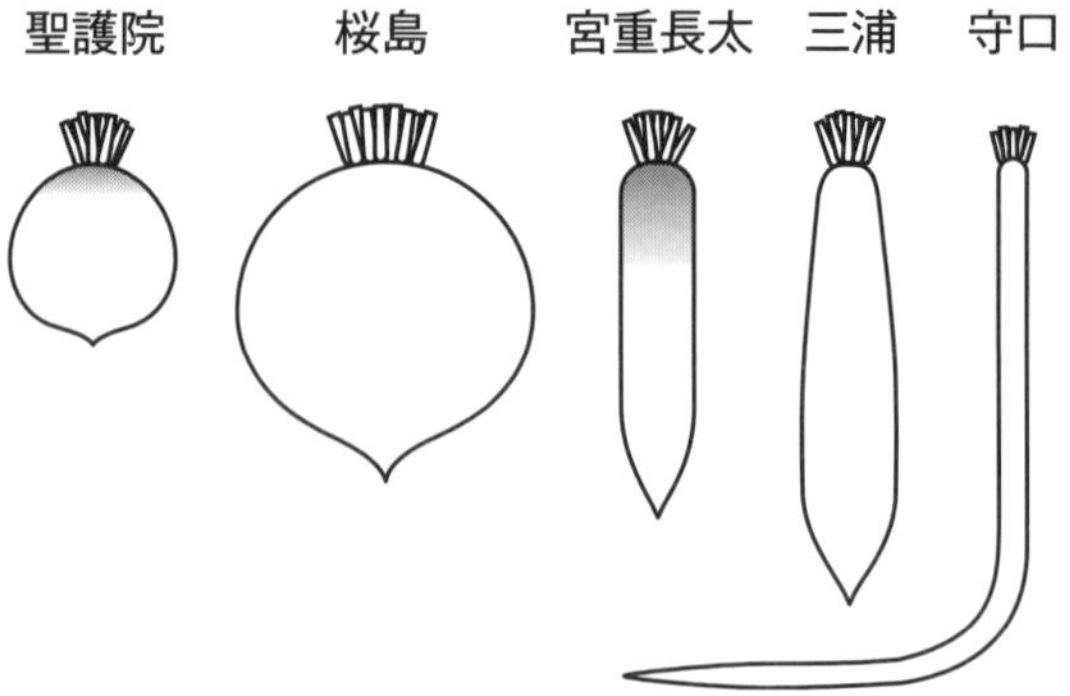

図１　さまざまなダイコンの形状

このダイコンを使った「守口漬」が名古屋名産として販売されている。地中海から大陸を伝わり、海を越えて日本各地に広まり、その食文化のなかにしっかりと根をおろしたのである。

このような野菜を次の世代につないでいくことは、これまで培われてきた文化を受け継いでいくことでもある。それが、「文化財」という言葉をして、青葉が語ろうとしたことなのだろう。

ただし、それを一般に認めてもらうことは容易ではない。伝統野菜のトップランナーである京野菜にしても、京都の伝統産業関係者はなかなか「伝統産業」として認めようとしなかった。一般家庭での消費拡大のための工夫や地道な取り組みを通じて、その地位を確立していったのである。

その際に注目されることは、「伝統野菜」といいつつも、全く同じもののままで普及拡大を図ったわけではない、ということだ。例えば、「聖護院かぶ」は大きさが３～４キログラムもあり、核家族化が進むなかで、家庭での消費が減るようになった。そのため、聖護院かぶとしての質は保ちながらも、家庭で使いやすいように、半分の１・５キログラムほどの大きさに小型化させたものも栽培することで、普及につなげていったようである。「質を変えずに」ということをどこまで厳密にするかは難しいところであるが、そのような努力のなかで、京野菜たちは現在も食され、食卓を彩り、守られているのである。

曖昧さを逆手に　地域再生で人が集う

「伝統野菜」という緩やかな概念のもとで、さまざまな関係者が集い、それが伝統野菜を守ることのみならず、地域の振興、再生にも一役買っている。次章で個別の事例について述べるが、伝統野菜を生産しているのは生産農家だけではない。また、認定しているのも行政だけではなく、農協や地域の商工会なども参画している。あるいはジェラートや酒蔵などの製造業、青年の団体などが伝統野菜を活用した取り組みを実践しているケースもある。定義、起源、解釈の面で「緩やか」であることがむしろプラスに働いていると思われる事例も少なくない。

　例えば山形では、山形大学の教員を中心に在来作物の研究会が発足し、そこで発掘された在来作物（本書でいう伝統野菜を含む）を活用した取り組みとして、地元の料理店、漬物店などとのコラボレーションが実現している。なかでも、伝統野菜を活用したイタリア料理店は全国から注目を集め、マスコミにも多く取り上げられている。その店を営むオーナーシェフの奥田政行氏は、著作『人と人を結ぶ料理』のなかで、青首大根やカブは野菜自体の味が弱く、個性が消されているため料理で使える幅が広く、マヨネーズなどにも合うが、「在来野菜は個性が強くて扱うのが難しい」と愛情をこめて述べている。地域活性化にもつながるこうした展開を、食環境ジャーナリストの金丸弘美は「オリジナルストーリー」を与えているとして評価している。さらに山形では、実務者も含めたサミットなどの形の会議も開催されている。

専門家にとっては、学術的な議論をする際に、「伝統野菜」という言葉は物足りなかったり、不正確とさえ感じられる表現だ。しかしながら、伝統野菜という言葉は、その曖昧さゆえに、その切り口で多くの人々が集って議論ができる可能性を内包している。

コラム2　雑煮と伝統野菜

食の西洋化や多様化が進んだ現在も、正月に雑煮《ぞうに》やおせち料理を食べる人は多い。そうした正月料理は、地域の特色がよく現れる料理の一つである。ただ近頃では、おせち料理は百貨店などで注文する家庭も増えているようで、地域色は薄れつつあるかもしれない。では、お雑煮はどうだろうか。白味噌、すまし、丸餅、角餅、あん餅、鶏肉、魚など、使う材料も味付けも地域によってさまざまな特徴が今も色濃く残っている。

筆者（冨吉）がかつて住んでいた福岡県では、「アゴ」と呼ばれるトビウオを干したものでダシを取る。餅は丸餅、具は、家庭にもよるが、かまぼこ、しいたけ、ブリの切り身などが定番である。そして、福岡の雑煮に欠かせないのが、「かつお菜」と呼ばれる菜っ葉である。

かつお菜はカラシナの仲間で、熊本の高菜に似ている。現在、普及しているかつお菜は、在来品種から改良されて、戦後に農林種苗登録されている。一説では「かつお節にも引けを取らないくらい良い味が出る」ことから、そう呼ばれるようになったとされるが、「勝つ」に通じて縁起が良いということで、正月の雑煮に欠かせない野菜となったようだ。福岡の正月というとこの雑煮が思い浮かぶが、筆者は正月以外にかつお菜を見かけることはなかった。昔から根付いた食文化や風習の意外なところに、案外、伝統野菜が残っていることがある。

京都の雑煮といえば白味噌仕立てであるが、ここに入るのが京野菜のエビイモと金時にんじんである。エビイモはサトイモの一種で、エビのように反った形になることからそう呼ばれる。金時にんじんは鮮やかな紅色をしたニンジンである。

食文化を作るのは市民（庶民）一人一人であり、各人が食べたいものを食べ、そのなかで残ってきたものが食文化であるともいえるだろう。グローバル化が進み、世界のおいしい料理が並ぶ現在にあっても、時には、昔から地域で食べ続けられてきた作物、料理に目を向けて、食べてみるのも一興だろう。思わぬおいしい料理に出会うことがあるかもしれない。正月は、そのような料理を味わう絶好のチャンスなのである。

余談ではあるが、雑煮に入る餅は、西日本では丸餅、東日本では角餅が一般的であるようだ。色々な地方から来た人たちと話すときに、雑煮談義は意外と盛り上がるし、地域色豊かな雑煮話を聞くのは面白い。

1-4　ただの野菜はいかにして伝統野菜になったか

皆さんは、スーパーなどの野菜売り場で、キャベツなどの品名、産地、値段のみが表示されて所狭しと並んでいる野菜の横に、生産者の写真や名前入りの表示がある有機野菜、あるいは「だだ茶豆」とか「九条ねぎ」など特別な名前がついた伝統野菜を目にしたことがないだろうか。生産者や売る側が、さまざまな付加価値をつけた野菜だ。しかしながら、そうした野菜はそれほど昔からあったわけではない。戦後の食糧不足の時代には、とにかくより多くのカロリー供給が求められ、野菜は野菜、どれもただの野菜にすぎなかった。ここでは、時代の変遷をたどりながら、ただの野菜がどのように「伝統」野菜となっていったかについて見ていこう。

日本で食べられている作物のルーツ

まず、日本における作物の起源について触れておく。読者の方は、我々の祖先がもともと日本に自生していた野草（雑草）から栽培を始めた作物はどれくらいあると思われるだろうか。日本人の主食であるコメはどうか。日本の食には欠かせない味噌や醤油、豆腐の原料になるダイズは。どちらも栽培化されたのは日本ではない。

日本に祖先種（原種）が自生しており、そこから栽培化されたものは、ごくわずかである。和食に欠かせないダイコンにしても、日本に渡ってきたのは10世紀より以前であるが、コーカサス（イラク辺り）・パレスチナ辺りが起源とされる。また、ハクサイとなると、地中海で起源し、中国でさまざまな品種が形成された後、日本の記録に登場するのは19世紀の初めである。日本起源とされているのは、果物ではクリ・ニホンナシ、野菜ではフキ・ワサビ・ウド、工芸作物ではハッカ程度である（星川2003）。ただし、これは、世界で食べられているものが全て日本原産であるということではない。例えば、クリにはヨーロッパグリ、シナグリ、ニホングリが存在している（いずれも異なる種である）。このうち、日本起源はニホングリのみである。

いずれにしても、現在、日本においてこれだけ多様な作物が栽培（販売）されていることを考えると、これはいささかショッキングな事実である。しかし、古くは縄文時代～弥生時代における稲作の導入に始まり、海を越えて伝わってきたさまざまな作物が日本の食文化をより多様なものにしてきたのだ。現代においても、その流れは脈々と続いている。トマトは、最初に日本に持ちこまれた時には、「真っ赤で気味が悪い」ということで庶民に受け入れられなかったという。そのトマトは、現代の日本の食卓には欠かせない野菜の一つになっている。また、空芯菜、パプリカ、ズッキーニなどは、筆者が幼少の頃には見たこともない野菜であったが、現在では普通にスーパーに並ぶようになっており、今もってさまざまな新品種が世界から導入されているのである。

そのように新品種が続々と導入されているとなれば、栽培作物はさぞや多様化していると思われるだろうが、実際はその逆である。そこで、作物がこれまでどのような変遷をたどってきたのか見てみよう（表3）。そこから、ただの野菜が「伝統野菜」となった経緯も見えてくる。青葉高の研究によ

表3　中世～近代までの野菜の伝播の歴史

時代・年代	伝統品種に関わる出来事・特徴	日本に伝播した作物もしくはすでに栽培されていた作物
平安中期まで	『延喜式』：宮廷に収められる作物の栽培の記録がある。	瓜、ナス、アザミ、フキ、ニラ、ネギ、ショウガ、セリ、生大豆、小豆、ミョウガ、冬瓜、薯蕷（ヤマイモ）など
安土・桃山～江戸	南蛮船などによる西欧諸国の文化の伝播。新大陸原産の野菜などが長崎に伝来し、そこから全国に広まった。	カボチャ、ジャガイモ、唐辛子、トウモロコシなど
明治	政府は積極的に欧米文化を導入。 開拓使・勧業寮が多くの品種を導入し、全国各地で試作して普及に努める。	キャベツ、タマネギ、トマトなど

出典：青葉高（2013）『日本の野菜文化史辞典』pp.14-30 をもとに作成

ると、中世から近代まで、すなわち安土・桃山時代から江戸時代にかけては、南蛮船などによって西欧諸国の文化が日本に伝わった一環として、新大陸原産の野菜などが長崎などに伝来し、そこから全国に広まった。明治時代になると、鎖国時代とはうって変わって、政府は積極的に欧米の文化を導入し、野菜についても政府主導で欧米から多くの品種を導入し、全国各地の試験場で栽培を試しながら普及に努めた。

こうして、明治時代初期までは、①海外からの新たな作物の導入、②国内での伝播、③各地域の気候・風土に根差した特徴を持つ品種の分化、といった流れにより、作物としての多様性は増加していく傾向にあったと考えられる。

戦後の農業と伝統野菜

政府が積極的に西欧の野菜を導入し、作物品種の多様性が増加していった明治時代から時は移り、第二次世界大戦中になると、食糧増産が政策的な最重要課題となり、イモ類などに偏重した栽培が進められ、品種の多様性は減少していった。

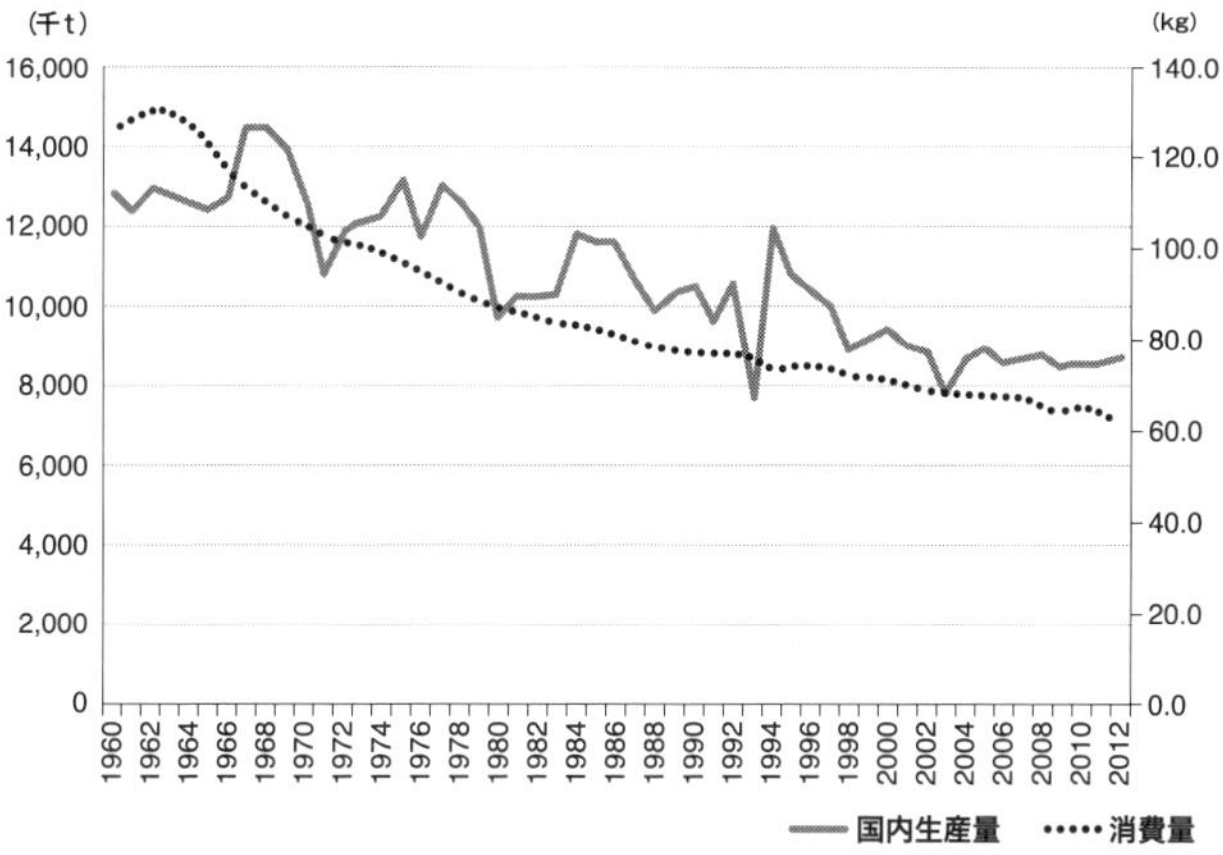

図2　日本のコメの生産量と消費量の推移（生産量：千トン。消費量：kg／1人1年）
出典：農林水産省『平成24年度食料需給表』をもとに作成

しかし、戦後には地方品種の見直しも進められて、多様性は戦前の段階まで回復したとされている。

一方、日本の産業全体を見渡すと、近代化が進むにつれ国家の産業構造は次第に製造業などが大きな割合を占めるようになり、そうした状況下で農業は相対的に弱い立場となる。日本政府（および農政）は「農工間格差」を埋めるべく、さまざまな対策・施策を講じてきたが、農業は工業と比べると天候に左右されるなど不確定要素が大きいことが原因となり、格差は拡大傾向にあった。また、戦後の食糧不足が落ち着く時代になると、コメが余るようになっていった。コメが余るということは、たくさん作っても価格が安くなるため、儲けられなくなることを意味する。需要と供給の関係である。

そこで、政府や農協はどうしたか。1970年頃から、コメの生産調整（俗にいう減反政策）に乗り出し、稲作を畑作に転換させたり、休耕させ

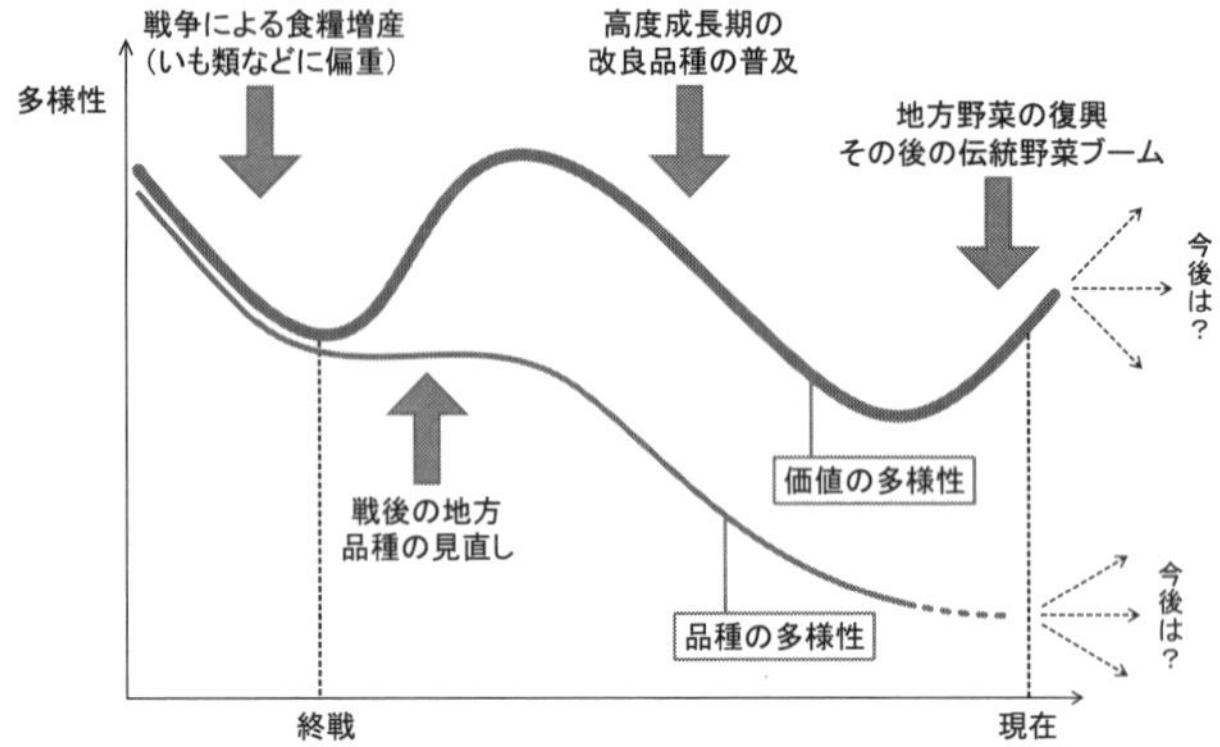

図3　日本における作物品種の多様性の推移（イメージ図）
出典：タキイ種苗株式会社出版部（編）、芦澤正和（監修）（2002）『都道府県別 地方野菜大全』pp.11-16 をもとに加筆して作成

ることで、全体でのコメの生産量を安定化させようとした（図2）。それまでは面積拡大、収量向上をひたすら目指した日本の農業は、大きく舵を切ることになったのだ。稲作から畑作に転換しようとしても、水田は水田である。畑（畑地）ではない。ご存知のとおり、田んぼには水を張る。水が溜まるということは、土壌が粘土質で水を通しにくい（層がある）ということを意味する。一方の畑はどうか。一般的に、畑で栽培される野菜は、水稲作ほど水を必要としない。むしろ水はけが良い農地のほうが栽培に適している場合が多い。すなわち、水田に畑作物を植えることは、かなりの工夫が必要であるということになる。

転作作物として、ダイズが栽培される場合も多いが、ダイズは湿害に弱かった。よって、水田でダイズを栽培するための栽培技術の開発が必要とされた。また、現場では集団転作によって対応してきたという経緯を持つ。味噌、醤油、豆腐、納豆など日本の食文化の根幹を形成する食品や調味料の原料となるダイズは、さまざまな障壁を乗り越えながら、転作作物として栽培されるようになっていった。

このような状況のなかで推進されたのが、野菜の大規模産地形成である。一面のキャベツ畑で有名な嬬恋村など、品目を特化した大規模な産地の形成が強く推し進められた。また、それと並行して改良品種（F_1品種）も全国で急速に普及していった。結果として、在来品種はどんどんと駆逐されていったのである（図3）。日本経済が上向きにあり、効率化が重視される状況にあっては、在来品種は「時代遅れの野菜」であり、見向きもされない不遇の時代を迎えることとなった。在来品種が廃れていくということは、作物品種の単純化であり、それは食文化の単純化をも意味していた。食事の洋風化などにより、各家庭で食されるメニューは多様なものになったかもしれないが、その一方で地域の気候・文化に根差した食生活は薄れることになった。

不遇の時代が進んで、もはや在来品種の多くが失われると、郷愁の意味もあってか、地方の在来品種が見直されるようになり、在来品種復活の動きの一環として伝統野菜の取り組みも始まった。失われて初めてその大切さがわかるのが人間の性《さが》だとすれば、伝統野菜はまさにその性から進められる取り組みであるといえる。また、折しも日本経済の成長にも陰りが見え始めた時期とも重なり、成長時代には大量生産・大量流通を全面に押し出していた流れが、ここにきて変わりつつあるともいえる。ただし、作物品種の多様性の実態については、２００２年に刊行された『都道府県別 地方野菜大全』に整理されて以来、全国的な調査は行われていない。とはいえ、一般的な農家の減少とともに、在来品種の作り手も減っている可能性は高い一方で、伝統野菜の発見や復活といった取り組みが全国で進められることによって、近年では人々が認識する「価値の多様性」が増えていると推定することはできよう（図3）。ここでの「価値の多様性」とは、遺伝的多様性や文化など、作物の品種に関わるあらゆる価値を包含したものを想定している。ただし、厳密な定義が難しい概念といえる。

ところで、「伝統」という言葉には、何百年と続いてきたものという響きがある。だから、伝統野菜が「30年前以上前から栽培されている野菜」と聞くと「えっ、たった30年？　それで伝統といえるの？」と思う人もいるに違いない。あるいは海外から伝わってきた「日本の気候に合わせて生まれていない」野菜を伝統というのは「無理筋《すじ》」だという意見や、なかには「伝統野菜のウソ」といった主張をする人も出てくる。このような意見には一理あり、頭から否定はできない。だが、熱意を持って栽培を繰り返し、失敗しながらも、日本の風土に合うように品種改良してきた技術者や農家の積み重ねの結晶として、各地の在来品種は存在するのであり、そのなかから選ばれたものが伝統野菜なのである。

『野菜の日本史』の著者で、山形を中心とした在来品種の調査を戦後から行ってきた青葉高は、前節でも述べたように、長い年月を経て地域の環境条件に適応した在来品種を「生きた文化財としての価値が高い」と述べている。在来品種はそれぞれ特有の遺伝子を持っていて、それゆえに独特の性質を持っている。そのような品種が失われてしまうと、その遺伝子は地球上から消失してしまい、それを再現することは難しいのである。在来品種がある地域に残っているということは、その野菜が長い年月をかけてその地に適応してきたことの証しである。別の言い方をすれば、今に残る在来品種というのは、地域の食や暮らしの文化と結び付く形で少しずつ改良されてきた歴史を、その植物体に内包した生き証人だということである。

コラム３　昔の野菜のほうがおいしかった？

　スーパーに並んでいる野菜は、流通に乗せやすいように箱に入れやすいようにと、見栄えの良い形の揃ったものに品種改良された野菜が多い。その背景には、高度成長期に全国を結ぶ高速道路が整備されたのに伴って、全国各地で野菜の大規模産地形成が進められたことがある。嬬恋村の見渡す限りのキャベツ畑は有名だが、ある野菜に特化して大規模産地形成を進めることで、大量生産、大量流通の仕組みが形成されていった。

　そういう仕組みに対応するために品種改良された野菜は、「形がきれい、日持ちがする、箱に詰めやすい」ように品種改良されていったのである。それに対して、「味は二の次で改良されているから、今の野菜は味が薄く、栄養価も減っている。昔のほうが野菜はおいしかった」という意見がある。確かに、味は昔のほうが濃かったものもあるだろうし、栄養素も昔のほうが多かったという統計資料もある。しかし、こと「味」に関しては、食べた時の肉体的・精神的状態に大きく左右されるものである。大勢で楽しく食べておいしく感じたものでも、一人で寂しさを感じながら食べると、それほどおいしく思わないかもしれない（逆の場合もあるだろう）。また、個人の嗜好も関係し、「味の濃い昔の野菜はクセがあって食べにくかった」という人もいる。生物の世界では「甘くて柔らかく、毒がない草」は早々に食べられてしまうことから、植物はもともと、動物に食べられないよう体内に毒を作る性質を持っている。その毒が苦味やえぐみなどの元となる「アク」の成分となるのだが、この「アク」を減らす努力が栽培化の過程でなされ、品種改良もその一つであった。昔の野菜を野菜らしい味がしておいしかったと思うか、アクが強すぎると思うかは、個人の好みによるともいえる。

また、「昔のほうが良かった」という言説には、多分にノスタルジーが入りこんでいる場合もあると思われる。「あのラーメン屋は、昔のほうがおいしかった。最近、だいぶ味が落ちた」といった話は、日常的に耳にする。だが、「その他大勢の人たち」も同じように感じているとは限らず、昔を懐かしむ気持ちが影響している場合もあるだろう。野菜に関しても同じである。逆に、子供の頃は嫌いだった野菜が、年齢を重ねると好物になることもある。私にとっては、ナスがそれである。学校給食で出てくるナスは我慢しながらやっとのことで食べた記憶がある。今では、焼きナスや炒め物に入っているナスのおいしさにうなることもしばしばである。今でも、新鮮な旬の野菜にはおいしいものが多い。

一方、有機野菜ならおいしいかといえば、そうとも限らない。関東で有機農業を実践する久松達央氏は自ら、「有機農業だから安全でおいしいというのは、一種のファンタジーだ」と述べている。有機栽培をしているからといって、必ずしもその畑の土が野菜にとって良い状態になっているとは限らない。

裏を返せば、品種改良された野菜も、それぞれだということになる。つまり、味というのは、それを食べる際の状態や嗜好など主観的な要素が多分に影響する感覚だということである。

1-5　伝統野菜の担い手は誰か

小林一茶の俳句に「大根引き大根で道を教へけり」という句がある。教科書にも出てくるので、ご存じの方も多いだろう。「大根引き」という冬の季語が入っているが、農作業をしている地元の農家が引き抜いたばかりのダイコンで方角を示しながら、道を教えようとしているほのぼのとした光景がありありと思い浮かぶ。ぶっきらぼうだけれども、温かみのある声だろうか。あるいは、ダイコンを持って答えている男性の横から、奥さんやまわりの農家も加わって、にぎやかに補足の説明もしているのかも。季語の余白から想像が膨らむ。

私たちはフィールドでの調査で農家にお邪魔させていただく機会が多い。これまで沖縄のサトウキビ、九州のサツマイモ、能登半島のキノコ、北海道のナガイモなど思いつくだけでも、伝統野菜に限らず、さまざまな農家にお邪魔させていただいた。学生を連れて大人数で押しかけることも多いが、事前に連絡をすると、農繁期であっても快く引き受け、暖かく迎えてくださる。私たちをトラクターの後ろに乗せ、棚田を案内してくださったこともある。その上で、私たちは文字通り根掘り葉掘り、いろいろな質問をする。作業だけではなく、作物の値段、収支といった、時にはかなり立ち入った質問もする。冷静に考えればずいぶん失礼で、相手にしてみると迷惑な話でもある。会社のオフィスでは、なかなか考えられない光景だろう。たとえ話を聞かせてもらえても、作業の手を止めて、快く受け答えてくれる場所がどれほどあるだろうか。話を聞かせてもらえたとしても、当然、収支に関わるような質問は不可という場合も多い。我々のくどい質問に対しても、場合によっては水を張った田んぼのなかで作業をしながら、時には話が脱線しながらも、丁寧に答えてくださった。

「『お手を止めさせてすいません』と、先方に謝った上で、質問をするように」――先輩の先生から助言いただいた言葉だ。農作業という生活を支える仕事を中断させ、相手の厚意で質問に答えてもらっていることを忘れるなと。これまでお手を止めさせてしまった上に、その場で作物をすすめられ、おいしくいただいたことも多く、先輩の助言を肝に銘じている。

変わろうとしている担い手・進む高齢化

このような懐かしさ、温かみのある農家像が変わろうとしている。現在の主な担い手が高齢化しているという構図と、これまでとは異なる担い手が登場しはじめているという、二つの方向性から変わろうとしている。

農村問題と地域ガバナンスに詳しい小田切徳美や島根県の中山間地域研究センターの藤山浩は、引退せずに続けてきた昭和一桁生まれの農業従事者全員が、２０１５年には80歳代を超え、いよいよ担い手の問題が待ったなしの状況となることを農業の「２０１５年問題」だと指摘している。この年代の農業従事者は、トラクターやコンバインなど、いわゆる機械化が大きく進む前の時代から農業に従事してきた世代である。よって、日本の原風景と聞いてイメージされる農村景観を体現してきた人たちでもある。その人たちのなかには「生き字引き」とも呼ばれるような、農業や暮らしに関するさま

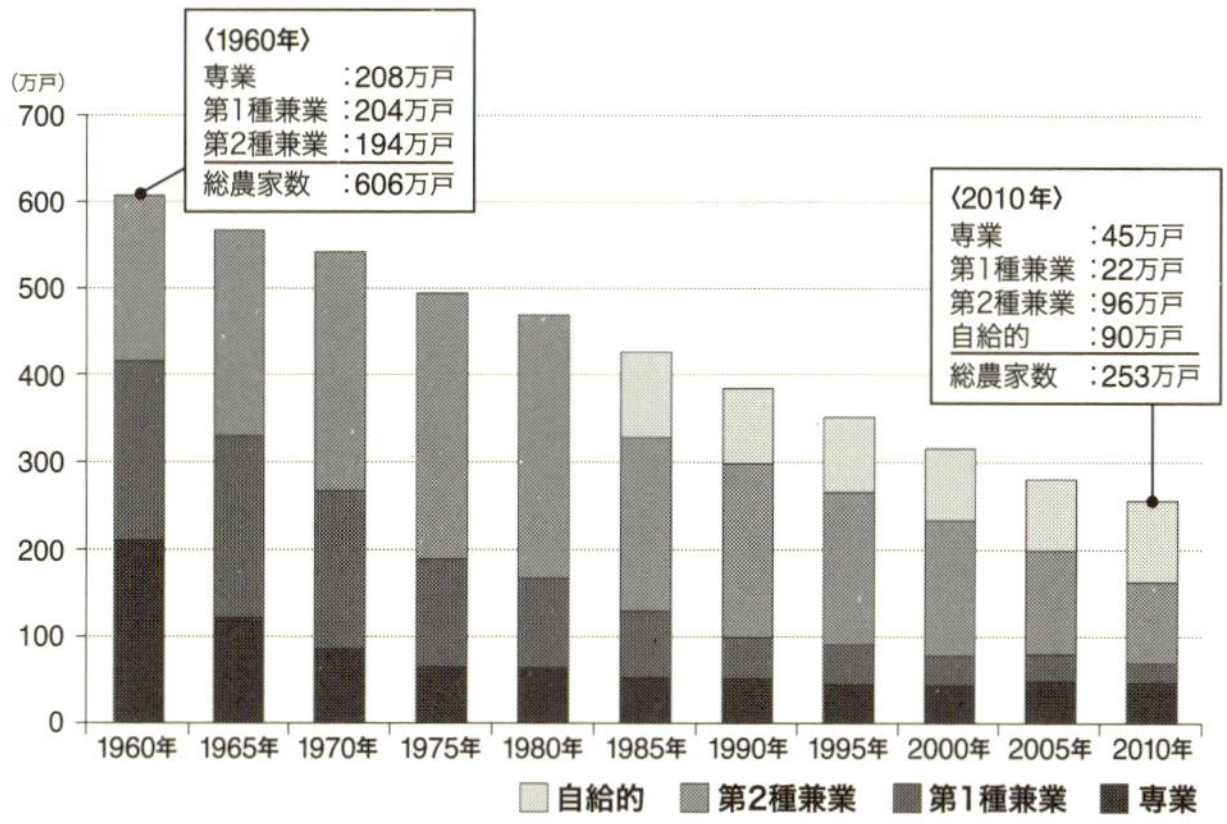

図4　日本の農家数の推移
出典:細野賢治（2011）「食料をつくる担い手たち」江坂宗春監修『生命・食・環境のサイエンス』共立出版 p.203（「農林業センサス」をもとに作成）

ざまな知恵を持つ人も多いと考えられている。そのような知恵を次世代にいかに伝えていくかが重要となるが、現実には担い手の減少もあり、容易なことではない。

具体的な数字を見てみよう（図４）。日本の総農家数は、１９６０年には６０６万戸だったのが、２０１０年には２５３万戸にまで減少し、50年間で半分以下になっている。日本の総人口が１９６０年には９４００万人だったのが、２０１０年には１億２８００万人にまで増えている（35・８%増加）ことと比べると対照的である。２０１０年の農家数の内訳を詳しく見ると、専業農家は45万戸、特に減少著しい一種兼業農家は22万５千戸、二種兼業農家は、戸数そのものは減少しているものの最多の95万５千戸であり、微増傾向にある自給的農家は二種兼業農家に迫る90万戸となっている。自家用車などの普及により、平日は会社に勤務して、週末に農業を行う二種兼業

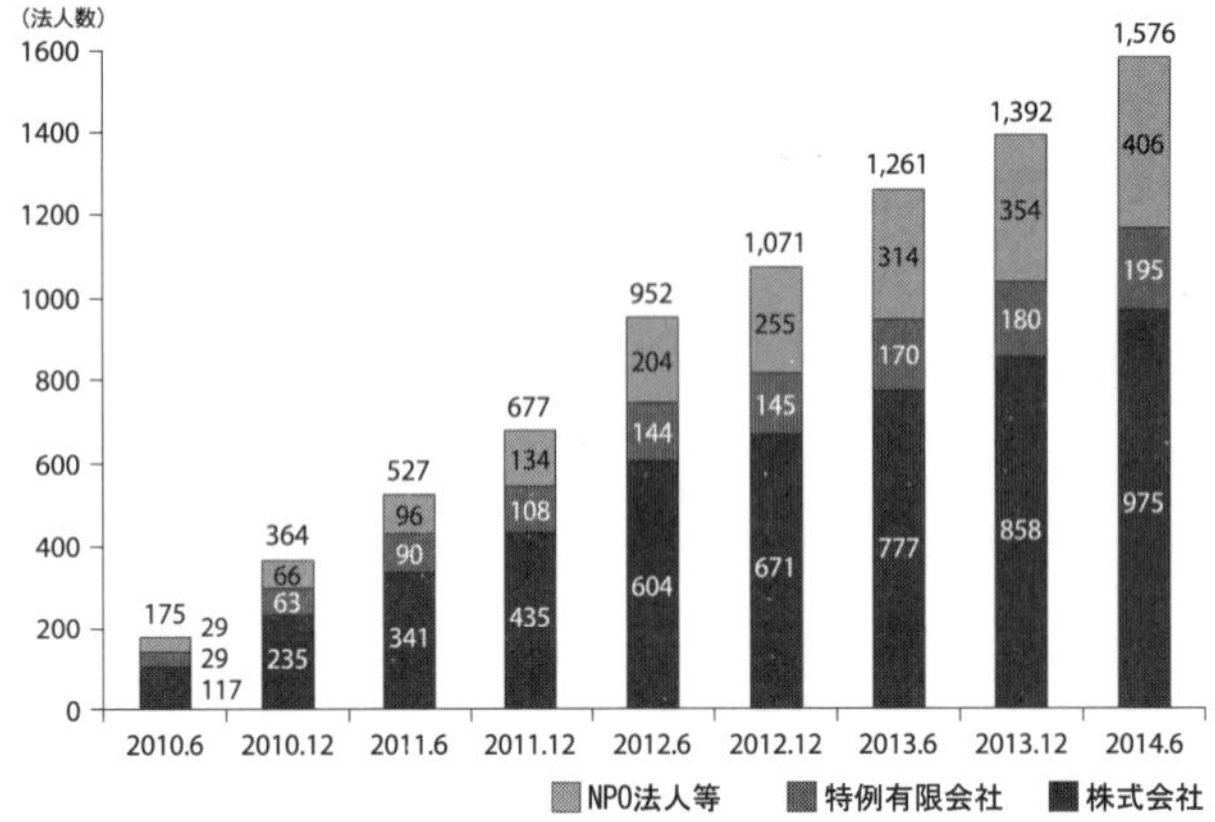

図５　法人形態別にみた農業への企業参入数の推移
出典：農林水産省「企業等の農業参入について」
http://www.maff.go.jp/j/keiei/koukai/sannyu/kigyou_sannyu.html
（2014年11月14日確認）

農家や自給的農家の割合が増えていったと思われる（ここで専業農家とは、世帯員のなかに兼業従事者が1人もいない農家。兼業農家とは、世帯員のなかに兼業従事者が1人以上いる農家。第一種兼業農家とは、農業所得を主とする兼業農家。第二種兼業農家とは、農業所得を従とする兼業農家）。なお、近年では「総農家＝販売農家＋自給的農家」というように分け、販売農家を中心に集計されている。販売農家は2010年に163万戸だったのが、2014年には141万戸に減少している。また、販売農家を含めた農業経営体の総数は、2010年に168万経営体であったものが、2014年には147万経営体に減っている（農林業センサスでは「農業経営体＝販売農家＋販売目的の農家以外の農業事業体＋農業サービス事業体」となっている）。

　いずれにせよ農家数は大幅に減少したわけだが、ここで注意が必要なのは、それが必ずしも農業全体の衰退に結び付くわけではない点である。戦後、日本の農業は機械化・近代化が進み、以前は家族総出で一日かかった作業（例えば田植え）が、平均の圃場《ほじょう》であれば、機械を使って一人で半日で終わるような状況にまで効率化された。

とはいえ、農業を行う人たちの高齢化は無視できる問題ではない。２０１１年時点では、65歳以上の割合が六割（そのうち、75歳以上の割合が三割）となっており、他産業とは大きく異なる傾向を示している（農林水産省2012）。

新たな担い手としては、より若い世代や女性に加え、これまで農地法などの規制で参入が難しかった非営利組織（ＮＰＯ）、企業・事業者などが無視できない存在となっている。

一般企業の農業参入といえば、「効率的な農業生産が期待できる」という声がある一方、「企業が入ってきても、儲からなければすぐ撤退するのでは」など悲観的見方も根強い。だが、筆者が訪問した能登半島のスギヨファームは、株式会社形式で農業生産法人を運営しながら、できた農産物は親会社の加工メーカーに原料として卸しており、そうした地域に根差した取り組みを積極的に展開している企業もある。

２００９年に農地法などが大きく改正されたことを契機として、参入企業の数は急速に増えている状況にある（図5）。また、グラフを見ると、「ＮＰＯ法人等」もかなりの割合を占めていることがわかる。ただし、効率的に農業を行うためには、農地がまとまって確保される必要がある。これは企業に限らず、既存の農家などにもいえることである。しかし、日本では1区画あたりの農地面積は小さく、その小さい区画を数多くの農家などがバラバラに所有している状況にある（第2部の中山間地域の農業に関する節で詳述）。このため、まとまった農地を確保するのは容易ではなく、複数の地権者との調整は難しい。このことが、企業側にとっては、農業に参入することを躊躇する要因にもなっている。グラフに示した参入企業数は、現実に農業に参入している企業の数であるが、潜在的には、より多くの企業が参入を希望しているとも考えられる。今後、企業による農林業への進出が進めば、機械化、省力化などで労働力不足などが補われるケースもあるだろう。

地域の畑・現場でのグローバル化

新たな担い手として議論されない労働力についても触れておきたい。欧州などでは、季節ごとに外国人の労働者に来てもらう、あるいは移民を受け入れて農業を展開するというのは珍しいことではない。彼我《ひが》の文化の差や社会全般に関わる制度差もあり、安易な比較は禁物であろう。また、文化的、国民感情的にも大きな摩擦が予想され、これまでの議論のなかで想定されておらず、敷居が高すぎるのが現状だろう。このように農業については、これまでの担い手は減少していく一方で、新たな担い手としての可能性を持つ集団を受け入れるには、制度や文化の面からの制約がある。

もっとも、実際には実習生などとしてアジアを中心とした労働力は入ってきている。具体的には外国人技能実習制度と呼ばれる制度のなかで、外国人が技能を取得する目的で研修を受ける仕組みである。しかし、受入れ側には実習生を安価な労働力とみなす例も見られ、低賃金、その後のキャリアの可能性の低さから、派遣先としての日本の地位は低下している。

ただ、地方の現場で外国からの人材の登用が進み、思いも寄らぬ形で、グローバル化が進む可能性もある。その良い例が能登半島の山あいにある「春蘭の里」と呼ばれる地域にある。40軒以上の農家が山菜などの地元の伝統的な食事を提供し、民宿を営んでいるこの地域には、台湾から若い夫婦が移住している。インターネットを駆使して、国内のみならず、台湾、中国、あるいはイスラエルなどからの視察、観光、修学旅行の顧客を獲得している。

現在、若い世代に地元、地域社会での暮らしを見直す機運がある。特に、東日本大震災の3・11以降、安心や安全への関心が高まっているなか、明確な統計はまだないものの、地域の結びつきに魅力を感じる若者が増加しているように思われる。このような若者を農業の担い手として受け入れ、定着しやすくする支援、仕組みづくりが大事になってこよう。

伝統野菜の担い手

では、伝統野菜については、どのような担い手がいるのだろうか。第一に、生産性があまり高くない在来品種が生産性の高い改良品種に置き換わっていくなか、営々と在来品種を栽培し守り続けた各地の農家である。いわゆる篤農家《とくのうか》と呼ばれる人たちの多くが当てはまるだろう。彼らは志《こころざし》と使命感を持って、保存に取り組んできたのだろう。篤農家以外では、自給的農業を行っている兼業農家の菜園でも、多くの在来品種の栽培が現在でも続けられていると思われる。細々と庭の菜園で作り続けてきたおばあちゃんなども重要な役割を果たしてきただろう。それとは別に、有機農業者による在来品種の栽培も大きな役割を果たしており、伝統野菜の新たな担い手となっている。肥料や農薬を多く使用する慣行農業と比べると、有機農業は在来品種の栽培と親和性が高いといわれることが多い。無農薬や有機栽培に力を注いでいる河名秀郎も著作『自然の野菜は腐らない』のなかで、「野菜は『種と土』のコラボレーションによってできあがる」から、その土地ならではの野菜には独特な味わいがあるとし、地元の風土に合わせてできた野菜として伝統野菜の存在に言及し、そこから遺伝子組み換え作物の危険性へと話を展開している。真偽や実態がどうかという話とは別次元で、イメージとしても、伝統野菜と有機や無農薬はやはり近いものとして意識されやすいのだろう。

また、近年では都市とその近郊を中心に非農家による家庭菜園や市民農園での栽培も新たな動きとして注目される。さらには、市民団体・ＮＰＯで伝統野菜の保全に取り組む例も見られる。また、学校（農業高校など）で伝統野菜の種子の保全に取り組んでいるところもある。

以上のように、在来品種の栽培を行っているのは、①篤農家を中心とした農家、②農家のおばあちゃんなど自給的栽培を行っている兼業農家、③有機農業者、④家庭菜園・市民農園、⑤市民団体・ＮＰＯ、⑥学校である。このうち、全国で知られているかは別として、地道にそれを守り続けてきたのは①篤農家を中心とした農家、②自給的栽培を行っている兼業農家である。高度成長期以降の農業の近代化の反動として出てきた③有機農業者や⑤市民団体・ＮＰＯが、この40年は一定の役割を果たしてきたと考えられる。④家庭菜園・市民農園、⑤市民団体・ＮＰＯ、⑥学校は比較的新しい存在で、これらの主体をどのように育てていくかが、日本全体の課題といえる。

以上、農業そのものの、そして伝統野菜の担い手についてかけ足で見てきたが、以降の章では、主に制度化が進んでいる地域の伝統野菜の取り組みについて見ていくことにする。

2章　全国各地の伝統野菜

本章では、代表的な伝統野菜の概要を見ていくことで、その多様性と曖昧さを理解する。

2-1　多様性と曖昧さ

伝統野菜となると、曖昧といえども、ある程度は定義を明確にしたり、形や色などの形質を明示したりする必要が出てくる。「伝統」という看板を掲げるからには、そうでないものとの差別化が必要だからである。一方で、在来品種は伝統野菜よりも広い範囲を指しており、さらに幅を持っているといえる。個々の在来品種のなかにも、ある程度の多様性がある。例えば、ある地域で古くから作られている在来品種（例えば△△ダイコン）が、同じ集落の30軒の農家で栽培されているとしよう。「うちのダイコン」は同じ品種でも隣の家のものとでは味が違う、ということはよくあることだ。種《しゅ》の観点からすると、それが地域における「同じ品種のなかでの多様性」ということになる。「うちのダイコンは、漬け物にすると、どこの家のダイコンよりもうまい」「あそこの家のハクサイは、甘みがあって柔らかくて、かなわない」といったこともあるだろう。

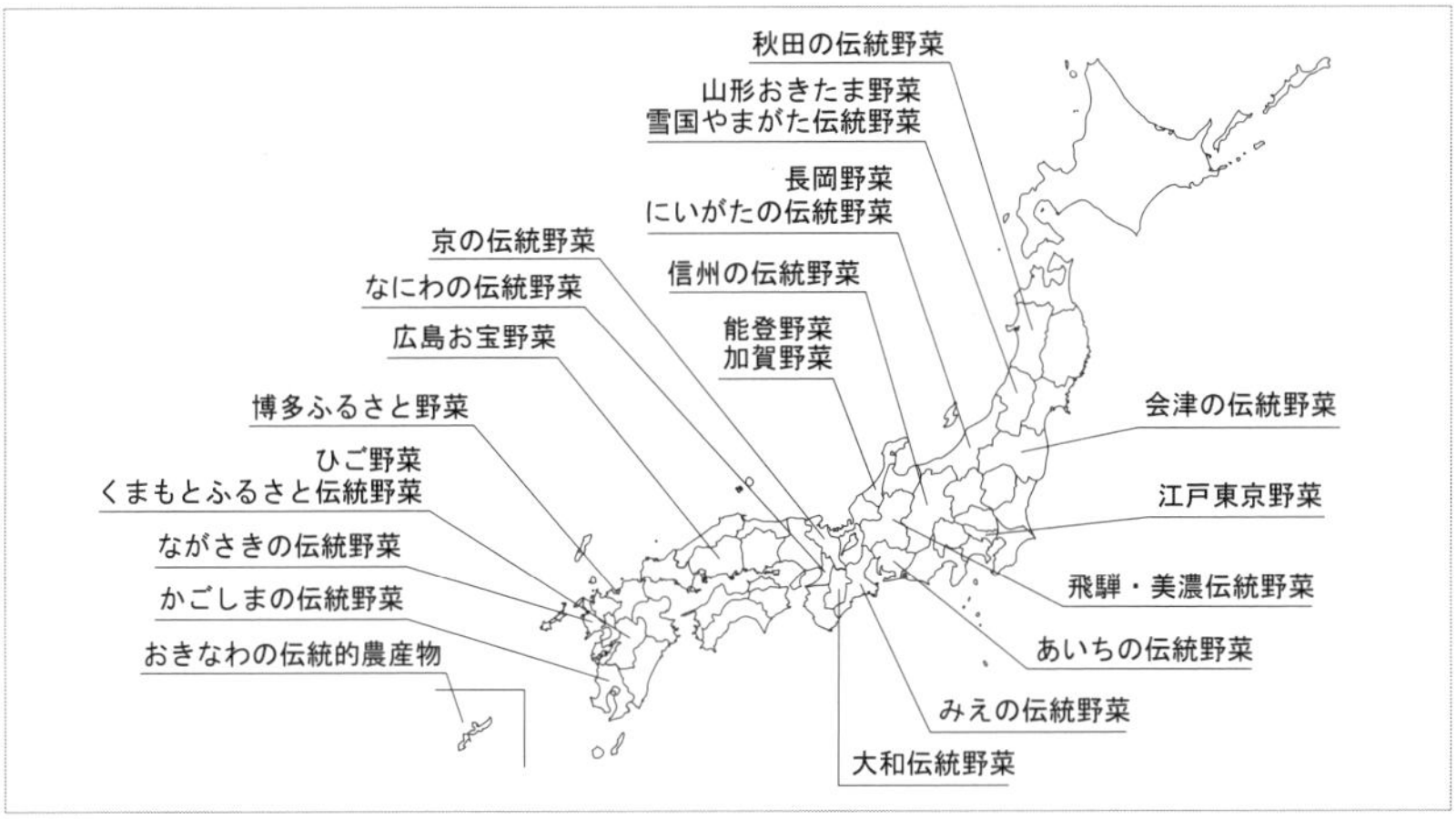

図6　全国の伝統野菜の例

つまり、在来品種というと、完全に品種が確立したものと思われるかもしれないが、実際にはその性質には「ばらつき」あるいは色々な個性が残っている、ということになる。このような在来品種は、戦後、時代の波に飲まれながら減少の一途をたどることになった(図3 44ページ)。そのような状況に危機感を抱くようになった人たちによって、あるいは、付加価値のあるものを開発したいと思う人たちによって、残っている在来品種のなかから、いくつかが選ばれ「伝統野菜」という衣を身にまとうようになったのである。さらに、そのような個別の伝統野菜が県や地方といった単位で集められ、「京野菜」というようなものに集約されていく。個々の野菜を守っていく取り組みだけでは、「点」にすぎない。しかし、点が二つできれば、それは「線」になり、いくつもの「線」を集めていくと、それは「面」になる。そうなると、個々の点での活動では限界のあったものが、面の活動になることで、さまざまな人たちが関わり、守っていく対応策にも広がりが出てくる。

一方で、多くの人が関わることになると、摩擦も出てくる。権利関係の交通整理も必要になってくるだろう。Ⅱ部で後述する、地理的表示保護制度による産地の権利保護のためにも、地域内での合意形成や品質、製法に関しての話は欠かせない。

本章では、各地方でたくさんの人たちの熱意によって誕生した伝統野菜を紹介していこう。その際に、各地方の伝統野菜には⑴何品目が含まれていて、⑵いつ頃から栽培されているものが含まれるか、⑶どのような組織が認定をしているか、といった観点から整理していく。この3項目は、全国各地でさまざまな伝統野菜が見られるようになった状況で、それを体系的に整理していくのに役に立つと思われる。

2-2　京野菜（京都）

京の伝統野菜の概要

～当時の若手農家が続けた取り組みが、京の地で花開く～

⑴品目数　　　：37品目
⑵いつ頃から　：明治以前
⑶選定組織　　：京都府
⑷地理的範囲　：京都府内全域

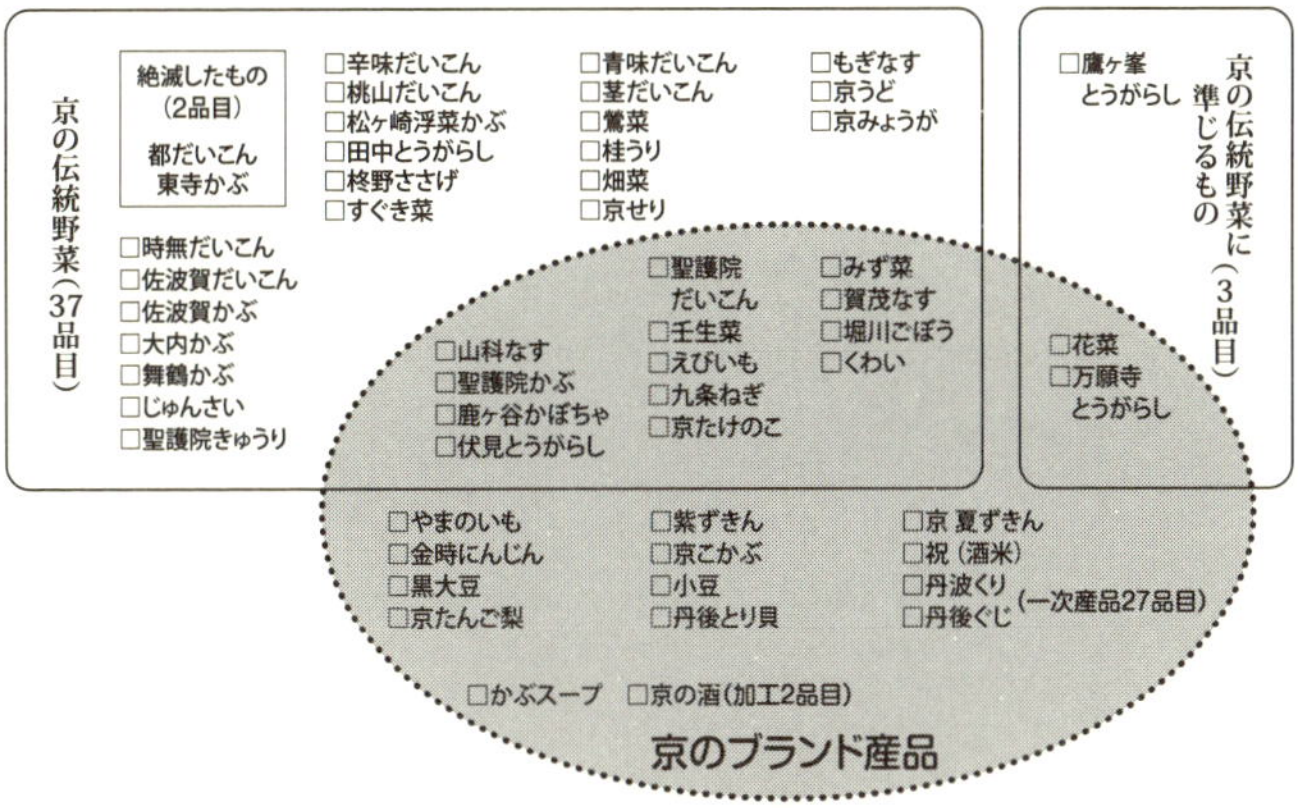

図7　「京の伝統野菜」「京のブランド産品」の関係図
出典：京都府農林水産部流通・ブランド戦略課

伝統野菜〝トップランナー〟の実際

伝統野菜といわれてもピンとこない人でも、「京野菜」という名前は聞いたことがあるだろう。大学の講義で学生に質問してみても、「伝統野菜と聞くと京野菜をイメージする」と答える人が最も多かった。さまざまな伝統野菜の認知度の調査でも、京野菜がトップに挙がっている。

代表的な京野菜としては、伏見とうがらし、万願寺とうがらし、花菜、金時にんじん、九条ねぎ、水菜、聖護院だいこん、鹿ケ谷かぼちゃ、賀茂なす、京山科なす、聖護院かぶなどが挙げられる。このうち、万願寺とうがらし、聖護院だいこん、九条ねぎなどは、どこかで耳にしたことがあるのではないだろうか。しかし、詳しく見ていくと、京野菜は複雑である。

まず、「京の伝統野菜」は、昭和63年3月に京都府農林水産部が定義を定め、現存する35品目と絶滅した2品目を認定した（図7）。「絶滅した品目」を認定しているのは、私が知る限り京都だけである。年代としては、「明治以前から栽培されているもの」とされているが、およそ１００年前からあったかどうか、どのようにして示したのだろうか。さまざまな文献で、具体的な作物の特徴や絵図が確認できるか、ということが一つのポイントになったようだ。上述した定義に沿って、平成元年からは認定・ブランド化事業が進められた。

また、平成元年には野菜に限らず、京都府内で安全と環境に配慮して生産され、品質の優れた農林水産物を認定する「京のブランド産品」という別の認証制度もスタートしている。そこには出荷が少ないという理由で認定されてない伝統野菜が22品目ある一方で、「京の伝統野菜に準じるもの」として3品目が認定されている。なお、大阪府の「なにわの伝統野菜」にも入っている「金時にんじん」は、「京の伝統野菜」には入っていないが、「京のブランド産品」には入っている。このように、京野菜と一言でいっても、実際にはそう単純なものではない。ＪＡ京都も「『京野菜』の具体的な定義はありません。京都府内で取れた野菜は全て京野菜と総称されています」としている。

なお、水菜は現在では広く全国で栽培されるようになり、サラダなど洋食にも用いられるメジャーな野菜としての地位を確立している。伝統野菜が全国的に広く普及した数少ない例であるが、全国のスーパーなどで売られている水菜は改良され、独特の風味が失われているとして、京都のブランド「京水菜」とは区別されている。

京の都には全国から珍しい野菜が集結

京都では、遷都（７９４年）により平安京が誕生した時代以降、全国から多くの食材が集まってきた。また、寺社が多い京都では、精進料理や懐石として食文化が形成されていった。精進料理では肉類を使わない形で献立が組み立てられるため、食材としての野菜の重要性は非常に大きかったと考えられる。（特にダイズは、植物由来の貴重なタンパク源であったため、その利用法は高度に発達した）。また、現在の京都市に位置する平安京は海から離れているため、新鮮な魚介類を入手することは簡単ではなく、調理する者は工夫して魚の干物や川魚を利用すると同時に、よりおいしい野菜や珍しい野菜を求めたと思われる。それに対応して、さまざまな野菜が作られるようになっていったともいえるだろう。

逆にいえば、海岸近くで魚介類が豊富にとれるところでは、食材としての野菜の位置はそれほど高くはなかったのではないだろうか。

京野菜を生んだ社会的背景

京野菜がブランド化された背景には、国の農業政策の転換という大きな時代のうねりが深く関わっている。具体的には「減反政策」であり、それに伴って進められた転作作物の奨励である。

減反政策についての詳細はここでは省くが、コメの生産が過剰となりコメ余りが深刻化してくると、政府は農家に対してコメの生産を抑制するようになっていった。八郎潟や有明海など、大規模な干拓をして農地を造成し、コメの生産を奨励していたそれまでとは、１８０度の方針転換となったのである。当然、農家にとっては大きな衝撃となった。

京都府では、京都市以北が基本的にコメの栽培が盛んな地域であった。そうした地域にとって、コメの生産を抑制しろといわれるのは相当な打撃である。このような時期、１９７０年代後半に、農家や農協、地域の行政は「コメを作れない。どうするか」という課題に直面し、打開策を模索した。全国的に見ると、広大な平野部が多い地域であれば、大規模な野菜の産地形成が進められた。しかし、京都府の中部・北部は中山間地域が多く、そのような形での産地形成は難しく、競争力に乏しかった。よって、小規模な農家でも収益を確保できるような付加価値を持った品目を開発する必要があった。また、当時は全国の他府県と同様に、京都においても野菜の品種は改良されたものに変わりつつある状況だった。

一方で、京都市やその近郊の農家のなかに、それまでに作られていた野菜から新しい作物や品種への転換が進んでいく状況に危機感を抱き、伝統的に栽培されてきた野菜を守っていく必要があると感じる人たちがいた。当時の若手の農家が中心となって研究会が立ち上げられた。それがきっかけとなり、料理人からも注目されるようになった。こうして、30年ほど前から京都市内の農家の若手グループは、料理組合と連携して京野菜のＰＲを進めるようになった。そこで、目をつけたのが、古くから栽培されていた伝統野菜だったのである。

京野菜というと、現在では知名度は全国区だが、千枚漬けの原料として相当量が栽培され続けてきた聖護院かぶなどを除くと、実際には農家によって「細々と」作られてきたものである。風前の灯といってもいいような状況だったという。

すぐき菜や賀茂なすの場合

京の伝統野菜に含まれるものについて、いくつか例を挙げて生産状況について見てみよう。まずは「すぐき菜」である。すぐき菜とは、漬け物のすぐき漬けに用いられるアブラナ科の野菜である（カブの一種）。すぐき菜の栽培、漬け物への加工は非常に重労働である。手間もかかる。最盛期は１９７０年頃で、すぐき菜を栽培する農家は２００軒ほどあった。京都市の北山通りから北側では、ほとんどの農家がすぐき菜を栽培していたという。それが現在では50軒ほどと、最盛期の１／４ほどにまで減少した。「これからも減っていくだろう」と、嘆く声が聞かれる。すぐき菜についてはコラム４で詳しく書いたが、図８の写真はすぐき漬けの製造工程の一つで、すぐき菜を漬けこんだ樽を室《むろ》と呼ばれる部屋に入れ、そこで乳酸発酵を進め、熟成させているところである。

次に、賀茂なすについて見てみる。すぐき菜とは異なり、賀茂なすは京都府下で広く栽培されている。ただし、自家採種をしながら栽培を続けているのは、上賀茂の農家・田鶴均

図8　室《むろ》のなかで樽に入ったすぐき菜（筆者撮影）

氏を含めて数える程度しかいない。田鶴氏は賀茂なすをビニールハウスのなかで栽培することを開始した。昔は全て露地で栽培され、賀茂なすをハウスで作るのはタブーだったことから、当然、周囲から反発の声もあっただろう。しかし、田鶴氏は自家採種を行い、土づくりにこだわりながら、約10アールのハウスで栽培を続けている。出荷先は全て直接取引で、大阪の青果店や東京の飲食店、スーパーなどに販売している。

自家採種を続けることで守られている本来の意味での伝統野菜について、田鶴氏は「タネ取りは邪魔くさい。邪魔くさいけど、残していくためには、（採種する）癖をつけておかないといけない」と語っている。現在、自家採種している野菜は、田中とうがらし、上賀茂とうがらし、賀茂なす、山科なす、もぎなす、すぐき菜、九条ねぎ、インゲンマメ、エンドウ、キヌサヤがある。これらのなかには、「祖父の代から」のものもあれば、50年くらいのものも含まれている。しかし、基幹作目は、夏はトマト、ナス、キュウリ、冬はダイコン、ハクサイ、イチゴなどである。伝統野菜だけではなく、確実に生産・販売できる作目も栽培し、しっかりとした営農計画が立てられている。

京都の北部、日本海に面した舞鶴では、佐波賀大根が現在では60アールほどで栽培され、流通大手のイオンと連携して、栽培振興の取り組みも進められている。伝統野菜はＰＲ効果があるからか、大手スーパーなども注目しているのだろう。

さまざまな人が関わる京野菜

　京都市は独自の取り組みとして、市内の農家に委託する形で、種苗の保存事業を実施している。以前には、京都府の農業総合研究所（亀岡市　現・農林センター）でも保存事業が実施されていたが、全般としては京野菜のブランド認定が進んだ後に、品種改良が進められ、形、色、味などの特徴を組み合わせられた一代限りのハイブリッドの雑種化、いわゆるF_1化が進んでいった作物が多い。京野菜の普及に尽力した関係者は「伝統野菜は作りにくい。本当においしい野菜は、継続的に売れていく」という。残していくためには、伝統的な要素を継承しつつも、おいしい野菜となるように工夫していくことが求められているということだろう。

　また京都府の担当者によると、伝統野菜は大量には作れないことから、きちんと収益に結び付く基幹作目を中心として、しっかりと経営が成り立つようにすることが、個々の農家や地域農業にとって重要となってくるという。意外かもしれないが、「伝統野菜」のみで生計を立てている農家は、全国を見渡しても一握り、ほとんど例外的存在である。

　一方、大きな収益はなくとも、伝統野菜はＰＲ効果は期待できる。伝統野菜を守っているという話題はメディアも注目しやすく、伝統野菜など付加価値をつけたブランド野菜によって地域の活性化を試みる取り組みは、全国で数えきれないほどあると思われる。しかし、京都府庁の担当者の見方は楽観的ではない。そうした取り組みは、話題性はあるかもしれないが、それによって儲かるか、あるいは栽培面積が伸びるかといえば、そうとも限らないだろうという。

そうした伝統野菜が京都に多く残っている理由としては、前述したように海から離れていること、寺社仏閣が多いこと、茶道が盛んであったことなどから、①精進料理、②行事食、③懐石、④おばんざい、といった食文化が形成されたことが挙げられる。ここで②行事食とは、神社や仏閣の営みのなかで食べられているものを指す。例えば、京都市左京区鹿ケ谷にある安楽寺で毎年7月25日に催される「かぼちゃ供養」では鹿ケ谷かぼちゃを参拝者にふるまうしきたりがある。

③懐石は、もとは季節感を大切にする茶の湯から生まれたものであり、季節の香り、旬の食材として京の野菜が尊ばれ、工夫を凝らし調理された。今でも、料理屋などで洗練された技術を持って旬の野菜が調理されている。④おばんざいは庶民の日常食であるが、かつて京都の町衆の食事は質素であり、手近にある地元の野菜を煮炊きして食卓に並べられ、それが今も京都の生活に溶けこんでいる。

希少性を武器に、伝統野菜を振興すべしという意見がある。しかし、復興して栽培が拡大するようになってしまうと、希少価値がなくなってしまう。そこが伝統野菜の抱える根本的な矛盾である。この矛盾と格闘しながら、各地域でそれぞれの仕組みを作っていくことが求められており、ブランドイメージが確立した京野菜でも、現在進行形の課題となっている。

コラム4　京都のつけもの・すぐき漬け

図9　大樽に漬けこまれるすぐき（筆者撮影）

筆者（富吉）は学生時代に、銀閣寺の参道すぐ近くに下宿していたのだが、修学旅行生が参詣の帰りに、参道に軒を並べる土産物屋で漬物を買っている光景をよく目にした。京都の漬物といえば、「千枚漬け」、「しば漬け」を思い浮かべる方が多いと思うが、実はすぐき漬けはその二つと並び、「京都三大漬物」の一つと言われている。

「すぐき」には、二つの意味がある。一つは漬物としての「すぐき漬け」。そして、もう一つは作物としての「すぐき菜」である。すぐき菜はカブの一種であり、京都の上賀茂で主に栽培されている。見た目はかぶらそのもので、白い部分は球形よりはいくぶん細長い。農家が自分の家で漬物に加工している。漬物としての特徴は、根（正確には茎）の部分だけでなく、葉っぱも一緒に漬けこんでしまうということにある。使用するのは塩だけ。葉を付けたまま白い部分（いわゆるカブの部分）の皮をむき、腐れが入っていないかなどを確認して大きな樽に入れ、塩漬けしていく。

そして、室《むろ》という場所で乳酸発酵を進める。乳酸発酵により少し酸味を帯びた香りがするため、「酸茎《すぐき》」と名付けられたという説が主流のようだ。発酵により、真っ白だった茎の部分はいくぶん薄いピンクがかった色になっている。九州出身の私には馴染みのない漬物だったが、食べなれると病み付きになる。漬物そのものもおいしいが、炒め物などに入れても旨い。

私が九州を離れてから最初に出会った「伝統野菜」が、このすぐきだった。所属していた農業サークルで、週末などに上賀茂で代々すぐきを作っている農家さんの畑へお邪魔して、農作業を手伝わせてもらっていた（ほかに「賀茂なす」なども栽培されていた）。すぐきの収穫時期にその農家の方のところへいくと、毎朝、すぐきの皮むきが行われている。その皮むき作業も手伝わせてもらった。

全国的に漬物の消費は次第に減っているようで、すぐきも例外ではないらしい。ある飲料メーカーがすぐきから抽出した乳酸菌を使って乳酸飲料を作ったことが話題となったり、折に触れメディアなどを通じた「繁忙期」があったりしても、消費の減少傾向に歯止めはかからないようだ。

しかし、このすぐきから学ぶことはある。農家が野菜の生産から加工および販売（の一部）を担っていることにより、地域の気候に合った「伝統野菜」が、その地域の食文化などを育んできたことである。六次産業化などという言葉がもてはやされる以前から、このような営みは日本の各所にあったのである。

2-3　加賀野菜と能登野菜（石川）

加賀野菜の概要

～「種屋のとうちゃん」の夢を多くの人が共有。民間主導で保全体制が進む～

(1)品目数　：15品目
(2)いつ頃から：昭和20年（1945年）以前
(3)選定組織：金沢市農産物ブランド協会
(4)地理的範囲：主として金沢

「加賀百万石」といわれた加賀藩は、江戸時代にさまざまな文化・芸能が磨かれた土地である。加賀友禅などの伝統産業が現代でも息づいている。食文化と関わりの深い茶の湯の文化（茶道）も根付いており、金沢市内には和菓子屋さんも多い。そのような文化や産業を擁する石川県では、早くから「加賀野菜」の取り組みが民間のリードによって進められた。しかし、石川県は、金沢市や小松市を有する南部の加賀地方と、能登半島を中心とした能登地方に分けられ、加賀野菜に続いて「能登野菜」という別のブランドも立ち上がり、現在では県内で、「加賀野菜」と「能登野菜」の二つがブランド野菜として推進・普及されている。それぞれの経緯と両者の比較を見ていこう。

表4　加賀野菜の定義と特徴

項目	概要
定義	昭和20年以前から栽培され、現在も主として金沢で栽培されている野菜
種類	15品目（さつまいも、加賀れんこん、たけのこ、加賀太きゅうり、金時草、加賀つるまめ、ヘタ紫なす、源助だいこん、せり、打木赤皮甘栗かぼちゃ、金沢一本太ねぎ、二塚からしな、赤ずいき、くわい、金沢春菊）
認定	金沢市農産物ブランド協会（1997年設立）
流通	生産者 → JA → 金沢市中央卸売市場

出典：金沢市農産物ブランド協会（2013）『加賀野菜について』およびヒアリング内容をもとに作成

種苗会社の提案で始まった加賀野菜

定義によると、金沢市内の特定の農家グループが栽培し、規格に適合したもののみが「加賀野菜」として販売されている。伝統野菜としての知名度は、京野菜に次ぐものであるという調査結果もある。そのように現在では名前が全国に知られるようになった加賀野菜は、京野菜と並び全国に先駆けて取り組みが始まった。金沢市内にある種苗会社の老舗である松下種苗会長の松下良氏が中心となり、加賀の食文化を支えてきた在来品種の保全を目的として、１９９１年に加賀野菜保存懇話会が設立された。そこには、生産者、市場関係者、小売店、料理屋などが参加していた。その後、１９９７年に「金沢市農産物ブランド協会」が設立され、行政やＪＡなどを巻きこんだ形でブランド化が進められた。

加賀野菜には15品目が含まれ、「昭和20年以前」から栽培されているものが認定されている。認定を行っているのは、「金沢市農産物ブランド協会」である。当初、認定に先立って、まずは松下氏が30種類の候補を挙げた。候補のなかから、ＪＡが農家グループの供給力を考慮して、ある程度の生産量を確保できるものに絞りこみ、

10種類が1997年に認定された。その後、1998年に2品目（つるまめ、からしな）、2002年に2品目（くわい、赤ずいき）、2003年に1品目（春菊）が追加され、15品目（表4）となった。

このような認定が進められることにより、生産量の減少に一定の歯止めがかかった品目が三つある。具体的には源助だいこん、打木赤皮甘栗かぼちゃ、金沢春菊である。これらの品目は、一時は生産が途絶える寸前にまでなりながらも、ブランド認定をきっかけとして、担い手づくりが進められてきた。担い手づくりとしては、金沢市農業センターが主催する農業大学校において、新規就農者などの指導が進められている。

生産量・生産額ともに加賀野菜の主力となっているのは、加賀れんこん、さつまいもである。加賀れんこんに関しては、数少ない専門の農家、すなわち「レンコン専業農家」がいる状況である。新たにレンコン栽培に取り組みたいという希望者も出てきており、生産者が緩やかに増加する傾向にある。

図10　大手中華料理店フランチャイズの「加賀野菜酢豚」（筆者撮影）

しかし、生産者が急に増えると、生産量が急増し、値崩れを起こすことが懸念されるため、新規のレンコン栽培者を受け入れるかどうかは、慎重に進められている。

一方で加賀野菜を活用した新たな取り組みは、活発に展開されている。例えば2015年3月、新幹線開業を控えた金沢の街で、フランチャイズ展開する大手中華料理店が「新幹線開業記念」として打ち出したのが「加賀野菜の酢豚」だ。地元色を出す一環なのだろうが、伝統と規格化の緊張を感じさせるのに十分な迫力がある。ここまで行かなくとも、駅のお土産品には加賀野菜を活用したスイーツなどは数多くある。

能登野菜

能登伝統野菜の概要

(1)品目数　：６品目
(2)いつ頃から　：30年以上前から
(3)選定組織　：能登野菜振興協議会
(4)地理的範囲　：能登地方

能登野菜は、能登半島で栽培される野菜のブランド化を進めるために創設された能登野菜振興協議会によって認定された野菜である。能登を代表する野菜として、今後とも生産・販売の拡大を進めていく能登特産野菜と、能登の伝統食などに育まれ、古くから栽培されている能登伝統野菜という、性格の異なる二つの括りから構成される。

能登半島の北部にある奥能登地域では、もともとジャガイモ、カボチャ、ミニトマトの栽培が盛んで、昭和の終わり頃には「能登野菜出荷協議会」も存在していた。その後、２０００年代に入ると、七尾市にある和倉温泉の旅館関係者が「地場のものをお客さんに食べさせたい」と、地場の野菜を旅

表5　能登野菜の定義と特徴

項目	概要	
	能登伝統野菜	能登特産野菜
定義	能登の伝統食などに育まれ、古くから栽培されている野菜 ①概ね30年以上の栽培歴史がある ②部会などの組織を作っている ③優れた特長を有する	能登を代表する野菜として、今後とも、生産・販売の拡大を進めていく野菜 ①能登の農業振興品目として、生産・販売の拡大を図る必要がある ②栽培協定に従い生産、他産地に対して優位性・独自性を打ち出せる要素を持つ ③能登を代表する野菜として広く一般に流通
種類	6品目（中島菜、沢野ごぼう、神子原くわい、金糸瓜、かもうり、小菊かぼちゃ）	7品目（能登かぼちゃ、能登赤土馬鈴薯、能登山菜、能登白ねぎ、能登すいか、能登金時、能登ミニトマト）
認定	能登野菜振興協議会（2007年設立）	
流通	生産者 → JA → 卸売業者	

出典：能登野菜振興協議会からの提供データをもとに作成

館で提供する取り組みを進めていった。このような取り組みが契機となり、行政・ＪＡなどが協力することで、能登野菜振興協議会が２００７年に設立された。宝達志水町以北の中能登・奥能登の市町で栽培された野菜を対象としている。まず２００７年に９品目が認定され、２００８年に３品目を加え（能登ミニトマト、能登金時、かもうり）、現在では能登野菜は全体で13品目（表5）を有する。また、今後も、新しく認定する候補はある。ただし、地域固有の作物や特産品であっても、「野菜」という制約のため、大浜大豆などは認定されてない。

中島菜と沢野ごぼう

２０１５年現在、能登の伝統野菜で地域団体商標に登録されているものが二品目ある。中島菜と沢野ごぼうだ。ただ両者は商標取得に至る経過も、その後の展開も好対照ともいえる。地元の農協によって

図 11　中島菜（JA 能登わかば提供）

図 12　中島菜の産地とその周辺図
（JA 能登わかば提供）

農産物としては県内で最初に登録された中島菜と、地元有志が四苦八苦しながらなんとか登録にこぎつけた沢野ごぼうのそれぞれについて見てみよう。

中島菜

能登半島の七尾市中島町には、穴水町との境にある別所岳に源を発し、七尾湾に注ぎこむ熊木川が流れている。住民は川からヤマメ、アユ、マス、ウナギ、ゴリを捕り、山でもワラビ、ゼンマイ、ウド、フキなど山菜を採っており、みそ漬けや天ぷらで食べてきたと語られている。

その熊木川の上流から下流の集落に流れついた種子が改良され、現在では能登の伝統野菜の代表格に至ったといわれるものがある。ゴウザラシナという原種から種子を改良し、栽培を続けてきたのが中島町を中心とした地域であったことから、中島菜と呼ばれるようになった（ただし、正式な来歴は不明で京都由来など諸説ある）。春先の野菜として食べ継がれてきた中島菜は、地元の農協「ＪＡ能登わかば」の出願により、２００６年に農産物としては県内でもっとも早く地域団体商標に登録されている。

ＪＡ能登わかばは中島菜を商標登録しブランドとして管理するだけではなく、種子も厳しく管理しており、一般の市民やＪＡに出荷しない農家には販売していない。つまり、種子を購入できるのは、地域内で生産し、なおかつＪＡに出荷している40～50の農家だけであり、管理は徹底している。これには、二つのガードの意味がある。海外を含めて他地域で勝手に作られないようにということと、交雑しないようにという遺伝的なガードだ。アブラナ科である中島菜は、非常に交雑が進みやすく、本来の姿を保つには種子や栽培方法を厳しく管理する必要があるのだ。ＪＡの担当者は、商標登録には、経済的なメリットなどもさることながら、「『守っていく』という意思表示がある」と語る。

石川県の大学と研究機関により、血圧上昇に作用する酵素を阻害するペプチドが含まれることが確認された中島菜には、血圧上昇抑制効果が期待できる。その機能性がテレビや新聞などで報道され、注目を集める中島菜を、ほかの地域から生産をしたいという申し出があった際に、地域団体商標があることが楯となる。それにより、生産地域が広がらず、起源といわれる場所での生産という正統性と希少性を保つことができる。そのことで生産量が限定されても、価格もある程度維持され、経済的メリットや生産農家のやる気にもつながる。

また、限られた生産量のなかで、保存期間と販路を広げようと、さまざまな工夫も試みられている。例えば、フリーズドライ製法による乾燥チップや乾燥粉末、あるいは中島菜を練りこんだカステラやプリンなどのスイーツも登場している。さらには、やはり世界農業遺産に登録された静岡県掛川地域で、茶葉を生産するＪＡ掛川市との地域をまたいだコラボにより、中島菜と掛川茶をブレンドしたお茶も開発されている。健康面での機能をアピールしつつ、茶葉、ティーバック、ペットボトル、スティックなどと、飲みやすさを考慮した新商品が次々と登場している。伝統野菜ながら、近代的な側面も併せ持つ印象を受ける。

一方で、種子をまいて、一冬を超えて、春に食べるという、昔ながらの食べ方がずいぶん減ってきたのも事実だろう。ただ、ハウス栽培や技術の進歩があっても「やはり、春ものは味が違う」という話もある。健康面での機能性やスイーツでの隠し味などの近代的な顔と、地域で改良を重ねながら脈々と根づいてきた伝統性を併せ持つ中島菜は、伝統野菜の深さと新しさを感じさせてくれる。

沢野ごぼう

沢野ごぼうは、江戸時代に加賀藩の特産品として幕府に献上したことがストーリーの一つの柱になっている。その起源については、３５０年ほど前に京都から数粒の種子が持ちこまれたと説明される。それが、沢野の粘土質の土壌や気候によって、太くて、肉質の柔らかい独特の味わいがある沢野特産のゴボウが生み出された。

しかし、粘土質の土壌で太いゴボウを収穫するのは、実に重労働である。そんなことからか、沢野ごぼうの栽培は減少の一途をたどっていった。そこで、伝統ある沢野ごぼうを絶やしてはならないと、農家だけではなく、趣味でゴボウを作っていた建設業や塗装業の人なども入って10人程度の有志が合計で１００万円を出資し、沢野ごぼう生産組合を立ち上げた。いわば野武士集団だ。しかし、沢野こぼうに寄せる思いは熱い。「ほかの地域で生産されるものではなく、地元だけで生産されるゴボウに、なんとか沢野の名前をつけたい」という想いから、「沢野ごぼう」という商標を登録することとなった。商標登録で中心となった村尾忠宏氏は「こんなに難しいものと知っていたら、やらなかった」と笑いながら当時を振り返る。半年間毎日、奥さんと二人で夜中まで書類を書く作業を続けた。金沢市の観光スポットともなっている近江町市場で、沢野で作られてない「偽」の沢野ごぼうを見つけても、なかなか排除できなかった悔しさがバネになっている。

登録に至るまでには紆余曲折、さまざまな経験が積み重なっている。そもそも行動を開始する前に、それまでの価値観を覆される経験をした。老舗の名門旅館の料理人から、地元の食材として沢野ごぼうを是非使いたいと注文が入った。その当時、地元で高級とされていた小ぶりの細いものを選りすぐって持って行ったところ、沢野ごぼうならではの太いもの、それも地元で捨てることが多かった穴のあいているものが欲しいといわれた。ほかの旅館からも、穴に肉を詰めた料理を出したいから、通常より大きい直径5㎝くらいの穴のあいたゴボウを50本準備して欲しいといわれ、奔走したこともある。地元では捨てるものと評価の低かった品を、料理人からわざわざ欲しいといわれたことは、沢野ごぼうをブランド化していく上で、逆転の発想となった。

図13　沢野ごぼう茶（筆者撮影）

村尾氏たちはそうした経験を活かしながら、金沢大学の知財を専門にする大友信秀ゼミと連携してブランド力の向上に努め、地域団体商標の出願をした。一度は知名度が足りないと拒絶されたが、40日以内に再提出できるという可能性にかけて、パンフレットの配布、他県の人へのアピールなど周知活動に努め、いつどのようにしたかの細かい記録もとった。また知名度を上げるためのイベントなどでは、ゼミの学生にも協力してもらった。「年取ったおじさんがアピールしても、みんな近寄らないからね」と。そのような努力が実り、商標登録を果たした。苦労はしても、偽物に対して堂々とやめてほしいといえる体制となり、商標登録をしたメリットは大きいと振り返る。

現在、旅館からも地元の野菜ということでますます注文が入るようになっている。また、お茶やリキュールなどに加工をして、ゴボウを取りこんでいく工夫もされている。ただ、山間地で生産しているということもあって、なかなか大量に生産できる体制にはなっておらず、販路は無理に拡大せずに、道の駅などで売ることを続けている。

加賀野菜と能登野菜の比較

ブランド化の取り組みは、加賀野菜のほうが早い時期から進めている。また、能登野菜にはいわゆる伝統野菜ではない「能登特産野菜」が含まれるため、単純に比較することは難しい。しかし、ここでは基本的な特徴を示すために、生産および販売状況の比較を試みていこう。表6は、加賀野菜と能登野菜について、面積、農家数、出荷量、販売額を比較したものである。能登野菜については、「能登伝統野菜」のみのデータも記載した。

表6　加賀野菜と能登野菜の生産および販売状況（2011年）

	面積（ha）	農家数（戸）	出荷量（t）	販売額（千円）
加賀野菜	325.9	461	3,954	1,298,096
能登野菜 （うち能登伝統野菜）	231.9 （16.6）	2,078 （239）	4,397 （119）	840,000 （32,000）

出典：金沢市農産物ブランド協会および能登野菜振興協議会からの提供データをもとに作成

まず、栽培面積としては、加賀野菜３２６ヘクタールに対して能登野菜２３２ヘクタールとなっており、加賀野菜がおよそ1・4倍の面積を有する。しかも、加賀野菜はほぼ金沢市内に限定されているのに対し、能登野菜は能登地方で広く栽培されていることを鑑みると、能登野菜の生産は加賀野菜ほど普及していないことがわかる。

能登野菜を品目別に見ると、一位、二位は能登かぼちゃ、能登すいかといずれも「特産野菜」であり、能登伝統野菜については、生産・販売はわずかしかない状況であった。

採種・育苗の進め方の実際

関係者の話から、加賀野菜では、採種は各農家（グループ）が自分たちで行う場合が多いことがわかった。しかし、より詳しく見ていくと、ＪＡの種苗センターで採種・管理が行われている品目、金沢市農業センターで種苗の更新が行われている品目があることもわかってきた。

一方の能登伝統野菜では、自分たちで採種を行っているものは中島菜、金糸瓜、かもうりの3品目であることがわかった。また、沢野ごぼうは「タキノカク」という品種の系統が用いられており、小菊かぼちゃはカンダ育種農場の種子が用いられていた。前述したように、出荷している生産農家は少ないが、ヒアリングからは、自家消費用に作っているところはかなりある状況がうかがえた。

「急がない」という生産者の声

加賀野菜の関係者に話を聞くなかで、「急いで生産量を増やしても、続かない。それよりは、県内の家庭での消費に向けたＰＲを続けるなど、地道な取り組みが必要だ」といわれることが何度もあった。これは、早くから伝統野菜の価値を再考し、取り組みを続けてきたなかでの経験から出た言葉なのではなかろうか。実際に、加賀野菜の一つがビール会社のテレビＣＭで使用された後、ＣＭを見た首都圏の消費者からの注文が殺到し、相場が高騰したため、地元（金沢）で入手できない状況になったこともあった。さらには、ブームが去った後には、価格が大暴落し、関係者に大きな混乱を招いた。また、大手コンビニのおでんに源助だいこんが使用されることになり、販路が大幅に拡大する状況も生まれたが、新たに栽培を始めた契約農家などには栽培が難しく、需要に生産が追い付かない事態など、急速な作付拡大を前提とするのはリスクがあることが示された。

以上のような経緯を踏まえて、関係者は慎重に、地道な普及を目指している。このような姿勢は、こと伝統野菜のような大量生産には向かない野菜にとっては特に大切になるだろう。関係者が、急がず、あわてず、地道な取り組みを進め、そのような取り組みを息長く支えていくことが、世代をまたいで伝統野菜を伝えていくことにつながるのだろう。

コラム5　スイーツの進化：里山の恵みの六次産業化

加賀百万石の時代から茶の湯が盛んで、菓子の文化が発展した金沢では、今も和菓子が生活に根付いており、お彼岸の「おはぎ」はもちろんのこと、お正月の「福梅」、夏の「氷室饅頭」、安産を願う「ころころ饅頭」、婚礼に際しての「五色生菓子」など、季節や人生の節目には和菓子が多く登場する。また、和菓子は金沢のお土産としても人気があり、金沢駅には創業１００年以上の老舗から話題の新顔まで和菓子の名店が軒を並べている。私（香坂）もよくお土産に和菓子を買うが、何気なく手に取ると、五郎島金時や能登栗、能登大納言などの菓子だったりすることが多く、地元の産品を活用したスイーツが増えていると感じる。なかには、能登の里山が育んだ四季折々の野菜そのものの味を楽しめると話題になっている和菓子もある。

金沢の観光スポットでもある東茶屋街に、野菜を蜜漬けにした〝蜜菓子〟の店「菜菓匠奈加川」が、その景観に溶けこんでひっそりとたたずんでいる。ほぼ通年で店頭に並ぶニンジン、ゴボウ、五郎島金時など定番ともいえる商品のほかに、源助だいこん、加賀れんこん、加賀太きゅうりといった、旬の季節にしか味わえない野菜の蜜菓子もある。ダイコン、ゴボウなど幾つかを食べ比べてみるとよくわかるが、野菜を蜜漬けにしただけのシンプルな商品なだけに、野菜本来の味や食感を感じることができる。パッケージには各野菜が「和」を感じさせるイラストで描かれており、日本国内だけではなく海外への手土産や外国人旅行者にも喜ばれそうな商品である。

このように、伝統を大事にしながらも、いいものを取り入れていく風土が息づいている石川では、和菓子だけでなく、洋菓子と伝統野菜のコラボもある。例えば、能登島などで農業を展開するスギヨファームは、中島菜、能登かぼちゃ、能登紫芋を練りこんだカステラを開発した。３種とも、カステラの食感にうまく溶けこんでおり、それぞれの風味を楽しむことができる。

図 14　パティシエ裏野氏が加賀野菜を説明
金沢市内で消費者と（筆者撮影）

ほかにも、加賀野菜のスイーツに特化した洋菓子店「ケーキハウスエンゼル」が金沢市内にある。五郎島金時、打木赤皮甘栗かぼちゃ、加賀れんこん、金沢太ねぎ、二塚からしな、ヘタ紫なすなど、さまざまな加賀野菜の焼き菓子、ゼリー、メレンゲなどのバラエティに富んだスイーツが店頭に彩りを与えている。サツマイモやカボチャは菓子材料として珍しくないが、ネギやナスなどのお菓子となると、どのような味になるのだろうかと想像がつかず、興味をそそられる。オーナーパティシエの裏野剣一氏は、二十年ほど前から加賀野菜を使ったお菓子に注目し、野菜を調達するために自分で畑を作ってみたこともあるという。強い味のチョコレートと野菜をどう合わせるのか、水分が多い野菜をどういれるかなど工夫を重ねてきた。そんな想いが伝わってくるような、選ぶのも贈るのも食べるのも楽しくなる店である。

石川県では、スイーツのほかにも、お茶や焼酎など、野菜を活用した六次産業化の取り組みが広がっている。地元の里山の恵みを活かした石川土産は、甘党だけではなく、健康志向や辛党の方々にも喜んで頂ける顔ぶれが増えてきている。北陸新幹線の開業で賑わいをみせる金沢では、渡す人の喜ぶ顔を想像しながら、加賀の伝統や能登の里山の恵みを味わえるお土産を選ぶ楽しみも増えそうだ。

2-4　やまがた伝統野菜（山形）

山形おきたま野菜の概要

～伝統野菜「銀座」、山形に根付く文化財としての在来作物～

(1)品目数　：17品目
(2)いつ頃から　：昭和20年（1945年）以前
(3)選定組織　：山形おきたま伝統野菜振興協議会
(4)地理的範囲　：置賜《おきたま》地域の市町など

山形おきたま野菜

山形の名物の一つに「芋煮」があり、芋煮会は山形の秋の風物詩ともなっている。その芋煮会の始まりは江戸時代にまで遡り、当時から里芋の栽培が盛んだったことがうかがえるが、山形県が推進するものに「やまがた伝統野菜」がある。知名度では京野菜や加賀野菜に及ばないが、山形県には伝統野菜銀座ともいえるほど数多くの伝統野菜があり、地域ごとに伝統野菜を認定する取り組みも行われている。その一つが置賜地域の「山形おきたま野菜」で、認定済みのものは17品目ある。

具体的には、うこぎ、おかひじき、小野川豆もやし、雪菜、薄皮丸なす、窪田なす、宇津沢かぼちゃ、馬のかみしめ、紅大豆、畔藤きゅうり、高豆蔲《こうずく》うり、花作だいこん、遠山かぶ、である。また、最近になって新たに認定した4品目として、梓山大根、小野川あさつき、夏刈ふき、おかめささぎが挙げられている。

名前を見てもどんな野菜か想像しづらいのが「馬のかみしめ」であろうか。これは枝豆の在来品種であり、成熟したダイズには馬が咬んだような跡があることから、そう名付けられている（ちなみに、枝豆は、作物としてはダイズであり、それを若いうちに収穫したものが枝豆として食される）。

置賜地域以外にも、村山地域の「村山伝統野菜（16品目）」、最上地域の「最上伝承野菜（30品目）」がある。また、独自の名称や基準は設けてないものの、庄内地域にも独特の伝統野菜が数多く存在する。こうした状況は、大きく異なった文化圏が合わさって現在の山形県を構成していることの裏返しでもあり、全国を見渡しても、特に地域ごとの特徴が強いといって良いだろう。ただ、県全体としてのブランドづくりを意識してか、平成26年には県内の伝統野菜の統一名称「食の至宝　雪国やまがた伝統野菜」を決定し、そのロゴマークも作られている。また、山形大学農学部の教員が中心となって設立された「山形在来作物研究会」は、在来種の保存や利用に向けたさまざまな活動を行っており、最近、全国で産声を上げている伝統野菜のコミュニティのモデルともなっているようだ。

その「山形在来作物研究会」の代表である山形大学の江頭宏昌氏、山形の伝統野菜を活かした料理を提供するイタリア料理店アル・ケッチャーノの奥田政行オーナー・シェフの思いや活動、県内の伝統野菜の生産者の取り組みを記録したドキュメンタリー映画『よみがえりのレシピ』は全国で注目を集め、伝統野菜における最も有名な取り組みの一つとなっている。ただし、江頭氏は、伝統野菜という言葉は使わず、「在来作物」という言葉を使う。その理由は、「年限の定義をゆるめ、世代を超えたもの、とすると、候補となる野菜が増える」。それは、ブランド化のみを目指すのではなく、多様性を守ることを重視した立場として強調されている。

県の統一ブランドの動き

では、山形県の統一名称である「食の至宝　雪国やまがた伝統野菜」の定義がどうなっているか確認してみよう。①当該地域で栽培・利用されてきた固有の野菜、②自家採種により品種・系統が維持されているもの、③年代はおおむね昭和20年以前（戦前）から栽培されているもの。先に述べた「山形在来作物研究会」の調査では、在来作物は１５７種類が該当し、そのうち伝統野菜は81種類とされる。この81種類という数字は全国のなかでもトップクラスであり、山形が食に関する取り組みに対して非常に熱心であることがうかがえる。

また、山形県内が気候・風土や文化が大きく異なる庄内、置賜、村山、最上の四地域からなり、各地域で独自の伝統野菜が育まれたことも、多種多彩な伝統野菜が残っている要因の一つと考えられる。

山形に数多くの伝統野菜が残っている理由としては、①山岳信仰を背景とした年中行事で伝統的に野菜が使われてきたこと、②最上川の舟運を通じた地域内外の交流により、さまざまな品種がもたらされたり、船頭や商人たちが芋煮など近隣の野菜を使った料理を作ってふるまったこと、③雪があっても栽培できる野菜が冬の間の貴重なビタミン源として地域内で守り継がれてきたことが挙げられる。また、漬け物文化も発達している。後述する伝統野菜サミットでも、試食コーナーの一角には多彩な漬け物が並べられていた。

厳しい環境において、山形では地域ごとの独特な食文化が育まれるとともに、特色を持った伝統野菜が成立していったといえる。生産者はもとより、研究者、料理人、行政関係者など、各地域や県を挙げての力の入れようは、間違いなく今日の伝統野菜のうねりの中心に位置しているといえるだろう。

全国伝統野菜サミット in 山形

それを象徴するように、２０１４年8月30日、第一回目の「全国伝統野菜サミット」が山形市で開催された。それまでも、２００４年に会津（福島県）で「伝統野菜サミット」、２００９年に北陸農政局の主催で「伝統野菜サミット　伝統野菜が地球を救う！」、２０１１年には九州新幹線の全線開通を記念した行事の一環で九州農政局の主催で「九州伝統野菜フォーラム」が開催されているが、「全国」がついたものは今回が初めてである。この記念すべきサミットには、当初の定員２００名を大幅に上回る３５０名もの参加者が詰めかけ、盛大な会となった。遠くは九州からの参加者もあった。山形県の主催であったが、山形大学農学部と山形在来作物研究会も共催として大きな役割を果たした。

第一部では山形の伝統野菜に関する説明に続き、加賀野菜のブランド化を進める金沢市農産物ブランド協会、伝統野菜の契約栽培を全国展開する「大地を守る会」、信州伝統野菜を使った商品開発や販売促進に取り組む野菜ソムリエ、そして在来野菜にこだわる山形市の青果店の野菜ソムリエがそれぞれの取り組みについて講演した。印象的だったのは、後半に登場した講演者２名がいずれも女性の「野菜ソムリエ」であり、それぞれの立場から伝統野菜の普及に関わっている点であった。第２部では、伝統野菜の料理や加工品の展示紹介、そして試食会も開催された。

伝統野菜の宝庫とも呼べる山形では、四地域（庄内、置賜、村山、最上）それぞれが独立して伝統野菜の認定を進めていたが、今回のサミットでは、それらを包括する「食の至宝　雪国やまがた伝統野菜」のロゴマークがお披露目されるなど、県が一体となって連携する姿勢を強く印象付けるものであった。行政主催による記念行事としての色合いもあるようだが、この事例から、県内に複数の伝統野

図15　全国伝統野菜サミットin山形でのロゴマークお披露目（左：山形県知事）（筆者撮影）

菜が林立している地域においても、それらを包括・統合する枠組みを創造することが可能であることが示された。関係者間での調整が必要なのはいうまでもないが、それぞれのブランドを維持しつつも、観光客へのアピールや地域外への普及の手段として、より大きな枠組みを示した意義は大きい。

コラム６　飛行機でも伝統野菜が登場

航空各社は、地域貢献と本業である旅行を盛んにする目的で、各地の魅力的な観光地、風景、レジャー、神社仏閣を紹介している。九州路線を主軸とするＬＣＣのソラシド・エアでは、国東半島宇佐地域が世界農業遺産に登録された際、クヌギ林でのシイタケ生産や畳の原料となるシチトウイ生産などについて紹介している。あるいは安心院の体験農園やブドウ園などの観光地も行き先として紹介している。このような機内誌などでの特集記事に加え、異なる素材でＡ４サイズの下敷のような厚紙にコンパクトに魅力を描いた資料なども準備されたことがある。

ほかにも時期を集中させて特定地域を紹介する手法なども取られている。例えば、全日空では「Tastes of JAPAN by ANA」と銘打って、日本の都道府県の魅力を一定期間集中的に紹介するキャンペーンが実施されている。二、三の都道府県ごとに紹介し、全ての都道府県を順番に網羅していこうという活動だ。具体的には、機内誌、ラウンジでの食やお酒の提

図16　山形の民田なすが紹介されるシーン（筆者撮影）

図17　Tastes of Japan by ANA CMより（筆者撮影）

供、機内食、そして機内で上映されるビデオ番組などさまざまなメディアや場面で、その地域に由来する話や食材を提供するというキャンペーンである。複合的に地域の要素をあの手、この手で紹介している。

当然、食も重要な要素の一つであり、例えば山形県については、機内の映像で観光地の魅力を伝える題材として伝統野菜も登場した。具体的には、２０１４年12月期の全日空の機内上映番組「SKY EYE（スカイアイ）〜空からのメッセージ〜」で、山形の民田なすが生産者の話とともにスポットとして紹介されている。俳句の歴史的な題材があくまで中心であり、特にドキュメンタリーのように伝統野菜の由来、生産の詳細にまでは踏みこんでいるわけではない。ただ、山形という場所の魅力を伝える上で、見る人数も多い航空会社の映像のなかで伝統野菜が取り上げられたこと、料理だけではなく生産者のコメントなども使用されていることからも、観光への活用の実践事例として注目される。

2-5　広島お宝野菜（広島）

広島お宝野菜の概要

～市民に開かれた未来型のジーンバンク～

(1)品目数　：15品目
(2)いつ頃から　：指定なし
(3)選定組織　：広島県森林整備・農業振興財団　農業ジーンバンク
(4)地理的範囲　：広島県内

お宝野菜をジーンバンクで管理

広島県には、未来を先取りしたジーンバンクがある。全国的にも珍しい取り組みで、農作物の種子を遺伝資源として保存している機関である。そこでは、昔から栽培されていた品種を掘り起こし、味がいい、珍しい、変わった食べ方があるなどの貴重な野菜の品種を「広島お宝野菜」として選定し、その種子を農家に提供して普及を進めている。

ジーンバンク（gene bank）は、日本語にすると「遺伝子の銀行」ということになる。であるなら、植物や動物、微生物の遺伝子を保管する場所であり、試験管か何かに、ＤＮＡが冷凍保存されている光景をイメージするかもしれない。実際に、ジーンバンクのなかには、ＤＮＡバンクというタイプもあるが、ここで取り上げるジーンバンクでは、植物の種子（タネ）が保存されている。

この本のテーマである伝統野菜や在来品種のなかには、ジーンバンクで管理されているものも多い。近代以降、各国（主に先進諸国）は世界中の遺伝資源の探索、収集に乗り出した。日本においても、政府機関や研究機関が中心となって、国内外の在来品種を収集した。収集の目的は、それらを「育種素材」として活用することだった。つまり、品種改良（育種）の材料のために収集する、ということだ。例えば、種苗メーカーが商品（＝販売用の作物の種子）を開発するために、収集された在来品種や系統を利用する。民間に限らず公的機関でも、より良い品質の作物（例えばイネ）を生み出すために、さまざまな品種をかけ合わせる。バイオテクノロジーや遺伝子組み換え技術が華々しく注目される時代だが、現実の品種改良は交配と選抜、さらに栽培試験、特性評価という地道な作業によって行われる。その材料となるのが在来品種などであり、だから在来品種は遺伝資源として大切だといわれるのである。

それらの在来品種は、現在でも地域の農家が栽培しているものもあるが、実際の田畑では栽培されなくなってしまったものもあり、何もしなければ永遠に失われてしまう。「失われる前に収集して保存する」というのもジーンバンクの役割の一つだろう。

ジーンバンクは、規模別にみると四段階にわかれる。一つ目は、国際的な遺伝資源の保存機関であり、国際イネ研究所（ＩＲＲＩ）などに相当する。二つ目は、国家レベルの保存機関であり、日本では筑波に政府系のジーンバンクがある。三番目は、都道府県レベルの研究所や公的機関のジーンバンクである。四番目は、市民レベルでのジーンバンクであり、例えば日本有機農業研究会など、NPO団体が小規模に管理しているものである。

ここで取り上げている広島県のジーンバンクは、三番目と四番目にまたがった形である。つまり、県レベルの政府系機関に準じるものであり、かつ財団法人の形で運営されている。政府系のジーンバンクでは、保存されている種苗の配布は、育種、研究用や教育用などの場合に限られ（原則、有料）、農家が自分で栽培するために希望しても、販売目的の栽培となると難しいだろう。しかし、広島県のジーンバンクは広島県内の人（農家に限らず、住民）なら、希望すれば種子の提供を受けて、作物を栽培することができる独自のシステムを作っている。冒頭で広島のジーンバンクは、「未来を先取り」していると書いたのは、そうしたユニークな取り組みに着目してのことである。より詳しく見てみよう。

組織（ジーンバンク）がつくられた経緯

このジーンバンクは、１９８８年に財団法人の形で設立され、もとは「広島県農業ジーンバンク」という組織であった。主な目的としては、地域戦略作物や新品種開発のために、遺伝資源を収集・保存し、利用システムを整備することであった。京野菜の取り組みもこの時期（１９８９年頃）に活発になっており、全国的に伝統野菜の見直しが始まった時期だったのだろう。広島の取り組みでは、県内の農作物の種子をできる限り収集・保存しようと、「県内遺伝資源探索・収集ローラー作戦」として県内に残っていた作物の種子や、原木の所在情報の収集調査が展開された（１９９０～１９９５）。その結果、作物の種子３８７点、所在情報１６０点、合計５４７点（１３０種）が収集された（広島県農業ジーンバンク 1995）。このような調査は農作物に関する知識が不可欠となるが、ジーンバンクでは農業改良普及員のＯＢなどの協力を得る形で、県内全域をカバーしたという。

　農業ジーンバンクは、広島県の農業技術センター敷地内に拠点を持ち、冷蔵保管庫で種子の長期・短期保管を行うとともに、圃場《ほじょう》にて栽培による特性調査、種子の更新・増殖を行っている。また、国のジーンバンクや種苗会社・大学などと種子や情報の交換も行っている。大学などから種子保存の委託を受けているものも含めると、現在は５１６０点が保存されている。この農業ジーンバンクの最大の特徴は、一般の農業者などに「種子の貸出し事業」を行っている点にある。政府系のジーンバンクでは、上述したように一般の農家などが自分で栽培するために種苗をもらうのは、ほぼ不可能である。それが、広島では「広島県民であれば、誰でも無償でタネを借りることができる」ようになっており、全国を見渡しても非常にユニークな取り組みである。ジーンバンクが広く農家・市民に開かれていることで、「多様性を持った遺伝資源がもとの生産地や周辺の圃場に再導入され、ジーンバンクを通じて在来品種が双方向に流れるシステムが形成された」という龍谷大学の西川芳昭の意見もある。

表７　広島お宝野菜の選定状況

年度	選定	
2009	５品目	青大きゅうり、観音ネギ、矢賀ちしゃ、川内ほうれんそう、笹木三月子大根
2010	５品目	下志和地青なす、一寸蚕豆「柏原系白目」、壬生いんげん（白）、寒地地だいこん、賀茂小かぶ
2011	５品目	北甘かぼちゃ、黒目実採りえんどう、倉重さやえんどう、中勺たかな、太田かぶ「ヤルナ」

出典：（財）広島県森林整備・農業振興財団　農業ジーンバンク（2010; 2011; 2012）

広島お宝野菜を選定

２００９～２０１１年度には、「広島お宝野菜で地域農業の活力向上」を進める「広島こだわり野菜創出・普及促進事業」が実施され、毎年発行される「広島お宝野菜カタログ」で5品目づつ、3年間で計15品目が来歴から、栽培法、調理法まで詳しく紹介された（表7）。

この事業のそもそもの目的は、「味が良い」「珍しい」「変わった食べ方がある」などの貴重な品目・品種を選び、「広島お宝野菜」として生産者に種子を提供すると同時に、流通業者に情報提供を行うことで保管されている遺伝資源の利用を復活・促進させることにあった。具体的には、約5千点の種子のなかから3年間で１５００点程度の特性調査を行い、調査したなかから有望品種として１５０点を選定した。次に種子を増やして生産者などに提供し、栽培促進支援を行うとともに、加工・流通・販売事業者に情報提供を行い、販売体制づくりを進めた。

このように地域農業の向上までを視野に入れて事業を展開してきたジーンバンクだが、運営する組織は時代の波にさらされてきた。ここで、ジーンバンクの組織形態について見ておこう。前述したように１９８８年に「広島県農業ジーンバンク」という名称の財団の形でスタートしたジーンバンクは、２００３年10月には、県内の農林系の財団法人と統合し、（財）広島県農林振興センターに改組された。そのなかの地域振興部が農業ジーンバンクを運営するようになった。その後、この法人は林業事業の業績悪化により倒産状態に陥り、２０１３年に民事再生法の適用を受け、事業の更生が進められている。それと並行して一般財団法人　広島県森林整備・農業振興財団が設立され、農業ジーンバンクはその一部門として位置づけられるようになった。２０１３年度の事業予算は２００万円程度であるが、県の施設（農業技術センター内にある保管のための設備など）は継続して利用できることと、農業技術職を退職したスタッフの熱心な活動に支えられているため、当面は継続した活動が見込まれ、５１６０点の地域特産物などとして有効利用できる種子の保存、管理が続けられている。

「お宝野菜」の先を見据えて

広島では、農業法人が多いという話を聞いた。高齢化が進んでいるため、若い人に就農してもらわないと、地域の維持は難しい。しかし、若者に定着して農業に従事してもらうためには、生産基盤を作っていく必要がある。ジーンバンクの船越建明氏は、お宝野菜の普及の目的として、「法人に有望な品種を栽培してもらうこと」を挙げていた。特に在来品種は改良品種とは栽培方法が全く異なり、肥料などを多く投入するのではなく、作物の特性を活かした方法で栽培する必要がある。駅伝でも有名な世羅《せら》町には、作物の特性を活かした「こだわり野菜」の栽培を目指す「世羅高原こだわり農産物研究会」というグループがある。そのグループはジーンバンクの支援を受け、太田川沿いで保存されてきた太田かぶという伝統作物の栽培に乗り出した。太田かぶは交雑が進み、元の形のものではなくなってしまっていたが、春先に出てくる茎が美味であることがわかり、世羅くきな（茎菜）と命名し、特産化を成功させた。

このように、種子を循環させるなかで、もともとあったものを活用しながらも、新しい食べ方、品種の開発がジーンバンクや民間の連携のなかで進められていた。公益法人改革といった大きな社会のうねりに巻きこまれながらも、広く市民に開かれたジーンバンクが存在していることは、日本の在来品種や伝統野菜の保全を進めていく上で、非常に心強い。

2-6　ひご野菜（熊本）

ひご野菜の概要

～農業県の正月料理にかかせない伝統野菜～

(1)品目数　：15品目
(2)いつ頃から　：古くから
(3)選定組織　：熊本市

(4)地理的範囲：熊本（県か市かは明記なし）

熊本と聞くと、まず思い浮かぶのは、阿蘇山、馬刺し、そして最近では「くまモン」だろう。しかし、熊本県は全国でも指折りの農業県である。では、伝統野菜についてはどうだろうか。伝統的な作物が種々あるのはもちろんのことだが、熊本県内には二つのブランドが併存している。一つ目は熊本市が指定している「ひご野菜」であり、二つ目が熊本県によって進められている「くまもとふるさと伝統野菜」である。ただし、「くまもとふるさと野菜」には「くまもとふるさと伝統野菜」と「くまもとふるさと特産野菜」の二つがある。能登野菜などとよく似た構造になっている。

行政が認定を進める

県による伝統野菜として具体的には水前寺もやし、熊本ねぎ、熊本京菜、ひともじ、阿蘇高菜、あかどいも、鶴の子いも、地きゅうり、黒菜、熊本赤なす、水前寺菜、赤碕からいも、佐土原なす、はなやさい天草一号、赤大根の15品目が認定されている。

これらの「くまもとふるさと伝統野菜」は２００５年度に14品目が認定され、翌２００６年度に１品目（赤大根）が追加された。２０１３年の調査によれば、15品目のうち7品目は自家採種によって維持されており、2戸～20戸程度の農家によって生産が行われている。産地は熊本市、阿蘇、八代など県内に広く分布している。販売先は、市場を通すもの、地元スーパー、直売所、土産品店、道の駅

表8　熊本県内で選定されている伝統野菜、ブランド

<table>
<tr><th colspan="2">名称</th><th>品目</th><th>選定組織</th></tr>
<tr><td colspan="2">ひご野菜</td><td>15品目</td><td>熊本市</td></tr>
<tr><td colspan="3">くまもとふるさと野菜</td><td rowspan="3">熊本県</td></tr>
<tr><td rowspan="2"></td><td>くまもと伝統野菜</td><td>15品目</td></tr>
<tr><td>くまもと特産野菜</td><td>13品目</td></tr>
</table>

出典:熊本市農水商工局農商工連携推進課ウェブサイト「ひご野菜について」
出典：熊本県ウェブサイト「くまもとふるさと野菜」

などであるが、流通していないものもあるようだ。最も生産・出荷量が多いのは「阿蘇高菜」であり、200ヘクタールで3千トンが栽培されている。収穫は4月だが、漬け物は周年で流通している。

くまもとふるさと特産野菜には13品目が認定されており、具体的には水前寺せり、フルーツ玉ねぎ、バッテンなす、まこもたけ、大長なす、水田ごぼう、すいおう、色見すいか、ヒゴムラサキ、塩トマト、サラダたまねぎ、茎ブロッコリー、上津深江すいかとなっている。こちらは、歴史的な経緯はともかく、現在の熊本農業を支えている品目として位置付けられるだろう。

次に、熊本市が指定した「ひご野菜」に認定されているのは15品目で、具体的には熊本京菜、水前寺もやし、熊本長にんじん、ひともじ、ずいき、れんこん、水前寺菜、春日ぼうぶら、芋の芽、熊本赤なす、熊本ねぎ、水前寺せり、熊本いんげん、熊本黒皮かぼちゃ、水前寺のりである。特に、熊本京菜、水前寺もやし、熊本長にんじんは正月料理に用いられ、この3点が入ると「ひご雑煮」と呼ばれるようで、ひご野菜を代表する野菜といえるだろう。現在では「おせちは買うもの」といった感覚も広がってきているかもしれない。それでも、雑煮などなんらかの正月料理を作る家庭は少なくない。このような風習に根差した料理に使われる伝統野菜は、今後も残って生き続ける可能性が高いといえよう。また藻類である「水前寺のり」が、ひご野菜に入っているところが興味深い。のりといえば熊本が面する

有明海が有名であるが、水前寺のりは市内の上江津湖などでとれる希少なものである。熊本市の水は基本的に地下水でまかなわれており、世界的にも注目されている。その地下水がわき出て形成された江津湖の水前寺のりは、熊本という地域を象徴しているようにも感じられる。また、水前寺菜は紫色の葉が特徴的で、遠く離れた金沢でも栽培されており、金時草《きんじそう》の名で、加賀野菜に認定されている。

さて、色々な作物の名前が出てきたが、水前寺菜、水前寺もやし、熊本京菜、水前寺せりなどは「ひご野菜」と「くまもとふるさと野菜」の両方に名前を連ねている。ただし、県の指定では、水前寺菜、水前寺もやし、熊本京菜は「くまもとふるさと伝統野菜」であるのに対し、水前寺せりだけは「くまもとふるさと特産野菜」であった。このように行政区分で二層構造化し、消費者から見ると区別しづらい実態は、伝統野菜というものに対する誤解や混乱を招くことにもなりかねない。

県が２００５年に「くまもとふるさと野菜」を認定した2年後の２００７年に、熊本市は「ひご野菜」の認定に着手した。熊本県立大学の松添直隆氏が座長となった選定委員会により、認定が進められた。その後、２０１１年の九州新幹線開通などの時期に合わせて、行政が支援したブランド化の取り組みもあったようだ。ただし、数年間の事業期間を経た後には、伝統野菜の普及・推進に関する行政による支援は少なくなっていった。それと前後して、民間での取り組みが進められるようになっていった。

民間、高校、多方面の人の関わり

ひご野菜に限定しないが、県内の在来品種を探し、生産者を訪ねてまわっている料理人がいる。熊本市内でイタリア料理店「リストランテ・ミヤモト」を経営するシェフの宮本健真氏である。宮本氏は、県内の生産者を支援する姿勢を持っており、また阿蘇の草原が世界農業遺産への登録（２０１３年）された際の中心的な人物であった。イタリアで修業をした後に、熊本で店を構えた宮本氏は、県内の在来の野菜を使った料理を店で提供できないかと考えたが、地元の青果店に県内の在来野菜は置かれていなかった。そこで、自分で県内を探し回り、栽培農家との関係を築きながら、個性豊かな在来品種を料理に取り入れるようになっていった。同時に、農業そのものへの関心も高めた宮本氏は、「阿蘇の草原を食の大地に」と訴え、世界農業遺産登録（２０１３年）の中心的役割も果たした。熊本に根差した食文化に貢献しながら、新しい価値を創造していく宮本氏から学ぶことは多い。

図 18　ひご野菜コロッケ（北亜続子氏提供）

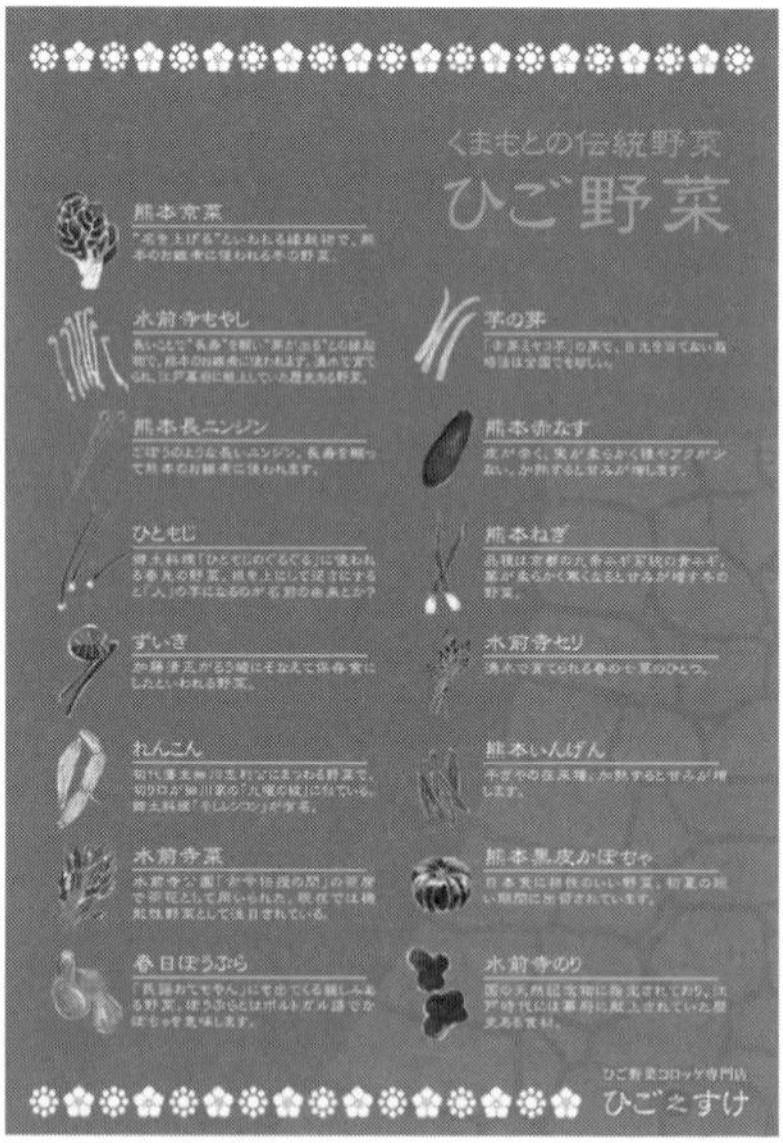

図 19　ひご野菜を紹介するポスター
（北亜続子氏提供）

熊本市内には、ひご野菜の普及を進めるために「ひご野菜コロッケ」を販売する店舗もある。２０１１年にオープンした「ひご之すけ」というひご野菜コロッケ専門店で、さまざまなひご野菜を材料にしたコロッケが６種類ほど販売されている（図18）。筆者は「春日ぼうぶら」（カボチャ）を使ったクリームコロッケを食べてみたが、クリームとカボチャの相性が良く、とてもおいしかった。包み紙のデザインも可愛らしかった。店舗を運営する北亜続子氏は、内閣府による雇用促進事業の一環である起業支援に採択され、会社を設立した。

北氏とひご野菜との出会いは、熊本市の農業塾（くまもと食農塾）への参加者向けに開かれる料理教室である。野菜ソムリエでもある北氏は、「ひご野菜」を使った料理の講師を依頼され、それがきっかけとなり、女性３人で勉強会を立ち上げ、ひご野菜の普及を支援する取り組みを進めた。

また、熊本農業高校では、生徒が自主的に「ひご野菜プロジェクト」を立ち上げ、種苗の保存や生産農家との連携、栽培法の継承、収穫した野菜を学校給食へ提供するなど、熱心な取り組みを進めている。生産者や行政、ＪＡなども巻きこんで「ひご野菜会議」を呼びかけるなど、高校生だからこそ、身分や立場にとらわれない柔軟な企画が展開されていた。京都でも桂高校が京野菜の種苗の保存に取り組んでいるが、伝統野菜の保存機関として、「学校」の役割も重要になってくることを予見させる。

九州伝統野菜フォーラム

２０１１年、九州新幹線全線開通の記念行事の一つとして、熊本で「九州伝統野菜フォーラム」が開催された。市内のホテルで開催されたフォーラムには、180名ほどの参加者があり、その後に開かれた試食会にも70名程度の参加者があった。伝統野菜のイベントということで、来てもらった人になんとかして伝統野菜を使った料理を提供したいという思いから、試食会も開催したようである。

ひご野菜の今後　～ひご野菜ブランド協議会～

2013年には、JAや熊本大同青果、鶴屋（百貨店）、交通センターホテル、生産者などが集まって、「ひご野菜ブランド協議会」が立ち上がった。行政の支援が以前ほどは見込めなくなって、危機感を抱いた関係者によって、民間主導で支援をしていこうというものである。ひご野菜についての課題は、何をおいても「認知度」であるという。現在、百貨店などでひご野菜を販売しても、購入していく人の多くは県外からの観光客などのようで、県内の人への認知度を高めることが、今後を左右する大きな鍵となりそうだ。協議会は、「今、頑張っている生産農家のために、何ができるか」を検討している。具体的な目標の一つは、加賀野菜のブランド認定シールのように、スーパーなどでお客さんが一目みてわかるような「認定の目印」を作っていきたいということであった。

熊本が農業県であるということを最初に述べたが、「熊本の伝統野菜のライバルは、他県の野菜ではなく、熊本県内の一般の農産物なのではないか」という意見もある。農業県ならではの課題もあると思うが、基本的には熊本でも、少ない生産者がなんとか守っている伝統野菜をどのように安定して生産・販売していくかが課題であることに変わりはない。民間でさまざまな人たちが知恵を出し工夫をするなかで、着実にネットワークが広がっている。こうした熊本の事例からは、行政などが「○○県の伝統野菜」として認定することが、ゴールではなく、あくまでスタート地点であるということを認識させられる。

コラム7　ダイコンとナス

各地の伝統野菜で、必ずといっていいほど顔を出す、ダイコンとナスについてみてみよう。

ダイコン

ダイコンといえば、桜島大根、練馬大根、聖護院だいこんをはじめ、いくつもの伝統品種がある。全国でさまざまな品種に分化し、伝統品種の宝庫とも呼ぶべき野菜の一つだ（図136ページ）。おでん、風呂吹き、おろし、サラダというように、煮てよし、生でよしのオールマイティなダイコンは、日本の食卓に欠かせない野菜であり、その歴史も古く、『日本書記』

にすでに記載がある。古名はスズシロで、春の七草の一つに数えられている。

春先にダイコンは薹《とう》がたち、菜の花に似た白色（もしくは少し紫がかった白色）の花が咲く。他家受精であるため、花から花へとミツバチが忙しく飛び回る。伝統品種の宝庫と書いたが、一方で、１９７０年代に急速にF_1化が進み、全国で同じダイコンが出回るようになり、現在はスーパーなどに並ぶダイコンはほとんどが「青首大根」と呼ばれるもので、愛知県の宮重大根の系統にあたる。尾張大根とも呼ばれたこの宮重大根（愛知）は、伝統品種である練馬大根（東京）や聖護院だいこん（京都）のルーツともされている。

また、加賀野菜の一つである「源助だいこん」も宮重大根の流れを汲む。金沢市内の打木《うつぎ》町の篤農家であった松本佐一郎氏が、宮重系統（愛知）と打木地区の在来品種（練馬系）から品種改良し、１９４２年より「打木源助」として栽培されるようになった。その後、栽培が減少するも加賀野菜として振興され、現在は松本氏の息子である松本惲氏らが中心となって栽培が行われている。種子は、母本選抜され、種苗が管理されている。そのほとんどが金沢で消費されている。現在の伝統野菜のブランド化の動きに乗じて、いくつもの伝統野菜が「もっと多くの人に食べてもらえるように」と、栽培農家や栽培地域を広げて生産量を増やそうという方向に進んでいる。その流れは、知名度の向上や消費の拡大にとっては重要である一方で、違う土地で育てた野菜は、もはや元の伝統野菜の形質（味や形）を持たなくなる。源助だいこんは、青首大根と違い、いつでもどこでも食べられるわけではないが、それをデメリットではなく強みと考え、地域の人にとっては誇りとなる野菜、地域外から金沢を訪問する人にとっては、「現地に行って食べてみたい野菜」を目指すのが適切ではなかろうか。

各地でどのようなダイコンがあるか、旅行した時にはお店や直売所などで探してみると、面白いものに出会えるかもしれない。

ナス

黒光りするナスをみると、シンプルな焼きナス、油で炒める、マーボーナス、チーズ焼き等々、多彩な料理が思い浮かび、心が躍る。北は北海道から南は沖縄まで全国で栽培され、現在ではハウス栽培も盛んなことから、一年中店先に並んでいるが、夏野菜の代表格の一つである。ただ、「秋茄子は嫁に食わすな」という諺があり、秋口（9月頃）に収穫されるナスは嫁に食べさせたくないくらいおいしいともいわれている。しかし、この諺はそういう底意地の悪い意味ではなく、「秋風が立つ頃にお嫁さんがナスを食べてお腹を冷やすと良くないから」と、むしろ大切なお嫁さんの身体を気遣ってのことだという、なかなか理に適った説もある。

「体を冷やす？　でも料理したナスは温かいのでは？」と思われるかもしれないが、ナスに限らず、トマト、キュウリ、スイカなど一般的に「夏野菜」と呼ばれるものは、水分豊富で体を冷やす作用があるといわれている。暑い夏の日々に、瑞々しい夏野菜を食べると体が冷え、シャキッとする。是非、お試しあれ。

ナスは、インド東部が原産で、中国を経て日本に伝来したと考えられている。では、それはいつ頃だろうか。「正倉院方書」に７５０年にナスを献上したという記載があることから、それより前であると考えられる。日本で１２００年を超える長い歴史があるナスは、小型の千成ナス、細長い長ナス、丸い形の丸ナスなど形も大きさもさまざまあり、それぞれに多くの品種が各地にみられる。１９５０年頃には全国で１５０種ほどの在来ナスがあったが、改良品種の普及などで姿を消した品種も少なくないという。

丸ナスの代表格は、京都の賀茂なすであろう。京都市北区の上賀茂を中心に栽培されているナスで、ものによっては高級品として高値で取引されている。この賀茂なす、実や「へた」に鋭い棘がたくさんはえており、収穫時に手に棘が刺さると非常に痛い。肉質が緻密であり、なす田楽やしぎ焼き、炒め物などで賞味されている。また、加賀野菜「ヘタ紫なす」も丸ナスの一つであるが、「なすのそうめんかけ」は金沢の夏の風物詩となっている。

長ナスは、各地にさまざまな品種があるが、とりわけ東北と九州に多く、九州でナスといえばこの長ナスが一般的である。

新潟県は、収穫量では高知や熊本に大きく水を開けられているものの、作付面積は全国一位となっており、昔からのさまざまな在来品種がある。なかには「白なす」という白色をしたナスもある。

ちなみに、「ナス科」の野菜は多く、トマトもジャガイモも「ナス科」であり、一見あまり似ていないようでいて、花をみると似ており、植物としては親戚筋となっている。

2-7　大和伝統野菜（奈良）

大和伝統野菜の概要

～「家族野菜」が平城遷都１３００年を機に注目される～

(1)品目数　　：20品目
(2)いつ頃から：戦前から
(3)選定組織　：奈良県
(4)地理的範囲：奈良県内

大和野菜を受け継いできた中山間地域

伝統と聞くと、まずは京都がイメージされよう。しかし、平安京よりも前に、都《みやこ》であったのが、現在の奈良県である。誰もが歴史の授業で習うが、時代は奈良時代（７１０～７９４）。平安京に都が移されるまでの80年以上の期間、奈良（平城京）は日本の中心であった。それ以前の飛鳥時代や古墳時代（大和時代）も、中心は現在の奈良県内であったことから、奈良という場所は、日本という国の原点ともいえ、大切な役割を果たしてきた。ということは、伝統野菜としても面白いものが残っていそうなものである。

現在、奈良では県が大和伝統野菜として20品目を認定している。具体的には、大和まな、千筋みずな、宇陀金ごぼう、ひもとうがらし、軟白ずいき、大和いも、祝だいこん、結崎ネブカ、小しょうが、花みょうが、大和きくな、紫とうがらし、黄金まくわ、片平あかね、大和三尺きゅうり、大和丸なす、下北春まな、筒井れんこん、黒滝白きゅうり、味間いもである。

認定にあたっての県内の在来品種の探索・発掘の調査には、NPOが重要な役割を果たしていた。そのNPOは、現在では伝統野菜の保存を行いながら、農家レストランと連携しつつ、保全と普及をバランス良く進めていく体制を構築しようとしている。その中心には、自分たちの家族のために細々と伝統野菜を受け継いできた農家の人々と、一組の移住者夫婦がいる。その人たちに焦点をあててみていくことにする。

暮らしに根付いた伝統野菜＝「家族野菜」

奈良市郊外にある農家レストラン「清澄の里　粟《あわ》」。そこでは、大和伝統野菜をふんだんに使った料理が堪能できる（図20）。そのレストランのオーナー、三浦雅之氏を中心に、「プロジェクト粟」と呼ばれる活動が進められている。

「プロジェクト粟」とは、コミュニティ機能の再構築と地域創造を目標として、株式会社、NPO法人、集落営農組織が連携し、奈良市精華地区を拠点として展開されている活動の総称である。株式

図20　農家レストラン「清澄の里 粟」の様子。さまざまな伝統野菜が展示されている（筆者撮影）

図21　復活した粟「むこだまし」を使った和菓子。後ろの瓶には2種類の小豆（筆者撮影）

会社「粟」では、前述の農家レストランを運営するほか、伝統野菜を中心とした六次産業化に取り組んでいる。NPO法人「清澄の村」では、伝統野菜の調査研究と文化継承活動が行われている。地域の農家によって構成される集落営農組織「五ヶ谷営農協議会」では、伝統野菜の栽培・農産物供給が行われている。

プロジェクトの中心人物である三浦氏は、伝統野菜を保全・利用しながら地域コミュニティの再構築を行っていくことを目指し、90年代後半から奈良市高樋町で活動を開始した。もともと福祉関係の研究所に勤務していた三浦氏と、看護師であった妻の陽子さんは、福祉と医療の問題を解決するにはどうすれば良いかを模索するなかで、「伝統野菜が継承されている地」に育まれている人と人とのつながりに関心を抱き、仕事を辞めて、この活動をスタートさせた。まず、１９９８年頃から夫婦で五ヶ谷地区の農地（耕作放棄地）を借りて、そこを開墾していくことから始まった。五ヶ谷地区は、奈良市街地から車で30分ほどの距離にある中山間地域で、農業振興地域であり、第二種兼業農家が多い。三浦氏は「伝統野菜」の継承者から農業の技術指導を受けながら畑を耕す一方で、この地域で種苗交換会を企画した。

それと並行して近隣農家や奈良県内の農家を訪ね歩いた。それというのも、奈良県の農業情報・相談センターを訪問したものの、当時、県には伝統野菜に関する情報が全く蓄積されていなかったという。そこで、三浦氏は自分の足で各地を訪問するようになり、伝統野菜が各農家（家庭）で細々と栽培されていることがわかってきた。集落の人たちが、各家庭で「食べる」という食文化のなかで、伝統野菜を育てるのが本来の姿であると考えた三浦氏は、各自が持っているタネの育て方と一緒に、食べ方などについても話してもらった。また、実際に調理をして試食会を行った。すると、地域外の参加者から「珍しい、おいしい」という声が聞かれた。実際にこれらの野菜を栽培している人たちは、代々受け継いできた種子を、「おいしい」から栽培してきたのだが、地域外の人からも評価を受けることで、その価値を再認識することが多いという。このような活動のなかで、三浦夫妻は五ヶ谷地区の人たちに受け入れられていった。

農家レストランの開店

さて、現在では国内外の１５０もの品種を毎年、ＮＰＯのメンバーで分担して栽培・採種を行うに至っている三浦夫妻だが、当初は開墾を3年ほど続けるなかで少しずつ畑地になっていく一方で、経済的に厳しい状況になっていた。そこで、夫婦で話し合い、⑴ＮＰＯ法人を設立するか、⑵レストランを開業するか、の二つから一つを選択することになった。三浦氏は、在来種を保全するネットワーク活動を行うＮＰＯを立ち上げたいと考えていたが、理想を実現する前に生活基盤を整える必要があった。この時、陽子さんの「レストランで生計を立てることが先決」という意見が背中を後押しして、レストランを開業することに決定した。

そのうち、伝統野菜の種子が三浦氏のもとに集まってくるようになる。２００１年に農家レストラン「清澄の里　粟」を開店し、２００５年にはＮＰＯ法人「清澄の村」を設立、２００７年には集落営農組織「五ヶ谷営農協議会」の設立に関わった。その後、２００８年に農家レストランを法人化し、株式会社「粟」を設立。この会社は２００９年に奈良市の中心部に姉妹店をオープンし、順調に経営を拡大している。奈良が平城遷都１３００年の記念事業を行い、奈良観光ブームが起きていた時期でもあったため、新店舗の経営もうまく軌道に乗っていった。

地域の人々との関わり

集落営農組織「五ヶ谷営農協議会」では、会員の農家が多数の伝統野菜を栽培する。全量が株式会社によって買い取られ、レストランでの飲食事業に使用されている。精華地区には約３００軒（約１１００人）の家があり、そのなかでも中心は高樋町で約90軒（約３００人）と、高樋町だけでほぼ１／３を占める（精華地区には高樋町のほか7町が含まれる）。90軒のうち、五ヶ谷営農協議会に入っているのは12軒（20名）となっている。この協議会の会長を務めるのが、三浦氏の良き理解者の一人であり、集落の若手のキーパーソンである阪本慎治氏だ。阪本氏は奈良市の高校の教師であり、集落での水利関係の調整を行う「高樋町農家組合」の組合長を務めた経験もある。

なお、現在では集落の人たちと良好な関係を築いている三浦氏だが、開墾を始めた当初は集落の人たちから不審なまなざしを向けられていたという。ちょうどこの頃、新興宗教の活動が再び活発化していた時期にあたり、警戒した人もいたようである。三浦氏はもともと農家でもなければ、大学で農業を学んだわけでもなかったため、「教えてもらわないとわからないことだらけ」であり、まわりの人たちに「知らないから、素直に教えてもらおう」とした。そういう三浦氏の姿勢・しなやかさが、地域に受け入れられていった要因なのかもしれない。

ＮＰＯ法人清澄の村は、主に地域（集落）内の自治組織と補完し合う形で、農業者のネットワークを強化する役割を果たしている。また、地域外の芸術家や学生、研究者なども数多く活動に参加しており、集落内外を結ぶプラットホームの役割も果たしていると考えられる。

伝統野菜のタネを継承していくために

ＮＰＯ法人では、毎年、１５０種の作物をメンバーで分担して栽培・自家採種している。１５０種類のうち、45種ほどが奈良の伝統種、残りは県外＋海外の品種となっている。

採種の工夫としては、適地適作を心がけているという。また、メンバーにもそれぞれ得手不得手があるのも考慮して分担し、採種を行っている。「『タネを採らねば』という使命感・義務感だけでは続かない。義務になるとタネ採りは厳しい。『おいしい』と思う過程が大切である。」このような気持ちや感覚を大切に考え、メンバーが「うまいから、『また作りたい』という自然な気持ち・やる気が出てくる」ような体制を作っている。

海外の品種は「エアルーム（Heirloom）」と呼ばれる外国の伝統品種である。「エアルーム」とは、先祖代々受け継がれていくもの、家宝という意味があり、その土地に根差して物語とともに大切に受け継がれてきた品種」を指す。日本語では「家宝種」というようにも訳される。三浦氏は、奈良における「未来の伝統品種」の育成を目指して、これらの品種も積極的に導入していた。

> いつか誰かの手によって種は長い年月をかけ旅をしてやってきたのです。
> いつか誰かが僕たちに残してくれた種があるならば、僕たちも次世代へ種をつないでいこう。
> （三浦・三浦 2013: p.170）

「伝統野菜」という箱（枠組み）が作られると、人は安心してしまい、「伝統野菜というものは、これとこれで、それこそが貴重なのだ。最近できた品種などは、それと比べると価値のないものだ」と高《たか》をくくる状況も出てくるだろう。特に、これは暮らしや生産活動に根差していない、理念先行で誕生した取り組みが陥りやすい落とし穴ともいえる。その先には、「外国の野菜なんて伝統野菜にはなりえない」といったような固定観念や、曖昧な背景の野菜を認めない意固地な潮流が考えられる。しかし、本書で繰り返し書いてきたように、「伝統」というものはあくまで人が作ったものであって、大切なのは「受け継がれてきたこと」なのである。

三浦氏は新婚旅行の際に訪問したアメリカのネイティブ・アメリカンの集落で、トウモロコシのタネが大切にされていることを見て、「これだ」と思ったそうだ。その後に奈良や日本各地の在来作物を見て回ってたどり着いた「エアルーム」プロジェクトは、決して浮足立ったものではなく、新しいものを取り入れながらも、それらを含めて地道に受け継いでいく姿勢であろう。これまで３００種類ほどのエアルーム野菜を試験栽培し、そのうちタネを採りながら現在も育てられている野菜は50種類以上ある。

三浦氏の話で印象に残っている一つに、「最近では、(研究者などが)色々な言葉を作ってくれたことで、自分の活動がどんどん説明しやすくなってきた」というのがある。「農業の六次産業化」や「農商工連携」、あるいは「コミュニティビジネス」「ソーシャルキャピタル」「農家レストラン」といった言葉は、三浦氏が活動を始めた当初にはまだあまり使われておらず、自分たちの想いや活動を人に説明する際に非常に苦労したという。しかし、六次産業化などは、現在では農林水産省が積極的に推進を図っているものであるし、コミュニティビジネスという言葉も市民権を得たといっていいだろう。現実に社会の現場で格闘する人間にとって、自らの活動が理論的に位置づけられることは大きな助けとなるだろう。三浦氏は積極的にそれらの学問的成果を学び、そこから自らの活動を捉えなおすことで、奈良の地域づくりを進めている。

最後に、プロジェクト粟および農家レストランの運営実態について触れることで、伝統野菜を取り入れた活動の継続性について考えてみる。まず、高樋町にある農家レストラン「清澄の里　粟」では、三浦夫妻と社員1名が中心となって運営し、料理提供・給仕スタッフとして数名がパートなどの形で働いている。店舗の座席数は24席ほどあるが、予約がなかなか取れないほどの人気を博している。レストランは開店して14年ほどが経過しているが、現在も人気を保ちながら経営を継続できていることから、伝統野菜を活かした飲食店経営に大きな可能性があることを物語っている。

伝統野菜、在来品種、種子の未来

伝統野菜（在来種）というものが、三浦氏の取り組みでのカギとなる地域資源であったことはいうまでもない。ただし、「在来種の保全」というと、「とにかく保全しなくてはならない」という議論に陥りやすいが、農家や保全に関わる人も生活していかねばならない。そして、「遺伝資源として在来種は貴重なので、広く保全していくべきだ」といくら声高に叫んでも、「絶やしてはならない」と訴えても、日本の社会に生きている以上（いや、グローバル化の影響が及ぶあらゆる地域において）、当事者が暮らしていける、すなわち「食っていけるような状態」でないと、それは夢物語にしかならない。つまり「暮らしていける方策・形態を」探ることが必要となる。その意味で、今回の奈良県の事例は非常に大切な示唆を与えてくれる。伝統野菜の保全とは、いいかえると「種子（タネ）をいかにして地域で守っていくか」ということになる。

翻って考えると、「種子」に関する議論として、現在では二つの潮流があるように思われる。一つは、多国籍企業による種子の独占・寡占を容認・推進し、より効率の良い作物を作るべきだ、それを普及させるべきだ、という論調である。もう一つは、食糧主権や農民の権利を守るため、あるいは農業における生物多様性の保全といった観点から、種子は地域において活用・保全されていくべきだという論調である。前者を支持するのは、種子産業によって利益を得る人とともに、学問の世界では育種家に多いといえよう。育種家の論理はこうである。「技術発展によって、飢餓を救えるだけの食糧が生産できる」。確かに、緑の革命によって多くの人々が救われたことの意義は広く認められている。また、品種改良（＝育種）による収量の増加によって、世界はより多くの人口を養うことができるようになってきたのは事実である。しかし、現在、世界的に見れば食糧は余っている。すなわち、食糧は絶対的に不足しているのではなく、その保有（分配）が偏っているということである（生源寺 2010）。

よって「保全すべきだ」と後者の論を訴えるのであれば、在来種を保全しつつ、その関係者が経済的に暮らしていけるようなシステムにする方策を考える必要がある。この奈良の事例では、ＮＰＯによる在来種の保全を考察するなかで、その答えに接近しようとしてきた。

都市近郊の里山に位置する「清澄の里」の地域は、目に見えないネットワークやつながりの価値を含む「ソーシャルキャピタル」が高いともいわれている。集落機能も維持されており、つながりや絆が残っているためにそう評されるのだろう。よく、地域活性化やまちづくりにおけるカギとなる人材として「よそ者・若者・ばか者」ということがいわれる。よそ者の視点から地域を見ることによって、内部の人だけでは見えなかったもの、価値を見出すことができる。若者は地域を引っ張るのに必要な力。そして「ばか者」とは、初めて聞く人は面食らうかもしれないが、途方もないことを熱中して実行する人のことを指し、そうした人こそがイノベーションを起こしうるという意味である（ばかとは、良い意味で用いられている）。三浦氏は、まさにこの「よそ者・若者・ばか者」を体現しているように見える（敢えていう必要はないだろうが、三浦氏の頭が悪いという意味では決してない）。そして、活動の根っこ（原点）には、「ネイティブ・アメリカンの集落で見た、家のなかに保存されているさまざまなトウモロコシのタネ」があり、タネを受け継ぎ、人々のつながりのなかで営まれる暮らしに価値を見出している。

日本でも、一昔前までは、このようなコミュニティを中心とした暮らしが成り立っていた。そこには、受け継がれてきた野菜たちを作る人たちの顔も見られただろう。一方、戦後の社会はそうした暮らしを急激に変え、それまでとは違う側面の豊かさを求め、それを手にした。三浦氏は、これまでの「血縁」「地縁」「知縁」の時代を経て、価値観でつながった人々がコミュニティを形成する「値縁」の時代になっていくと評していた。これらの四つの「ち」の長所短所を見極めながら、それぞれをうまく組み合わせた仕組みをつくっていくことが、これからの社会を生き抜いていく鍵となると考えられる。

コラム8　女性と種子

昔、日本の農村部では、女性が他家に嫁ぐ際に、自分の家で育てられていた作物のタネを、嫁入り道具の一つとして持って行く風習があったようだ。当時、タネはとても大切なもので、「門外不出のタネ」というようないわれ方もされていた。もちろん、全てのタネが門外不出であったわけではなく、近隣の人や、遠くの人とタネを交換することも行われていた。しかし、いずれにしても、農家の人たちは自分たちでタネを採り、それをまいたり、ほかのタネと交換したりしていた。ところが、戦後の高度成長期の時代に大きな変化が起こった。タネは種屋（種苗メーカー）から買うようになり、農家がタネを採る行為が減ってしまったのである。

種苗メーカーからタネ（改良品種）を買うということは、毎年毎年、購入しないといけない、ということを意味する。「畑にできた野菜の花から、タネを採ればいいじゃないか」と思う方もいるだろう。確かに、改良品種からもタネは採れる。しかし、そのタネをまいても、不思議なことに、親と同じような形の揃った野菜が育たない。形の短いものや長いもの、色々なものが混じってきてしまうのである。そのため、農家は毎年タネを買うことになる。それが、日本や多くの先進国の現状であり、途上国にも「開発支援」という名のもとで、このような品種が「推奨」されていく。

女性とタネの話に戻ろう。昔は、現在ほどは人の行き来がなく、地域で作られた「名もなき」在来品種たちも固定化が進み、病気などに弱くなることもあった。そんな状況にあって、別の村からくるお嫁さんが持参したタネは、その地域の作物の多様性を増やす方向に機能したと思われる。（ほかにも行商の人がその役割を担っていたと考えられている）。「あの家では、おいしいダイズが採れる」と評判になれば、自然と近所の人はそのタネをもらいに行って、自分でも栽培してみるだろう。そして評判が評判を呼び、その作物はその村全体に広がっていったことだろう。先ほど書いたように、「門外不出」のこともあったと思われるが、そのようなタネも、こっそりともらったり、交換したりしながら、いつの間にか広まっていったのではないだろうか。ともかく、作物がほかの地域に伝わる形態の一つとして、女性が嫁入り道具としてタネを持参したという形があったのである。

2-8　江戸東京野菜（東京）

江戸東京野菜の概要

(1)品目数　：　40品目
(2)いつ頃から　：　江戸時代と明治から昭和30年代
(3)選定組織　：　江戸東京野菜普及推進連絡協議会
(4)地理的範囲　：　東京

　京野菜や加賀野菜などが市民権を得ていったなか、東京も黙っていなかった。その名も「江戸東京野菜（江戸伝統野菜）」だ。東京と聞いて田園風景や畑をイメージする人はまずいないだろうし、実際に食料自給率はわずか１％と全国で最下位であるが、そんな東京にも江戸時代から栽培が続けられてきた野菜が細々と現代に伝わっている。しかも、江戸時代には参勤交代によって諸国の大名が江戸に来る際に、国元の野菜のタネを江戸屋敷に持ちこみ、栽培させたことから、江戸の野菜は種類が多い。そうした江戸時代から受け継がれてきた多様な野菜を絶やすまいと、早くも平成元年（１９８９年）には「江戸東京伝統野菜研究会」を中心に、伝統野菜の発掘と普及の取り組みが始まった。

　そうした動きに後押しされる形で、ＪＡ東京中央会が２０１１年に「江戸東京野菜」を商標登録

２０１４年９月現在で、江戸東京野菜として、のらぼう菜、亀戸大根、金町小かぶ、伝統小松菜、寺島茄子、大蔵大根、東京うど、東京長かぶ、馬込三寸人参、馬込半白節成胡瓜、しんとり菜、三河島菜、練馬大根、谷中しょうがなど、40品目が承認されている。

どのような作物を対象とするかについては、「固定種」にこだわっているという。いわゆる大昔から地域に根付いた在来品種だけでなく、地域の農家が何年も自家採種を行っていき、形質の安定した「固定種」を幅広く支援していく方針をとっている（なお、ここでの「固定種」とは学術用語の固定種ではなく、注目した形質に関しては固定されているという意味での固定品種のことを指す）。栽培された野菜のＰＲを図る目的で、２０１２年から、普及推進を図る人材「江戸東京野菜コンシェルジュ」育成事業も進めている。

練馬大根の復活

筆者（香坂）は、幼少期を練馬区で過ごしたこともあり、「練馬大根」という言葉はよく耳にしていた。また、都内のほかの地域の子どもから「やーい、ダイコン」とからかわれた記憶もある。ところが不思議と、現物を見た記憶がない。近所に畑は広がっていたが、作物はダイコンではなく、キャベツであった。

そもそも練馬大根とは、関東の人口が急激に増えた元禄の時代に練馬地方で栽培が始まったとされ、この地方が地中に深く根を張るダイコンの栽培に適していたことから一大産地を形成し、沢庵《たくあん》用としても需要は高まり、昭和の初期まで盛んに生産されていた。その練馬大根が１９３３年の大干ばつ、連作障害によるモザイク病（葉にモザイク状の病斑が出る病気）の大発生などで大きな痛手を受けたのに加え、急激な都市化による農地減少により、昭和30年代頃には殆ど姿を消してしまった。

その練馬大根を復活させようと、10年あまり前から活動を続けている人がいる。練馬で３００年続く農家に生まれ、「都会の百姓」を自称する白石好孝氏だ。取り組みを始めた動機について、ほかの地域の人から「ああ、あのダイコンの練馬ね」といってもらえるのに、地域の「代名詞であるその野菜」がなくなってしまってはもったいないという想いがあるからと語っていた。

図22　かつての練馬大根を干す光景
（大竹道茂氏提供）

白石氏は数軒の農家とともに、母本選抜という種子の選定作業に取り組んでいる。F_1ではない種は形や大きさがバラバラで不ぞろいになりやすい特徴がある。そこで生えてきたもののなかで、かつての練馬大根の特徴に近いものを選ぶのが母本選抜の作業である。具体的には、通常は9月上旬に種子をまき、11月下旬に収穫をする際に、良いものは売ったり、自家消費したりするのだが、母本選抜をしている場合、原形の特徴を備えていると思われるものを選び、再び植える。そして、春先に薹《とう》が立った状態となり、春に花を咲かせると、ほかのものと交雑しないように隔離する。薹は花をつける茎のことで、「薹が立つ」というのは、通常では食用に適した時期を過ぎ、盛りの時期を逃したことを意味するが、種子を得る上では、花を咲かせる薹は重要な役割がある。

隔離した花から採ったタネを翌年にまいて、さらに改良を加えていく。そうした長い時間をかけた作業に白石氏らは取り組んでいるのだ。この活動は練馬区の保全事業にもなっており、行政からの支援もあって継続されている。

では、母本選抜を経た種子はどのように使われているのか。白石氏は、必ず練馬大根を栽培品目に入れた体験農園を仲間とともに展開している。「練馬方式」と呼ばれる体験農園では、有料（年間３万５千円ほど）で希望者が白石氏などの指導を受けながら、一年間農業の体験をする。行政が提供する市民農園であれば数千円で済むが、農家の知識と指導が得られる点が売りで、白石氏の言葉では、「カルチャースクールとしての農園」になっている。ただし、「栽培教室」ではなく、あくまでも農業体験なので、台風などで被害があっても体験の一部であり、参加者にとっては収穫が保証されないというリスクもある。農家の側では、安定したシーズン前の収入（農産品を販売した後はポストシーズン）と作業の人手が得られるメリットがある。現在では、この方式は全国に広がりをみせている。

このような体験農園に加えて、練馬区内の保育園から中学校までを対象に呼びかけを行い、希望する学校にタネを配布している。地元の伝統野菜が栽培できることに関心を示す学校も少なくなく、２０１４年には５万本のダイコンが収穫された。

「練馬大根が練馬で生産されていることがわかれば、都市でも農業を営み続けている農家が存在している証になり、広報面での意義もある」と、ＪＡ東京中央会の元職員で現在は江戸東京・伝統野菜研究会代表の大竹道茂氏は語る。なお、大竹氏は、加賀の源助だいこんの片方の親に練馬大根のルートがある可能性にも言及し、練馬大根の復活に期待を寄せている。かつては、大きなダイコンを干している光景が志村の坂（現在の板橋区）に広がっており、参勤交代などで地方から来た役人がそれを目にし、その種子を求めたということもあった（ビーパル地域活性化総合研究所 2014）。現在でも、北区滝野川界隈には種屋街道などといった案内板が残っており、当時の江戸は、種子がやり取りされる、「遺伝資源の取引の最先端地」であったことは間違いがない。

　都市化が進んだ現在では、東京23区のうち、土地の登録上の農地が残っているのは11区のみであり、中心部の12区には農地がない。しかし、練馬大根に限らず、荒川区の伝統野菜である三河島菜を葛飾区にある都立農産高校が荒川区と連携して生産するなど、東京という大都市部においても工夫を凝らして伝統野菜の生産が進められている。伝統野菜は、当たり前に生産や消費をした世代から、話では聞いたことはあっても、見たことがないという私の世代（団塊ジュニア世代）を経て、復活させたものを学校や地域で育てている世代へと、形を変えながら、受け継がれようとしている。

　ところで、白石氏は、練馬大根の復活に向けた活動のほかに、農業経営の一環としてさまざまな事業に取り組んでいる。その一つに「畑の見えるレストラン」がある。世界規模のファーストフード店の戦略では、「ロケーション、ロケーション、ロケーション」と三回繰り返して強調されることもあるほど、出店場所が重視され、アクセスに非常に敏感である。白石氏は、その常識とは全く逆の一手を取り、何と、自分の農場の一角にフランス料理のレス

図23 「畑のみえるレストラン」として紹介される「La 毛利」の店内と窓（筆者撮影）

トランを誘致してしまった。以前は西武線の駅にほど近い場所で営業していた若手のシェフを誘い、店を構えてもらったのだ。駅からバスや車で15分程度かかり、正直、とにかくアクセスは悪い。交通アクセスの定石から外れる立地だが、白石氏の畑を見渡せる場にレストランはある。その畑で採れたものが提供されるという安心感と話題性から、「畑の見えるレストラン」として報道でも紹介されるようになった。なかなかの盛況ぶりで、筆者が白石氏を訪れた日は雨だったし、かなり早い時間帯にお邪魔したにも関わらず、満席で入ることができなかった。

野菜の素材を大切にしている姿勢が反響を呼び、アクセスの悪さをものともせず、多くの来訪客で賑わう店となっている。

2-9 あいちの伝統野菜（愛知）

あいちの伝統野菜の概要

(1)品目数　　：21品目35品種
(2)いつ頃から：50年前
(3)選定組織　：愛知県農林水産部
(4)地理的範囲：愛知県

愛知県では、宮重大根、碧南鮮紅五寸にんじん、八名丸さといも、愛知本長なす、天狗なす、青大きゅうり、大高菜、越津ネギなど、21品目35品種の野菜が「あいちの伝統野菜」として県によって選定されている。愛知県はトヨタなど工業のイメージが強いが、実は一大農業県であるだけに、多様な野菜が含まれている。

知名度もあり、名古屋名物の一つである守口漬の原料となる守口大根も、あいちの伝統野菜の一つである。非常に長く伸びるダイコンで、長いものでは1メートル80センチ以上にも達するという。また、長いといえば、莢《さや》が30センチ以上にもなる十六ささげもあいちの伝統野菜に選定されている。大正時代から生産されており、夏場がシーズンである。栽培している地元では、比較的日常の野菜という印象を持っている住民も多いようだが、愛知県内でも知名度は高くない。ただ、県のパンフレットなどでは紹介されていないが、三河湾に浮かぶ離島の佐久島でも栽培されており、仏壇での飾り付け、お盆の終わりには、御精霊様《おしょろいさま》として、馬や牛に見立てたキュウリ、ナスと一緒に包んで川や海に流す習慣がある（図24）。広く知られていなくとも、まさに正統派の地元伝統行事における構成要素として、伝統野菜が活用されている事例といえるだろう。

その多様な野菜のなかには、恐らく、全国で唯一、カタカナの伝統野菜のファーストトマトが入っている（図25）。甘味が強く酸味もあり、現在、全国的にも人気があるトマトだが、愛知では昭和10年頃から栽培されている。なぜファーストなのか気になって、行政団体に電話して尋ねたところ、育成者が野球をやっていて、ポジションがファーストだったからだそうだ。このようなカタカナを冠し

図 24　佐久島での御精霊様の様子
（筆者の知人提供）

図 25　ファーストトマトの写真（筆者撮影）

図 26　亀山周央氏と在来品種のゴマ
（筆者撮影）

たものまで、伝統野菜の括りに入っているのは珍しい。

それぞれの野菜に関する詳しい解説が県やＮＰＯ法人ジャパンフード協会のウェブサイトに掲載されている。また、それぞれの野菜の種苗を取り扱っている種苗店のリストを公開するなど、情報公開が進んでいるブランドの一つといえる。さらに、選定された野菜に対して使用できる、イメージアップマークとロゴも作成されており、イメージアップマークには、愛知に所縁《ゆかり》のある「信長、秀吉、家康」がモチーフ化されており、知名度アップにも積極的といえそうだ。

伝統野菜とは「曲者《クセモノ》」と説く

「伝統野菜という言葉、いい視点だが、なかなかの『曲者《クセモノ》』です」と、開口一番に切り出したのは、胡麻の生産に取り組みながら、愛知県の三河地域で在来種の保全に取り組んでいる亀山周央氏だ。

曲者というのは、ものによっては「とんでもないインチキがある」ということだ。「伝統野菜を名乗っておきながら、外国産の種子を使っているものがある。それも規格種のF_1を」と語る語気が強い。亀山氏が特にこだわるのは、「素性」が自家採取の在来種という点だ。全国的に有名な伝統野菜であっても、現在売られているものには、F_1種でインドやイタリアで生産されているものがあり、そうした現状に警鐘を鳴らす。伝統野菜を名乗るからには、在来種であるだけでなく、農家が種を保とうと毎年自家採取するのが基本となるべきで、「『自殺種』ともいわれるF_1種を持ってくるのは論外」と主張する。

そもそもなぜ伝統野菜が注目されるのか　飽和する「有機」「無農薬」

そもそも伝統野菜が注目されるようになった背景の一つに、東京など都市部のレストランが「無農薬でも有機でも、もう『自慢』にはならない」と嘆くほど、消費者側の目が肥えてしまったことがある。通販での競争も似た状況で、大手も有機や無農薬以上のインパクトを求めている。和食や「おもてなし」が話題となるなかで、どこで作っても同じ味がする、規格化された野菜ではつまらない。残るのは、その素性にストーリー性があることだ。例えば、料亭で料理を出す際に料理人が「なぜその名前がつけられ、どのような歴史があるのか」といったストーリーを話せるのと、話せないのとでは、海外の旅行客の反応が違う。日本の客にしても同様だ。

例を挙げると、埼玉県の秩父地域には在来の「借金なし」という名前のダイズがあるが、それを生産していれば借金をしないですみ、食べていれば借金を減らす体力が付くというのが、その名の由来。そんな話を店ですれば、会話も弾み、客の印象にも残るのではないか。あるいは、ある関西の高級焼鳥屋は、鶏肉の質にはとことんこだわってきたのに、一緒に出す野菜には気を付けていなかったが、ホウレンソウを在来種に切り替えたところ、常連が「あのホウレンソウあるか」と注文してくれた、というエピソードを紹介してくれた。

亀山氏にしてもF_1を全否定するわけではなく、F_1にはF_1の功績があったとしている。戦後の食っていかなければならない時期に、品が揃い、量も安定し、計画生産できるF_1が日本の食を支えたことは確かだ。ただ、農協が事実上の解体に向かうなかで、それぞれの地域が知恵と個性を出していかなければならない時代を迎え、地域に何があるか、在来種などの地域の資源を有効活用するしかないのに、その取り組みが全国に点在して、連携や情報の共有ができていないと、現状を憂えている。農協、行政でも問題意識のある人は、こんな面白い地域資源がある、なんとか有効活用できないかという点に注目しながら、組織の内外で行動は起こしている。

行政との連携

行政との連携について、亀山氏はやや慎重な見方をし、「こういう地味な活動は行政を当てにしないほうがいい」と述べている。愛知県の農産園芸課では、愛知縮緬かぼちゃ、天狗なす、八名丸さといもなど35種の伝統野菜の作目のパンフレット（図27）を作成している。それについて、亀山氏は目指す方向に差はないとしつつも、行政の場合はどうしてもデスクワークが中心となり、パンフレットを作成した先で、そのパンフレットを活用してどのように展開していくのかなど、実際に汗をかくのは行政ではなく、生産者などであることを指摘している。35種についても、自家採取がきちんと毎年行われているか、生産の状態はどうなっているのか、本当は行政が圃場《ほじょう》まで足を運んで確認しながら進められるのが理想だが、なかなかそこまで県に期待することは難しいとも述べた。

また、国が掲げる農産品の輸出戦略には懐疑的だ。「MADE IN JAPAN」も大事だが、「日本という地元、風土を大切にしないで輸出に走るのは危うい」と指摘する。フランスという国では、地域の作物や文化が田舎にいくほど大切にされている節がある。地元を大切にしてきたから、フランスにはあれだけのワインがあるのではないか。山梨の勝沼酒造というところで、樹

図27　愛知県農林水産部（2013）「あいちの伝統野菜　見てみよう・育ててみよう・食べてみよう」

齢何百年という木から取れるブドウでワインを作っている。愛知県の常滑市でも、「佐布里梅《そうりうめ》」という在来種を活用したこだわりの梅酒「白老梅」を作っている。小さいけれども、大事な取り組みであり、そうしたことに目を向けてもらうことも大切だとしている。

今後の構想

在来種や素性のわかる伝統野菜が生産できるとして、どこで消費するのか。誰が買い、どこで売るという出口戦略はどうするのかまでも、亀山氏は視野に入れている。

まず、もともと伝統野菜が注目されるきっかけとなった、野菜にこだわるレストランや通販などが挙げられる。ただ、そのような意識のある消費者をターゲットした市場に対して、バラバラに在来種の生産組合や農家が追求することに限界を感じている。

今後の構想として、地元で生産と出口の二段階を考えている。まずは、在来種だけを集めた「愛知在来品種」のような形で、多品種少量生産のモデルとなる圃場を展開することだ。そのモデル展開が成功すれば、消費者がそこを訪ねたり、体験農園をしたりするようになり、観光資源にもなる。

また出口の構想としては、「全国の在来種の八百屋」を構築できないかと模索しており、全国に点在する在来種の生産者をつなぎ、仲間とともに、流通や自家採取を含む生産のノウハウを共有する会を設立する準備を進めている。広島のジーンバンクで働いていた専門家、長崎で自然農園を営む農家、千葉、埼玉の都市近郊型の農家も賛同してくれている。会の名称は、風土を大事にするという想いをこめて、「かつてあった日本の風土の在来品種の会」とした。亀山氏が日本一の在来品種の会と太鼓判を押す兵庫の団体も参加してくれる予定だ。ただし、そうしたネットワークに国や行政が支援をしてくれたら、各地で生産されている在来種がつながっていくことができるのだが、このような地味な取り組みにはなかなか予算が付きづらい現状があると嘆く。

お盆や正月に帰省すると、「お母さん、おばあさんの作ってくれたお味噌汁は味が違うな」という声が聞かれた時代があった。今では、味噌のダイズも、具のダイコンも規格化され、均質な味のものとなってしまった。F_1は、いまや日本の九割以上を占めるようになっている。生産する農家が変わってしまったことも大きい。高齢化も一因だが、自家採取など手間のかかる作業が敬遠され、トラクター、耕運機など「座ってできる作業」ばかりになっている。作業の省力化がこだわりまでを失なわせてしまっているのではないかと危惧する。

自ら在来品種の胡麻を生産し、長年、土をいじっている亀山氏は、最近は集中豪雨などで雨粒が大きくなり、土がえぐられ、立ち枯れのようなことを起こしてしまうことも増えたことを肌身で感じている。せめて子供たちには素性のわかる作物の味を伝えていきたいという思いから、これからも活動を続けていくと、熱く語ってくれた。

コラム9　徳島れんこん

兵庫県の淡路島から徳島県に入り、高速のインターを降りると、そこにはレンコン畑とイモ畑が広がっていた。徳島は、サツマイモの「鳴門金時」が全国的に有名であるが、レンコンの産地でもある。海岸近くの砂地が、レンコンの生育に適していたことから、広く栽培されるようになったようである。

ただし、その歴史はそれほど古いものではない。昭和21年に発生した南海地震により地盤沈下が起こり、海からの砂が平野部に大量にもたらされた。地震に起因する砂地の増加が、レンコン栽培が盛んになる大きな要因となったのだ。では、そのきっかけはというと、とある女性が嫁に行った先の岡山県で栽培されている良いレンコンを、故郷である徳島に紹介したことにある。品種は備中種。

今回、訪問したレンコン農家では、以前はコメとキュウリやナスを栽培していた。それが、祖父の代にキュウリやナスに変えてレンコン栽培を始め、2/3をコメ、1/3をレンコン栽培という形にした。そして、息子が結婚した際にコメもやめて、レンコン専業農家となった。都会からきた嫁さんは、周囲の人たちから「あの家は（レンコン専業で）コメを作らず、外から買うようになっている」と揶揄され、辛い思いもしたようだが、農家親子は市場での農産物の動向をみてレンコン専業に力を入れた。今では、その嫁さんも還暦を迎える年頃になっており、息子さんが跡を継ぎ、3代目のレンコン農家として1・5〜1・6ヘクタールの畑にレンコンを作付している。次の年の栽培のもとになる「種レンコン」（実際には、レンコンは栄養繁殖なので、種イモのようなもの）は、翌年分を自分で準備している。水は吉野川からきている。

この地域では、戦後の成長期の中で、サツマイモおよびレンコンの産地が形成されていった。しかし、産地の継続性は不断ではない。例えば近隣のイチゴ農家は、株式会社という形態にして、体験農園などを取り入れるほか、アジアへの輸出を進めながら、新たな特産品の開発を模索している。このような取り組みが日本各地で行われる中で、次の世代に受け継がれるものから、伝統野菜が生まれてくるともいえる。「伝統」は常に変わりながらも、その地域に適したものが残っていくのである。

2-10 「伝統野菜」よりも古くからある作物たち――「世界地図でみる作物のルーツ」

少し、個人的な話をしよう。

筆者（冨吉）は２００４年10月、中国四川省のチョンボー村にいた。その村は、当時の私にとってはちょっとした「あこがれの地」であった。道の脇の斜面には、小さな赤い実をつけた草がヒョロヒョロと生えている。ロバに食べられたのだろう、かなり食いちぎられて、無残な状態になっているものも多い。それでも、その草は、力強く生え、食いちぎられた部分とは別のところから、たくましく葉をはやしていた。私は、この草、そう野生のソバを見るために、ここまでやってきたのだった。

自分が研究している野生のソバを現地で見てみたいと思い、教授の調査に同行した。特に体力に自信があるわけでもなかった当時の自分にとって、30キロのリュックをかついで、中国の山から山へ、村から村へと移動する調査は、大冒険と呼ぶにふさわしかった。私と「伝統野菜」のようなものとの直接の出会いは、この時だった。中国では、日本とは異なりソバ畑はピンク色から赤色をしているものがほとんどである。そのようなソバ畑を村のなかで見つけると心は躍り、川沿いのガレ場に野生のソバを見つけると夢中になって観察した。村の女性たちが韃靼《ダッタン》ソバの実をふるいにかけて、選り分けている作業は淡々と行われていたが、とても暖かい光景だった（図28）。

10年前のあの場所は、もしかすると今ではソバを栽培していないかもしれない。より生産性の高いトウモロコシに切り替える人たちが多く、ソバの起源地（原産地）においてですら、ソバを栽培する

図28　収穫した実をより分ける女性と中国のソバ畑（2004年筆者撮影）

人が減っていることは当時も見て取れた。農業を行うということは、より生産性の高いものを追い求めるという側面と表裏一体である。近代以前は、多くの農民は、自分で栽培した作物のなかから、「できの良かったもの」を次の年のために採種し、少しずつ生産性を高めていった。もちろん、人の畑の良さそうなものと交換したり、別の地域から新しい作物が伝来することもあっただろう。

しかし、作物（品種）の改良は、基本的には農民の畑で、農民の手によって地道に行われるものであった。農民は自らの手で、少しずつ良いものを選んでいった。それを大きく変えたのは、メンデルの遺伝の法則の再発見であり、近代育種法が確立されたことによる。作物のタネは「自分で採るもの、交換するもの」から「買うもの」へと変わっていった。特に、改良品種が普及するようになると、多くの農家が種子を購入するようになった。日本においては戦後の高度成長期に、流通網（道路）が飛躍的に整備されたことと相まって、均質的な作物が全国に行きわたる状況が生まれた。中国のある村で、ソバがトウモロコシに置き換わっているように、地域に特有の野菜や作物は、次第に姿を消すか、農家が自給用に細々と作る状況に変わっていった。

第一章で述べたとおり、日本で「本当に」古くから存在している野菜（作物）は、ほとんどない。ダイコン、ハクサイ、ニンジン、タマネギ、カボチャ、……、どれも、もともとは海外からやってきたものである。では、それらの野菜は、もともとは世界のどこで栽培されるようになったのだろうか。少し視点を広げて見てみよう。

作物の栽培化の歴史と伝統野菜

野菜を含めた作物は、そもそもいつ頃から、世界のどこで栽培されるようになったのだろうか。そして、どのようにそれが各国、各地域に伝わって「伝統」を持つようになったのだろうか。これについては、およそ1万年の時を遡ることが必要になる。少し歴史的・民俗学的な視点で見てみよう。

作物の栽培化はどのように行われるようになったのか。これには、「文明」が深く関与している。というよりも、作物が栽培化され、それまでの狩猟・採集の時代と比較すると飛躍的に食糧獲得の量と質が増えたことによって、人口が増え、それによって古代文明が形成されたと言い換えたほうがいいかもしれない。具体的に見ていこう。

まず、図29は作物が起源したとされる中心地を世界地図上に示したものである。黄河文明（①）、

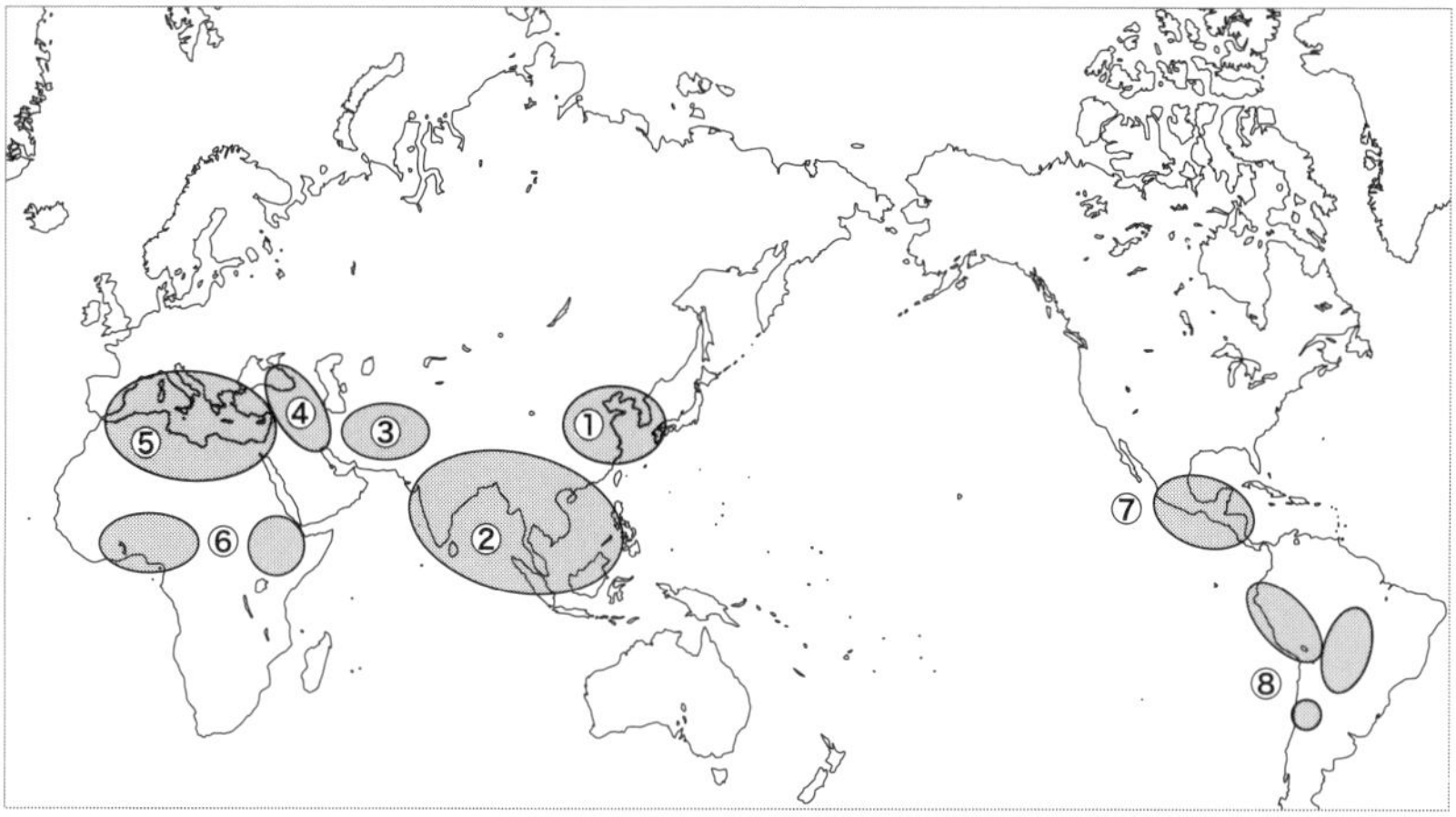

図 29　作物の起源中心地（番号は、本文および表 9 おける番号と対応）
出典：星川清親『栽培植物の起源と伝播 改訂増補版』二宮書店、1987 年、p.10 をもとに作成

インダス文明（②）、メソポタミア文明（④）、エジプト文明（⑥）といったように、文明の発祥地が作物起源の中心地とも重なっている。メソアメリカ文明（⑦）、アンデス文明（⑧）も同様である。次に、それぞれの起源中心地において栽培化された作物を整理したものが表9である。日本でも馴染み深いイネや雑穀などは中国（①）やヒンドスタン（②）において栽培化されたことがわかる。コムギ・オオムギなどの作物は近東（④）で栽培化された。イラクなどと聞くと、砂漠をイメージする方が多いと思われるが、チグリス川・ユーフラテス川に挟まれたメソポタミア地域において、これらの世界的に重要な作物が栽培化されたのである。ほかにもメキシコ南部（⑦）においてトウモロコシが、南アメリカでジャガイモが栽培化され、それぞれの文明を支えてきた。このようにして世界中でさまざまな作物が栽培化され、そこから各国に伝播し、さらには海を越えて日本に辿

りつくのである。そして、日本の各地でその土地の気候に合った作物が栽培されるようになり、地域の食文化を形成していった。それが、日本の「伝統野菜」のはじまりである。

　世界の様々な地域で、古くから地域に根差した作物が今でも作り続けられている。たとえ減っているとしても。２・７節「大和野菜」に登場した三浦雅之氏は、新婚旅行先のアメリカで、ネイティブ・アメリカンの村を訪問した際に、彼らの家の天井からつるされたさまざまなトウモロコシを見た。それは、代々受け継がれたトウモロコシのタネだった。恐らくそれは、トウモロコシのルーツがメキシコ南部であったことと無関係ではあるまい。作物の起源地に近ければ近いほど、その作物が伝わってきた時代は古いということが予想できる。逆に、「新大陸」の作物がヨーロッパや世界に伝わったのは、大航海時代以降である。三浦夫婦は、農家レストランとは全く別の福祉関係の仕事をしていて、新婚旅行も、もともとは福祉の最先端の施設を訪問する予定だった。それが、ふとしたきっかけから、正反対の「昔ながら」の地域を訪問することになった。そこで代々受け継がれたトウモロコシを見て、「これだ！」と感じた三浦氏は、日本で、日本の伝統野菜を探し始め、奈良に根をおろすことになったのだった。

　「ルーツ探し」は、あまり神経質にやりすぎると、色々とややこしい問題が出てくるが、自分の根幹、土台を探すという意味でも、魅力的である。

表 9　世界各地で栽培化された作物

	地区	起源した作物
①	中国地区	キビ・ヒエ・ソバ・ダイズ・アズキ・ゴボウ・ワサビ・ハス・クワイ・ハクサイ・ネギ・ナシ・アンズ・クリ・クルミ・ビワ・カキ・チャ・ウルシ・クワ・チョウセンニンジン・ラミー・タケノコ・ヤマノイモなど。ダイコン・キュウリ・モモなどの 2 次中心地にもなっている。
②	ヒンドスタン地区	イネ・シコクビエ・ナス・キュウリ・ユウガオ・サトイモ・ナガイモ・ショウガ・シソ・ゴマ・タイマ・ジュート・コショウ・キアィ・シナモン・チョウジ・ナツメグ・マニラアサ・サトウキビ・ココヤシ・オレンジ・シトロン・ダイダイなどミカン類・バナナ・マンゴー・マンゴスチン・パンノキなど。
③	中央アジア地区	ソラマメ・ヒヨコマメ・レンズマメ・カラシナ・ゴマ・アマ・ワタ・タマネギ・ニンニク・ホウレンソウ・ダイコン・ピスタチオ・バジル・アーモンド・ナツメ・ブドウ・リンゴなど。
④	近東地区	コムギ・オオムギ・ライムギ・エンバク・ウマゴヤシ・アマ・ケシ・アニス・メロン・ニンジン・パセリ・レタス・イチジク・ザクロ・リンゴ・サクランボ・クルミ・ブドウなど。
⑤	地中海地区	エンドウ・ナタネ・サトウダイコン・キャベツ・カブ類・アスパラガス・パセリ・セルリー・ゲッケイジュ・ホップ・オリーブなど。
⑥	アビシニア地区	モロコシ・ササゲ・コーヒー・ヒマ・オクラ・スイカ・アブラヤシなど（最近は西アフリカ地域に起源中心地が考えられ、ヒョウタン・ゴマ・シコクビエ・ササゲなど）。
⑦	メキシコ南部、中央アメリカ地区	トウモロコシ・サツマイモ・カボチャ・ワタ・パパイヤ・アボガド・カシュウナッツなど。
⑧	南アメリカ地区	ジャガイモ・タバコ・トマト・トウガラシ・セイヨウカボチャ・ラッカセイ・イチゴ・パイナップル・キャッサバ・ゴムノキなど。

注：番号は、本文および 図 29 における番号と対応
出典：星川清親『栽培植物の起源と伝播 改訂増補版』二宮書店、1987 年、pp. 9-10 をもとに作成

コラム10　トマトとジャガイモ

トマト、ジャガイモにまつわるエピソードなどを紹介しよう。

トマト

ヨーロッパの諺に、「トマトが赤くなると医者が青くなる」というものがある。それほど、トマトは健康に良い野菜ということだろう。真っ赤に熟したトマトを洗って、そのままかぶりつくと、口のなかに甘く酸味のきいたトマトの香りがほとばしる。想像するだけでも、トマト好きにはたまらない（嫌いな人も結構いるが）。

でも、明治期に海外からいわゆる西洋野菜が導入された際に、トマトはなかなか一般には定着しなかったという。強い青臭さと強烈な酸味があり、日本人の舌には馴染まなかったのだろう。真っ赤な色も、血の色を連想させるので、気持ちが悪いと感じる人もいたようだ。そんなトマトも、ケチャップメーカーの試行錯誤と料理の開発により、大正時代になると抵抗感は薄れていき、次第に市民権を得ていった。

現在、世界一の野菜はトマトとされている。生産量、栽培面積ともに世界第一位である。日本では、生産量ではダイコンやジャガイモに及ばず五位あたりに位置するが、市場の取り扱い金額では１９９０年代の中盤以降トップの座を維持し続けている。その過程では、種苗メーカーなどによる品種改良の努力があり、誰もが知る品種「桃太郎」の誕生によるところが大きい。

その「桃太郎」に押され気味ではあるが、根強い人気を誇っている「ファーストトマト」は、「あいちの伝統野菜」35品目の一つに認定されている。トマトといえば洋食、しかもカタカナの名前のトマトが「伝統野菜」といわれると、違和感を覚える方もいるだろう。しかし、ファーストトマトは愛知県で昭和10年頃に栽培が始まっており、「50年前には栽培が始まっているもの」とする愛知の伝統野菜の定義に当てはまるし、色々な地域の定義が「30年以上前から」「昭和20年以前から」などとなっていることからも、栽培歴80年の「ファーストトマト」は立派な伝統野菜といえるだろう。

大和伝統野菜の項で紹介したように、伝統野菜を保全しながら農家レストランを経営している三浦雅之氏は、「未来の伝統野菜」を目指して「エアルーム」と呼ばれる海外の伝統野菜も栽培・保存しているが、そこには海外から来たさまざまな品種のトマトも取り入れている。これは熟しているのだろうか?と思うような緑色のこぶりのトマトや、オレンジ色のトマトなど、見ていて飽きない程にバラエティに富んでいる。それらのトマトにしても、30年後、子供たちが親になっている頃には、伝統野菜の仲間入りを果たしている可能性がある。

ちなみに、トマトは漢字で書くと「蕃茄」、「赤茄子」となるようだが、ナス科の多年草である。そのルーツはアンデス高地（エクアドル・ペルー・ボリビア）となっている。

ジャガイモ

ジャガイモ（*Solanum tuberosum*）は、トマト同様、ナス科の多年草である。その原産地（起源地）はどこかというと、やはりアンデス高地で、詳しくみるとチチカカ湖近辺（ペルー）あたりである。西暦５００年頃、いわゆるプレ・インカ期に栽培化された。このジャガイモの多品種栽培が盛んになったことにより、人口扶養力が高まり、それをベースに栄えたのがインカ文明（13〜16世紀）であるとされる。ジャガイモが文明を作ったのである。そのジャガイモはインカ帝国へ遠征したスペイン人によって16世紀にヨーロッパへと渡り、たちまち広く栽培されるようになった。

その後、時代は移り１８４０年代後半にヨーロッパ全域でジャガイモの疫病が発生した。当時、アイルランドでは生産性が高い「ランバー種」という品種が普及していた。ジャガイモの栽培法は、「イモ（塊茎）」を植える無性生殖という方法である。要は、手持ちのジャガイモを切って、それをそのまま植えるということだ。この方法だと、できるジャガイモは、いわゆる「クローン」である。クローンと聞くと、クローン技術を連想し不気味に思う人もいるかもしれないが、根や茎から次の世代が繁殖するこの栄養繁殖では、遺伝的には同じもの、すなわちクローンができる。すると、必然的に遺伝的多様性が非常に低くなる。

さて、アイルランドに話をもどそう。どのジャガイモも同じ遺伝子を持っていたから、疫病がいったん発生すると、菌の感染に耐えうるジャガイモが少なく、疫病は急速に全土に広がった。アイルランドの貧しい農民はジャガイモに食料を依存していたことから、ジャガイモが収穫できないということは飢えを意味していた。１８４５年当時、アイルランドの人口は８２０万人だったが、餓死者・病死者が約１００万人も出る事態となった。人口の12％が死亡したことになる。これがアイルランドの大飢饉である。さらに、国外に脱出した人は人口の18％（約１５０万人）。後者を含めると、人口が三割も減ったことになる。さらに、この影響は長く続き、婚姻や出産が激減し、１９１０年頃のアイルランド島の総人口は最盛期のおよそ半分までに減少してしまった。

　もちろん、ジャガイモの疫病だけが全ての原因となったわけではない。当時の政府が、貧農に対して必要な支援を行っていれば回避できたのでは、という批判もなされている。あらゆる「飢饉（の原因）は社会的産物である」（アマルティア・セン）といわれるように、社会的な要因も強く影響していたと思われる。しかし、単作（モノカルチャー）による農業生産の脆弱性が疫病を引き起こし、それが大飢饉につながったことは間違いない。

　伝統野菜かどうかに限らず、その地域（国）で多様な作物が栽培され、畑がモザイク状に利用されることが、脆弱性への対策となる。それが、持続可能な農業形態の一つのあり方であるだろう。

2-11 伝統野菜から見えるもの

コモディティ化への反発

訪れた南米の地で、現地の先住民の小さな子供がしていた指輪があまりにも魅力的だったので、いくらか出してその指輪を譲ってもらう。ところが母国に帰って自分の指にはめたものは、現地で見たものとは似ても似つかない、全く魅力のないものとなっていた。ある文脈のなかでしか命を持たないものを引き離してしまったことに気づかされる。

これは米国のある女性の手記の要約だが、買ってきたお土産を部屋に飾ったり、鏡の前で着てみたりして、似たような経験をしたことがある方も多いのではないだろうか。

伝統野菜というものも、ある地域、ある文脈のなかでしか生きられず、繊細で、どこにでもある汎用のものとは違う響きを持つ。どこか懐かしく、我々にとっての故郷、帰るべき場にある食卓を飾るもの。実際にそんな想いを持つかどうかは別にして、漠然とだが、そんな響きを持つ。牧歌的で人と人とのつながりがあり、居場所がある風景、という憧憬を感じさせ、それを取り戻したいという想いに駆り立てる。

なぜ、伝統野菜は生み出され続けるのか。農作物が場や文脈から切りなされても存在し、生産が可能かつ保管できることへの反発や不安なども根底にありそうだ。携帯電話やテレビが特別なものではなく、どこでも作ることができ、没個性のありふれた日用品へと変化してしまうことを製造業界では「コモディティ化」と呼ぶが、その語源は農作物にある。場から離れ、価格が低い大量生産の「コモディティ化」した野菜に飽き足らず、個性があり、何かストーリーがあることを期待される伝統野菜。勇ましいグローバル化へのかけ声への反発や不安と、和食の世界無形文化遺産への機運や登録のタイミングと相まって、何か誇りを与え、感情的に訴えるものとして脚光を浴びている側面もありそうだ。

二つのノア

生物多様性の議論では、伝統野菜を含めた農作物の多様性を遺伝資源として扱い、その交換や利用の知識を含めた利益の配分についての国家間の議論が展開されているが、その際にも農作物はある意味で文脈や場から一旦切り離されている。もちろん、現場の農業や自生している空間での「生息内保全」、博物館や研究機関、バンクなどの圃場《ほじょう》以外の場所での「生息外保全」という専門用語で区分はしている。ただ、それはあくまで空間的（space）な区分であって、そこに関係性やストーリーとの関わりは薄い。

「１‐３　なぜ伝統野菜を守るのか」の節でも触れたが、スーザン・ドウォーキンの『地球最後の日のための種子』という書物のなかで、絶滅の危機に瀕する種子を次々と北極圏の貯蔵庫に持ちこみ、何か植物の疫病や気候の変化が起きた場合の備えとして保管する北欧のプロジェクトが「ノアの方舟」

として紹介されている。このように、遺伝資源としての農作物は、いざという時の備えとしての意味と、危機に瀕しているとの側面から「ノアの方舟」にも譬《たと》えられる。

一方で、スローフード・ジャパンは、地域との関わりが深く、小さな作り手によって持続的に生産されている固有の在来品種や伝統的な加工食品で、「このままでは消えてしまうかもしれない」野菜や魚介類などを「味の箱舟」として認定し、地域の食の多様性を守るプロジェクトを実施している。２０１４年現在、山形県米沢市の雪菜、高知県北川村の実生のユズ、長崎県対馬市の対馬赤米など32品目が認定されている。やはり生物多様性の保全にもつながるプロジェクトとされているが、こちらの「箱舟」は、あくまで現地での生産と文脈にこだわっており、北欧のプロジェクトとは好対照だ。『食と農のコミュニティ論』のなかで碓井崧は、スローは丁寧さや注意深さなどの意であり、「本物の」食と関連していると指摘している。その上で、フードシステムのなかで食と農の距離を軸に分析をし、ファストフードなどの規格化を多様性の対立軸として捉えている。スローフード・ジャパンの箱舟の認定には、遺伝子組み換えの使用ならびに商標類の登録も禁止していることが象徴的なように、グローバリゼーションや標準化への反発が読み取れる。

北欧の方舟とスローフードの箱舟の二つの事例が示唆するのは、危機に瀕する農業の多様性が緊急避難的に文脈から取り出され、保管・維持しようとする力と、あくまでその土地で維持していこうとする力だ。後者のほうが正義とされることも多いが、果たしてそうだろうか。

帰るべき場ではなく、自らを問う場としての伝統野菜へ

伝統野菜という商品群を実際に販売しようとしている場では、「何かストーリーがあるはず」という期待とノスタルジアを満たすために、逆に伝統野菜というフレームが生み出されている側面もうかがえる。生産者、流通、地元の行政、研究者、商工会議所などの関係者が、伝統野菜という物語性ある作物を探し、あるいは創造し、日本全国での「発見」や「販売」が相次いでいる様子も見られる。「個性がない」「どこで栽培しても同じ味」「本物ではない」といった激しい言葉で、時には鋭く攻撃されるハイブリッドのF_1の野菜と対比されることが多い伝統野菜だが、その実態は起源、品種、組織の面で基準や規定はなく、実にさまざまだ。時にF_1への剥き出しの敵意は、むしろ伝統野菜という言説は、F_1という対立軸、仮想敵があって初めてまとまることができるものなのではないかとさえ感じさせる。

確かに高齢の生産者によって小規模になんとかつないでいる事例も多くある。また、地元の伝統野菜をつないでいくことを、何か利益や権限を得るためではなく、責任として捉えている生産者も多くいる。そのような生産者には素直に敬意を払いたい。

ただ一方で、伝統野菜としての枠組みの成立や意思決定がトップダウンであったり、商業的な色彩の強い事例もあり、牧歌的と言い切ることはおよそできない。農協を含め、権利化を推進し、種子の管理を徹底しているプロフェッショナル集団もいる。むしろ、伝統野菜がゆるキャラのように各地でこれだけ乱立すると、牧歌的なイメージとストーリー自体がコモディティ化している様相さえ呈し

ている。いずれ、「どの伝統野菜が本物か」という論争や小競り合いが本格化するであろう。そして、行政や第三者が、「有識者委員会」を立ち上げ、伝統野菜の統一された規格化を実施することが予測される。ただし、規格化が実施されたまさにその瞬間に、伝統野菜はそのF_1へのアンチテーゼとしての存在意義を失ってしまい、いわば牙を抜かれた状態となる。

繰り返すが、伝統野菜という言葉が持つ「のどかな」響きとは裏腹に、その曖昧さゆえに、多種多様で雑多な主体が参画している。結果として、実際には、伝統野菜の現場でも種子の管理や所有権はかなりの度合で進行している。コモディティ化とは異なるが、伝統野菜の現場は、もしかすると消費者がその語感から当初期待するほどのアンチグローバリゼーション、地域の活動としての牧歌性は帯びていないのが実情だろう。我々が帰りたい故郷としての伝統野菜は、ある種のフィクションであるとさえもいえる。

今、問うべきは、どの伝統野菜が本物で、どの伝統野菜が虚構なのかということではない。むしろ、なぜ、そこまで日本の消費者がストーリーを求めているのかという点だ。それを説明するのに、成熟社会の価値の多様化、食への安心安全の高まりなどのキーワードがある。伝統という響きは、せわしなく駆け上がってきた「今、ここで」という喧噪から離れようとする、「いつか、どこかで」という憧れをもたらしているのだろうか。実際に幼年期に過ごした経験がなくとも感じる「里山」への懐かしさ、地元という言葉への共感とも重なる。グローバル化こそが正義、グローバル人材でなければという風潮に対する反作用の要素でもあるのだろう。

ただし、狭い国土ながら農業のグローバル化を実現したお手本として最近は取り上げられることが多いオランダでも、その反省はある。２０１５年に来日し、国連大学でのシンポジウムで講演したワーニンゲン大学のロエップ・ドゥルク（Roep Dirk）は、あまりにも地域という文脈や関係性を無視して、どこででも生産できる、「場を問わない農業」への反省があると、指摘している。そして、場を取り戻す作業の一つに、自らの行為を振り返り、自分にとって重要なことを問い、自らを変えようとする再帰性（reflexivity）というキーワードを挙げる。立ち止まって問い直し、自分にとって大切なことは何か、自らの価値、地域のなかでの関係性を再点検したいという思いがこめられている。

２０１１年の東日本大震災の発生は、多くの人に何が自分たちにとって大切なのか、軸は何なのかを振り返らせた。被災現場に行き、「風景を見ているおまえって誰なの？」「おまえはここに何をしに来たの？」と、風景の側からまなざしが返されてくる経験をしたと政治社会学者の栗原彬は述べている。そうした「再帰性」の一つの帰結として、ライフスタイルの見直し、「絆」の再評価、地域や農への回帰という気運が生れた。ただ、現実として一般の農業は、そこまで文脈や関係性など重視せずに営まれている。そこで地域性やストーリー性を感じさせる伝統野菜に多くの人々の期待が高まり、伝統野菜の人気を後押しした面もある。

伝統野菜は、いまや、自家消費のため、後世のために続けていく従来の路線に加え、都市部での富裕層への販売を目指す路線も可能となっている。極端なことをいえば、自由貿易を通じてグローバル化の路線でさえも可能となるだろう。

しかし、伝統野菜を通して問うべきは、それが本物であるかどうかでもないように、その消費がどうあるべきかでもない。なぜ伝統野菜という商品が自分にとって大切なのか、それらが生産されることでどのような農業、社会を形作っていきたいのか、自らを問うことができるかどうかである。いま、伝統野菜に帰る場を求める力が、自らの価値を問うものへと脱皮ができるのかの分岐点でもある。今後はそのストーリー化がパッケージとして進むなど、伝統野菜のコモディティ化は、もしかしたら止まらないのかもしれない。であるならば、伝統野菜のなかに曖昧さ、いいかげんさが許されている今の間に、その問いかけをすべきなのではないだろうか。

2-12 いつから「伝統」になれる？

２章では各地の伝統野菜の認定状況を眺めてきたが、多種多様な伝統野菜が存在するように、基準も各地域でさまざまであった。いつから栽培されているものを伝統野菜として認定しているかに着目すると、(a)「昭和20年代以前から」などのように年代を指定しているもの、(b)「明治時代、江戸時代から」などのように時代を指定しているもの、(c)「30年前から」「50年前から」というように年数を指定しているもの、(d)「古くから」「昔から」というように緩やかな定義をしているもの、というように大きく4つに分けることができよう（図30）。このうち、(a)、(b)は、非常に明確な定義となる。その時点で存在していた品種が母体となるので、それ以上に範囲が拡大する可能性は低い。それに対し、(c)については、対象となる年代は年を経るごとに変わっていくし、(d)に関しては、解釈によっては汎用性が高くなる。(c)、(d)は新しい様々な野菜が伝統野菜として加わっていく可能性もある。

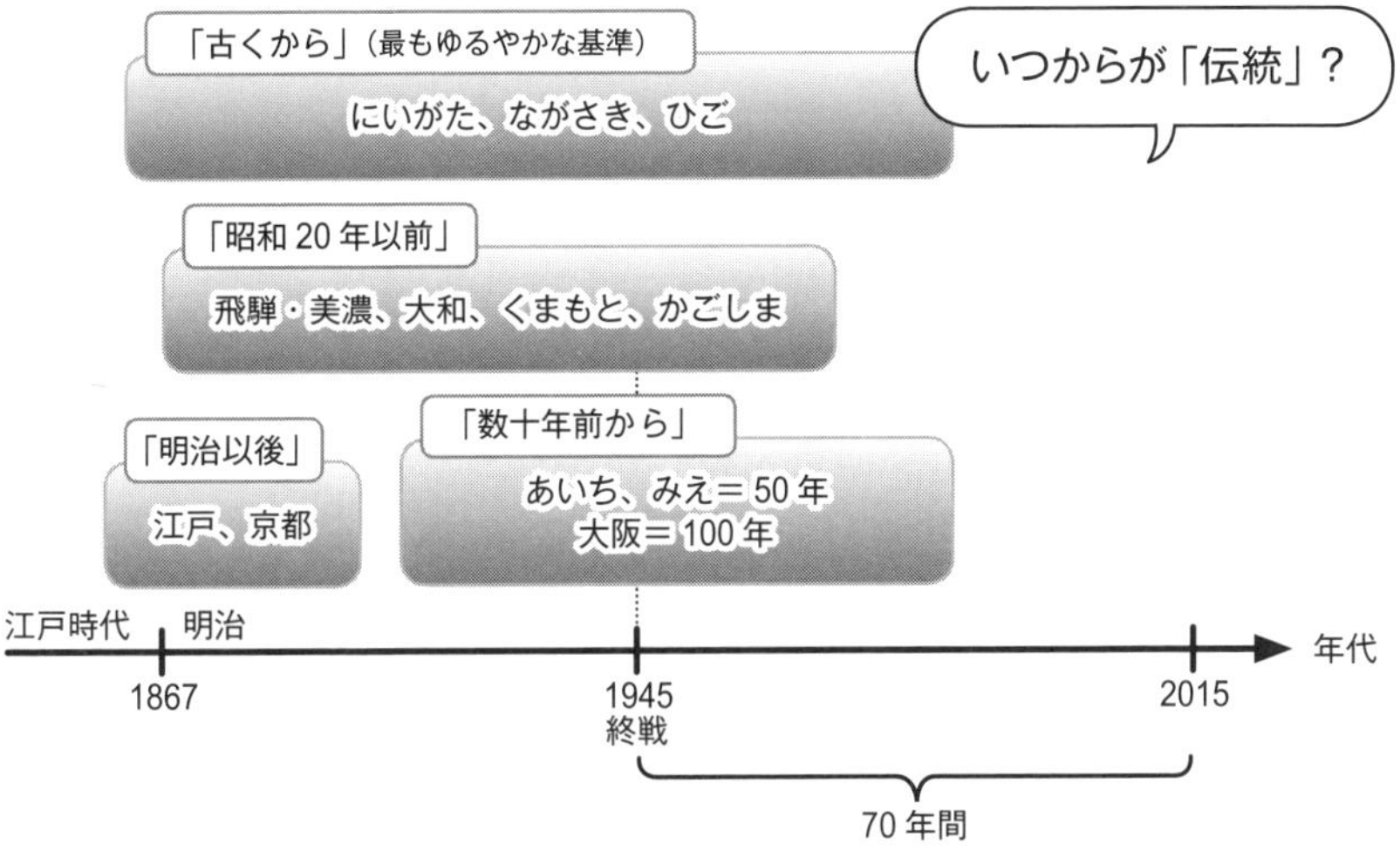

図30　伝統野菜の基準になる時期

ところで、この4つのグループの中で最も多いのが、恐らく、「1945年より前から」、「戦前から」など文言の違いはあるが、終戦を区切りとするグループ(a)であろう。終戦を区切りにする定めは、これまでの伝統を明確化し、人々の感覚に訴え、保全のための意識を醸成することに対して、一定の有効性を持つと考えられるからである。ただ、それだけでは先細りすることも目に見えている。そうしたことから、筆者（冨吉）は(c)の「50年前から」「30年前から」というグループの考え方に将来的な魅力を感じている。それは、戦後、高度成長期などを通じて、日本で栽培されるようになり、今では日本の食卓に当たり前のように存在している野菜について、それが地域の在来品種、伝統野菜として根付き、将来の伝統野菜になる日が来る余地が残されているからである。もちろん、高度成長期以降の野菜は、改良品種（F_1品種）が普及したため、そこから地域の風土に根差した特徴を持つ品種を作っていくことは簡単ではない。しかし、近年でも、食の多様化が進むとともに、海外から様々な野菜が導入されている（ここでも輸入される品種にはF_1が多いと思われるが、そうでないものも含まれるだろう）。図3（44ページ）で見たように、品種の多様性は減少を続けてきた。そして、今後もその傾向が続くものと思われる。それは生産性の向上を目指した品種改良が、今後も進められていくからである。改良が進んだ品種が普及することによって、それまで栽培されていた品種は退場を余儀なくされる。それは、農業の宿命でもある。しかし、単に収量の向上などを目指す方向ではなく、多様性を残す方向に働く力も生まれている。それは伝統野菜や在来品種を守り、活用し、受け継いでいく潮流である。伝統は、常に時代の荒波を受けながら、少しずつ変化・改良されていくことで、次の世代に残していくことができる。保存活動をしている人からは反発を受けるかもしれないが、誤解を恐れずにいえば、伝統野菜にしても、社会環境（営農環境）が変化することによってその性質を変えていってもいいのではないかと思う。ただ、そこで重要になることは、「地域の食文化に密接に関連したものであること」という基準である。1章で和食が世界遺産に認定された背景について述べたが、伝統を伝統として固定させるだけでなく、いま存在するもの、生きているものとして扱っていく必要があるということである。それが、青葉高（2013）による「生きた文化財」という言葉に集約されるのであろう。

表10　各地の伝統野菜の特徴

都道府県	ブランド野菜	定義	認定数（※）	認定・推進団体	備考
秋田	秋田の伝統野菜	①昭和30年代以前から県内（地域）で栽培されていたもの。②地名、人名がついているなど、秋田県に由来しているもの。③現在でもタネや苗があり、生産物が手に入るもの。	30品目	秋田県農林水産部	2005年に認定（21品目）。2013年に9品目を追加。
福島	会津の伝統野菜	会津地域の気候、風土に育まれ独自の食文化と結び付いた在来種の野菜。	15品種	会津の伝統野菜を守る会	別に、認証を受けた會津野彩（あいづやさい）というものがある。
山形	山形おきたま野菜	置賜地域の市町等から推薦のあった伝統野菜のうち、置賜地域で概ね昭和20年以前から栽培されている在来種で置賜地域の歴史と食文化を伝えるもの。	17品種	山形おきたま伝統野菜振興協議会	平成25年12月、新たに4品目を認定し、全17品目に。
	食の至宝 雪国やまがた伝統野菜	①当該地域で栽培・利用されてきた固有の野菜。②自家採種により品種・系統が維持されているもの。③年代はおおむね昭和20年（戦前）から栽培されているもの。	81品種	山形県農林水産部	県内4地域の伝統野菜の統一ブランド。
東京	江戸東京野菜	江戸時代から伝わる伝統野菜と明治から昭和30年代にかけて東京で盛んであった園芸のなかで生まれた野菜。	40品目（2014年9月に拡充）	江戸東京野菜普及推進連絡協議会	「江戸東京野菜」のなかに「江戸伝統野菜」と「東京地場野菜」が含まれる。
新潟	にいがたの伝統野菜	古くから新潟にある品種に加え、北前船によって運ばれ根付いたものなど、地域ごとに豊かな自然に恵まれた野菜がたくさん。		認定など不明	
	長岡野菜	①古くからあって長岡でしかとれないもの。②どこにでもあるけど長岡で作るとおいしいもの。③新しい野菜だけれど、長岡で独特な食べられ方をしているもの。	16品目	長岡野菜ブランド協会	協会は、生産者・農業団体・消費者・流通業者などで構成。
石川	加賀野菜	昭和20年以前から栽培され、現在も主として金沢で栽培されている野菜	15品目	金沢市農産物ブランド協会	
	能登伝統野菜	①概ね30年以上の栽培歴史がある。②部会などの組織を作っている。③優れた特長を有する。	6品種	能登野菜振興協議会	能登野菜の中に、「能登伝統野菜」と「能登特産野菜（7品目）が含まれる。
長野	信州の伝統野菜	来歴、食文化、品種特性。	71種類	長野県農政部	2007年に信州伝統野菜認定制度を創設。
愛知	あいちの伝統野菜	①今から50年前には栽培されていたもの。②地名、人名がついているものなど愛知県に由来しているもの。③今でもタネや苗があるもの。④タネや生産物が手に入るもの。	35品種	愛知県農林水産部	
岐阜	飛騨・美濃伝統野菜	①本県で主に栽培されていること。②本県の気候風土により特性がみられること。③古く（昭和20年以前）から栽培され、地域に定着していること。	27品種	岐阜県農政部農産園芸課	

表10　各地の伝統野菜の特徴（続き）

都道府県	ブランド野菜	定義	認定数（※）	認定・推進団体	備考
大阪	なにわの伝統野菜	①概ね100年前から大阪府内で栽培されてきた野菜。②苗、種子等の来歴が明らかで、大阪独自の品目、品種であり、栽培に供する苗、種子等の確保が可能な野菜。③府内で生産されている野菜。	17品種	大阪府環境農林水産部　農政室推進課	平成17年より認証制度が開始。
奈良	大和伝統野菜	戦前から奈良県内で生産が確認されている品目。地域の歴史・文化を受け継いだ独特の栽培方法により「味、香り、形態、来歴」などに特徴を持つもの。	20品目	奈良県（農林部、農林水産振興課）	「大和野菜」のなかに「大和の伝統野菜」と「大和のこだわり野菜」が含まれる。
京都	京の伝統野菜	①明治以前に導入されたもの。②京都府内全域が対象。③たけのこを含む。④キノコ、シダを除く。⑤栽培または保存されているもの及び絶滅した品種を含む。	37品目（絶滅したもの含む）	京都府農林水産部	「京のブランド産品」として、「京の伝統野菜」を含む27品目を認定。
長崎	ながさきの伝統野菜	明確な定義なし。ただし、県は以下のものを伝統野菜と呼称。①地域独特の品種として、江戸時代など古くから自家採種が行われ、各地域で栽培されてきた野菜。②節分や正月等に食材として利用されるなど、地域の食文化と密接につながっている野菜。	明確な定義はない（16品目が紹介されている	長崎県農産園芸課	
熊本	ひご野菜	①熊本で古くから栽培されてきたもの。②熊本の風土に合っているもの。③熊本の食文化に関わるもの。④熊本の地名・歴史にちなむもの。	15品種	熊本市	
	くまもとふるさと伝統野菜	熊本の人や風土と関わりが強く昭和２０年以前から熊本県内で栽培されてきた野菜や伝統料理と結びつき伝統的に栽培されてきた野菜。	15品種	熊本県農林水産部園芸課	「くまもとふるさと野菜」の中に「くまもとふるさと伝統野菜」と「くまもとふるさと特産野菜」が含まれる。
鹿児島	かごしまの伝統野菜	鹿児島の人や風土と関わりが強く、おおむね昭和20年以前から郷土の食文化を支えてきた野菜。	22品目	鹿児島県	学識経験者や地元市場関係者等からなる「かごしまの伝統野菜等研究会」の意見を参考に県が選定。
沖縄	おきなわの伝統的農産物（島野菜）	①戦前から食されている。②郷土料理に利用されている。③沖縄の気候・風土に適合している。	28品目	平成17年伝統的農産物振興戦略策定調査事業	認定ではなく、紹介しているに留まる。

※「品目」「品種」「種類」の用語については、基本的に各ブランドの公表情報の用語を踏襲している。

各地の事例〈補足資料〉

前節までは、全国各地の伝統野菜のなかから、いくつかの地域を取り上げ、そこに関わる人や組織、ブランドといった内容について詳しく見てきた。この節では、それ以外にも行政などによって認定が進んでいる伝統野菜について、北は秋田から南は沖縄まで、定義、時期、内容を駆け足で紹介していく。

秋田の伝統野菜（秋田）

秋田は「あきたこまち」といったコメが農業生産額の七割近くを占める、いわば米どころだが、県は２００５年頃から農業試験場等で伝統野菜を掘り起こす作業を実施し、昭和30年代以前から栽培されているものを「秋田の伝統野菜」として認定する取り組みを行っている。

当初はひろっこ、秋田さしひろ、秋田ふき、じゅんさい、阿仁ふきなど21品目を認定し、その後２０１３年に新たに雫田かぶ、てんてこ小豆など９品目が加わり、合計30品目が認定されている。ただ、２０１４年に実施した生産者からの聞き取り調査から、その30品目を一括りにはできない実態が浮かび上がった。例えば、日本一の産地となる「じゅんさい」のように全国で流通しているもの、現在県内で流通しており全国展開を目指すもの、生産者が一人、二人で今後は試験場などで保管を目指す必要がありそうなものまで、大よそ三グループほどに分かれる。そこで、普及面での支援として、これまでは全体で伝統野菜のパンフレットや飲食店とマッチングを行なっていたが、全国展開にあと一歩と普及に弾みがつきそうなものをテコ入れするなど、グループごとに支援策を想定している。ただ、無理に大消費地を目指すことよりも、県内での流通をメインにしながら、生産者、中間流通、飲食店をつなげる努力をしている。一般消費者はスーパーで新しい食材を見ても、なかなか手を出しづらいかもしれないが、飲食店であれば新しいメニューや変わった食材を試してもらえるチャンスの芽があると考えているからだ。「生産者、中間流通、飲食店が一つの気持ちにならないと、伝統野菜はなかなか難しい」と担当者も語る。

なお、伝統野菜はもともと販売支援の部署で所管しており、行政による生産支援はあまり実施していなかった。それが全国的に「和食」ブームなどから伝統野菜に注目が高まっていること、事務局を秋田県立大学生物資源学部に置く「あきた郷土作物研究会」という任意団体が発足したことや関連シンポジウムを開催することになったことなどの理由から、２０１４年から生産支援部署で所管することになり、県として生産支援にも乗り出している。手で洗ったり、耕したりしていた慣習的な農法に部分的に機械化を取り入れるなど、近代的な手法との融合を模索している。

生産者のなかには、「おばあちゃんが細々やっているのを見ていたが、続けられなくなって、まさか自分がやることになるとは思わなかった。ただ、自分の代で終わらせるたくないということで始めたが、やってみたら面白い」といった声も聞かれているようだ。行政からの近代化と伝統を融合させた生産支援を受けながら、異なる立場の関係者が語り合い、生産者がその癖や面白さを再発見しながら、受け継がれている伝統野菜といえる。

会津の伝統野菜（福島）

福島県のなかでも山に囲まれた盆地に位置する会津地方は、昔から平地ではコメ、山間部ではソバの栽培が盛んであり、酒どころ、蕎麦どころとして名を馳せてきた。ここでは、２００２年に市場関係者が中心となって発足した「会津の伝統野菜を守る会」によって、伝統野菜として15品目が選定されている。時期についての明確な基準はないが、「食文化と結びついた」ものである、ということが要件となっている。

具体的には、雪中あさづき、荒《あら》久《く》田《だ》茎立《くきたち》、ちりめん茎立《くきたち》、会津地葱、会津丸茄子、会津小菊南瓜《かぼちゃ》、真渡瓜《まわたうり》、慶徳玉葱《けいとくたまねぎ》、かおり枝豆、立川牛蒡《たちかわごぼう》、舘岩蕪《たていわかぶ》、会津赤筋大根、アザキ大根、とこいろ青豆、赤筋にんにくである。冬野菜も含めて、四季を通したバラエティに富んだ布陣となっている。

それぞれに特徴があるが、そのなかでも面白い容姿をしているのは、「アザキ大根」である。顔一面ひげだらけといったら大げさかもしれないが、あちこちからひげが数多く伸びている。戦前にはこの会津で主に採種され、東北や北陸などでも栽培されていたという。山間地に自生しているということで、硬くて水気が少なく野性味があり、あまり調理には向かないが、しぼり汁を蕎麦のたれに混ぜて食されたようだ。蕎麦どころだからこそ生き残ってきた野菜ともいえよう。会津小菊南瓜は、ニホンカボチャに属する品種である。現在流通する品種の多くがセイヨウカボチャに属するものであることから、昔のカボチャを知る人にとっては、懐かしい味がするものでもあるだろう。

担い手はやはり高齢化しつつあるが、会津の農林高校でも独自に伝統野菜を栽培・販売している。震災以降は落ちこんだ観光客の客足も２０１５年の春には回復傾向にあるなど、明るい兆しもある。

にいがたの伝統野菜（新潟）

筆者らの調べでは、新潟県内の伝統野菜を包括的に認証している機関は確認されなかった。ただし、新潟県農林水産部は、ナス、枝豆、菜類などを中心に伝統野菜は１００種類以上あるといわれているとした上で、かきのもと、黒十全、大崎菜の三つを県内の代表的な伝統野菜とし、さらに県内６地方（下越、新潟、中越、魚沼、上越、佐渡）における代表的な伝統野菜をそれぞれ紹介している。

時期については、明確な基準はなく「古くから」などとされ、その伝来や由来についても、「北前船による関西からの渡来品種、古くから地元にある来歴不明の品種など様々」とされている。

・下越地方（４品目）やきなす、久保なす、白なす、赤かぶ
・新潟地方（８品目）女池菜、砂ネギ、白十全（本十全）、鉛筆ナス、黒埼茶豆、寄居カブ、かきのもと、小池ゴボウ
・中越地方（６品目）城之古菜、長岡菜、黒十全、中島巾着、肴豆、曽根ニンジン
・魚沼地方（３品目）大崎菜、魚沼巾着、かぐらなんばん
・上越地方（２品目）越の丸、高田シロウリ

・佐渡地方（3品目）本カタウリ、千本ネギ、八幡いも

新潟県内の伝統野菜は１００種類を超えるというのだから、これらの野菜はほんの一部にすぎないわけだが、ナスが非常に多いことが印象的である。また、「かきのもと」という食用菊が取り上げられていることも特徴的といえる。かきのもとは、山形と新潟で食されているが、新潟では作付面積に対して市場に出荷している量は限られ、自家消費が多いことも特徴となっている。

新潟県では、全体で集約的に認定、生産支援、規格をするのではなく、比較的分散した形の動きとなっている。米の一大産地であることで、野菜にあまり目が向いていないのではないかという地元の関係者もいる。一方で、地産地消の動きのなかで、伝統野菜を学校給食で使ったり、温泉旅館等で提供するといった動きも各地で見られる。また、新たに柏崎などでも伝統野菜のブランド化の動きもある。

なお、長岡市には「長岡野菜」と呼ばれるブランド野菜が存在している。

長岡野菜（新潟）

冬は雪が多く、夏は高温多湿という変化に富む気候、信濃川が作った肥沃な土壌のなかで育ち、独特の風味と食感のある長岡野菜の保存や生産・消費の拡大に積極的に取り組もうと、長岡市周辺の生産者、消費者、農業団体や流通業者によって「長岡野菜ブランド協会」が設立され、現在16品目が認定されている。

具体的には、長岡巾着なす、梨なす、糸うり、ゆうごう、かぐらなんばん、ずいき、肴豆《さかなまめ》、里芋（土

垂芋）、食用菊おもいのほか、体菜、長岡菜、だるまれんこん、白雪こかぶ、雪大根、一寸法師、八石なすの16品目となっている。夏のナスやウリなど7品目、秋冬の菜っ葉やカブなど9品目であるが、ユニークな名前のものが多い。認定基準は、「古くからあって長岡でしかとれないもの」「どこにでもあるけど長岡で作るとおいしいもの」「新しい野菜だけれど長岡で独特な食べられ方をしているもの」と、緩めの基準となっている。また、「古くから」というのが具体的にいつ頃からかについて、ブランド協会の関係者は「そこはいつも質問されるのですが」と前置きをしつつ、「起源の文献があるわけではなく人づてに聞くしかないので『古くから』としている」と語っていた。おおよそ明治20年頃からのものが多いが、特定の時点では区切っていない。この辺りが、繰り返し述べるように「伝統野菜」が（いい意味でも）曖昧な制度であるといわれる所以《ゆえん》であろう。

長岡では１９９９年から長岡伝統野菜研究会が、２００２年からブランド協会が設立されており、伝統野菜の活動としては老舗ともいえる。一方で、行政は大規模生産を支援する傾向にあり、さらには伝統野菜の中心を担ってきた農家が80代、70代にさしかかり、まさに担い手高齢化の「２０１５年問題」が顕在化もしている。

信州の伝統野菜（長野）

長野県では、在来の作物が絶滅の危機に瀕しており、そのまま放置をしておくと消滅するのではないかという危機感から活動が始まり、２００７年に県の主導で「信州伝統野菜認定制度」が創設された。生産者のなかには「在来の作物を何となく自家栽培してきた」というケースもあり、選定・認定のプロセスを通して、消費者だけではなく生産者側にも、伝統野菜には長野の歴史や土地に根づいてきたストーリーや食文化など貴重な価値があることを理解してもらう意図もあった。ただ、この制度には、伝統野菜の保存継承に加え、伝統野菜を核として地域振興を図る目的もあり、生産量が伸びるに従い、販売の面での支援も行っている。

具体的には「来歴」、「食文化」、「品種特性」に関する選定基準を設け、まずは伝統野菜を選定する（２０１５年５月現在で71種類が選定されている）。そして、そのなかで生産者から申請があり、一定の「地域基準」「生産基準」を満たすものについて「伝承地栽培認定」をしている。その認定を受けているものが44種類、41団体ある（２０１５年５月時点、各選定基準については図31参照）。また、農産品とは別途に審査が必要となるが、「信州の伝統野菜」を伝統

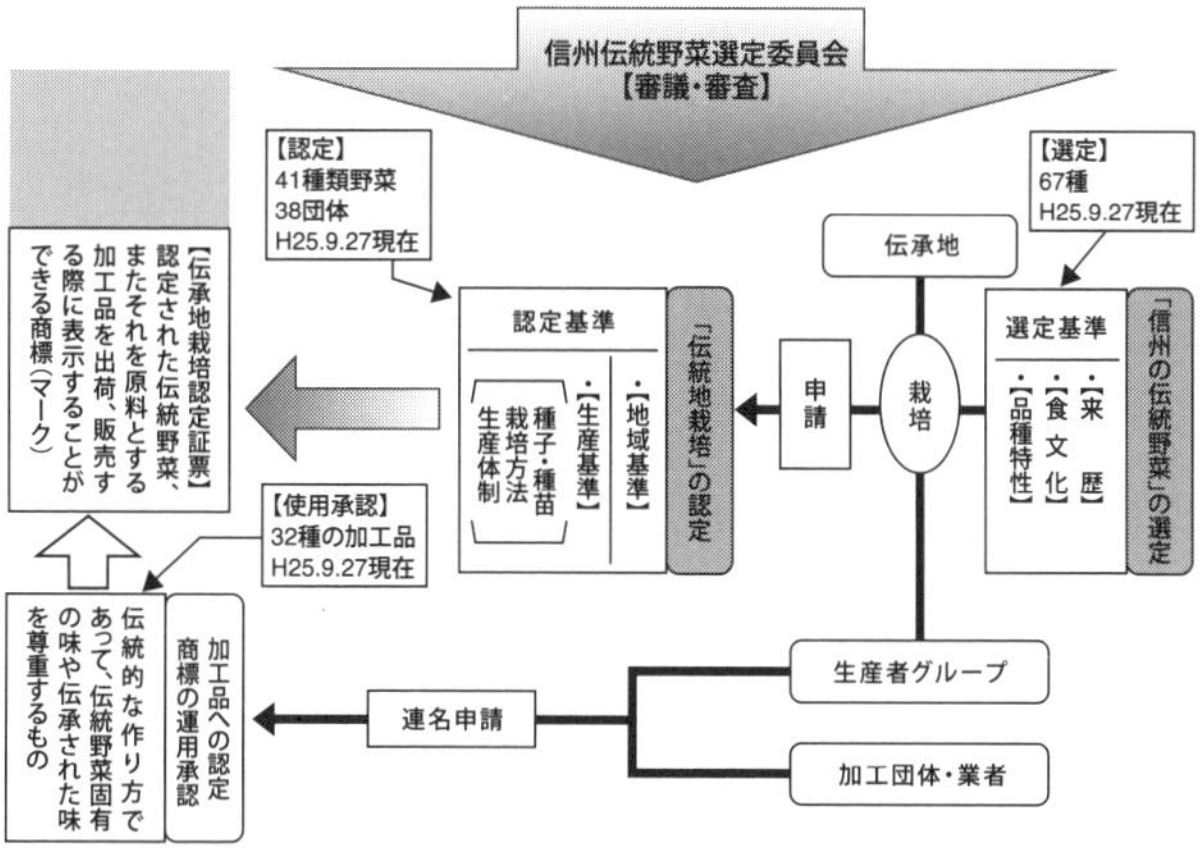

図31　「信州の伝統野菜」選定基準、伝承地栽培認定基準
出典：長野県ウェブサイトより

的な製法で調理した加工品に対しても伝承地栽培認定証票の使用を認可しており、「ぼたんこしょう味噌」など37の加工品（2015年5月時点）が認定されている。

伝統野菜の選定が70種類以上という数字は、他の県や地域と比較して多い。一説には、信州の各地域が山や谷で隔てられており、それぞれに固有の環境や文化があるため、各地に多くの伝統野菜が伝わっているためといわれている。長野の特徴は、伝統野菜の選定、そして認証という二段構成になっている点にあろう。

(1)「信州の伝統野菜」選定基準

・来歴　　：地域の気候風土に育まれ、昭和30年代以前から栽培されている品種であること。
・食文化　：当該品種に関した信州の食文化を支える行事食・郷土食が伝承されていること。
・品種特性：当該野菜固有の品種特性が明確になっていること。

(2)伝承地栽培認定基準

地域基準

・当該品種及び当該品種に関した信州の食文化を支える行事食・郷土食が伝承されてきた地域として、委員会が確認した範囲とする。

生産基準

・種子・種苗：当該品種、または当該品種内で改良された品種であること。

・栽培方法　：環境と調和した伝統的な栽培を踏まえつつ、当該品種固有の特性が発揮される方法により栽培され、安全安心を担保するため生産履歴が明確となっていること。

・生産体制　：継続的な生産体制が整っていること。個々の品質規格に基づく出荷が行われること。

飛騨・美濃伝統野菜（岐阜）

岐阜県では、古くから栽培され地域に定着している野菜を「飛騨・美濃伝統野菜」として県が認証しており、あきしまささげ、あじめコショウ、きくいも、千石豆、飛騨一本ねぎ、飛騨紅かぶ、まくわうり、紅うどなど27品目が認証されている。愛知で選定されていた「守口大根」もその一つである。また、中高年の方々には馴染み深い「まくわうり」のルーツは、その名の通り、岐阜県の（旧）真桑《まくわ》村（本巣市真正地区）であるとされ、織田信長の時代に既に栽培されていたという。なお、地元で加工まで行っているのは、沢あざみの水煮や佃煮、成熟した桑の木豆から作られる「桑の木豆おこわ」、「豆なかな（蒸しパン）」、半原かぼちゃの「菜果ぷりん」などがある。また、堂上蜂屋柿、沢あざみは、スローフード協会の「味の箱舟」に認定されている。

対象となる農産物は、岐阜県内で生産されている野菜・果樹等と、範囲が明示されており、「伝統野菜」と銘打ちながら、果樹が5品目入いっているところが特徴的である。

なにわの伝統野菜（大阪）

江戸時代の大阪は「天下の台所」と呼ばれていた。ということは、江戸と並んで全国からさまざまな食材が集まってくるとともに、地域でも多様な野菜が栽培されていただろう。そうした野菜を発掘・復活させようと、大阪府はおよそ「100年前」から府内で栽培されてきた野菜を「なにわの伝統野菜」として認証している。なにわの伝統野菜には、玉造黒門越うり、勝間南瓜、大阪しろな、金時にんじん、天王寺かぶら、芽じそ、鳥飼なす、三島うどなど17品目が認証されている。そのなかで栽培面積が多いのは、「田辺大根」と「天王寺かぶら」だが、それでも2ヘクタール程度である。「なにわの伝統野菜」は、限られた面積の都市型の伝統野菜としての継承の試みともいえよう。

ところで、その17品目のなかに愛知県、岐阜県でも認証されていた「守口大根」も入っているが、「守口」は現在の大阪府守口市を指しており、大阪が本家本元といえ、もともとは淀川沿いで栽培されていた。発祥時期は安土桃山時代とされ、非常に長い歴史を持つが、原産地とされる守口市や大阪市は戦後に都市化が進み、大阪府内の生産量は著しく減少した。現在、生産量での中心は愛知県であり、2013年に「世界最長の大根」としてギネス記録（191・7センチメートル）を取ったのも愛知県の丹羽郡扶桑町の農家が育てた守口大根である。ただ、近年は守口市が市内の農家の任意団体である「守口都市農業研究会」と連携して守口大根の復活に取り組み、「守口大根長さコンクール」を主催するなど、継承に向けた行政の支援も行われ、2015年には450本が市内で収穫されている。

ながさきの伝統野菜（長崎）

長崎県では、明確な認証が行われているわけではないものの、「ながさきの伝統野菜」として、辻田白菜、長崎赤かぶ、長崎たかな、紅大根、ゆうこう、雲仙こぶ高菜、枝折れなす、唐人菜など16品目を紹介している。また、教育面において、10年ほど前から小学生を対象に、生産者による講話を行うなど伝統野菜やその生産現場について理解を深めてもらっている。また、地元にある伝統野菜のことを知り、味わってもらい、家庭内でも食べもらうことを意図し、冬場を中心に学校給食で伝統野菜を使用している。

長崎は、鎖国していた江戸時代にも唯一外国とのつながりがあったため（出島）、さまざまな野菜が早くから海を渡ってきており、長崎赤かぶ、唐人菜などは外国から長崎に伝来した野菜である。その他、バレイショやインゲン、江戸時代末期にはイチゴなども、最初に長崎に入ってきたという。ただし、これらの作物は全国に広く普及しているため、伝統野菜としては紹介されていない。

長崎の伝統野菜の定義は、①地域独特の品種として、江戸時代など古くから自家採種が行われ、各地域で栽培されてきた野菜、②節分や正月等に食材として利用されるなど、地域の食文化と密接につながっている野菜、となっている。ここで注目されるのは、定義のなかに「自家採種」という言葉が含まれていることである。全国の定義を見渡しても、筆者の知る限り、この言葉が出てくるのは、長崎の他には山形の統一ブランド「雪国やまがた伝統野菜」のみである。長い間、地域で栽培され続けてきたということは、毎年、農家もしくは関係者が自家採種を行いながらタネを受け継いできたからであるのに、伝統野菜の定義で自家採種のことがほとんど触れられていないのは不思議である。

かごしまの伝統野菜（鹿児島）

鹿児島の野菜といえば、まず「サツマイモ」が思い浮かぶのではないだろうか。サツマイモは、ジャガイモやサトイモのように一般名称となっているが、その由来は「薩摩からきたイモ」である。江戸時代、18世紀に薩摩藩（現在の鹿児島県）から全国へ伝播したため、このような名前がついた。では、鹿児島ではなんと呼ばれるのか。「唐（中国）からきたイモ」であるから、「カライモ」と呼んでいるようだ。桜島を中心とした火山灰の土壌や、温暖な気候が、カライモの生育には適していたことから、広く栽培されるようになった。「黄金千貫」をはじめ、焼き芋などに使われる「ベニアズマ」、芋焼酎の名前にもなっている「紅乙女」などたくさんの品種があるが、伝統野菜として認定されているのは、「安納いも」と「こうき芋」の2種類である。近年、甘くておいしいと評判になっている「安納いも」は、種子島の安納地区の在来種がもととなっている。

また、伝統野菜に興味がない人でも、「桜島だいこん」を知っている人は多いだろう。来歴は諸説あるが、２００年ほど前からこの名前で呼ばれるようになった。普通は10キログラムほどだが、20〜30キログラムになることもあり、非常に大きく、ギネスブックにも「世界一重い大根」として認定されている。

「かごしまの伝統野菜」全体としては、養母すいか、安納いも、山川だいこん、こうき芋、かわひこ、親くい芋、ながうい・いとうい（へちま）、フル（葉にんにく）、有良だいこん、ハンダマ、はやとうり、白なす、ミガシキ、トイモガラ、さつま大長レイシ、伊敷長なす、開聞岳だいこん、横川だいこん、吉野にんじん、トカラ田いも、国分だいこん、桜島だいこんの22品目が選定されている。

鹿児島の人や風土と関わりが強く、郷土の食文化を支えてきた野菜で、古く（概ね昭和20年以前）から県内で栽培されてきたものということを選定基準として、学識経験者や地元市場関係者などからなる「かごしまの伝統野菜等研究会」の意見を参考に、県が選定を行っている。

おきなわ伝統的農産物（沖縄）

沖縄の食といえば、ゴーヤーにミミガー、泡盛といったものがまず思い浮かぶ。多くの島で構成されている沖縄県は、文化的な多様度が高い。また、日本の南端に位置し、亜熱帯の気候であることから、本州とは異なる野菜が数多く見られる。そんな沖縄では、伝統的に食された地域固有の農産物を総称して、「伝統的農産物」という言葉が用いられている。また、親しみをこめて「島野菜」とも呼ばれている。

おきなわ伝統的農産物の定義は、「1．戦前から食されている」、「2．郷土料理に利用されている」、「3．沖縄の気候・風土に適合している」とされており、この条件に従って、28品目に関する情報をデータベースで公開している。ゴーヤーが最も知られていると思われるが、紅イモや島ラッキョウなども比較的目にする野菜であろう。興味を引かれるのは「かごしまの伝統野菜」にも認証されている「ハンダマ」である。これはキク科の野菜で、熊本の水前寺菜、金沢の金時草と同じ作物である。熱帯原産であるため、沖縄では生育に適していると考えられる。

なお、県の流通・加工推進課によると、公開されているデータベースは、平成17年伝統的農産物振興戦略策定調査事業として、民間委託して作成されたもので、幅広い意見を反映しつつ効率的運営をするため、県関係機関、県内外大学関係者、医療関係者、栄養士会、ＪＡおきなわ、量販店関係者からなる検討委員会が設置され、その委員会が報告としてまとめたものとなっている。

ただし、認定しているわけではなく、さまざまな農産物のなかから条件を満たす品目を紹介している段階に留まっている。だが、この事業を契機として、目下、伝統的野菜に関する支援の事業化が進められており、特性調査、栽培体系の確立、モデル産地支援、消費拡大支援を行い、安定供給に向けた取り組みを行っている状況にある。

資料編「全国の伝統野菜」に関する情報

全国的な伝統野菜の情報ページ

全国の伝統野菜データベース（２０１４年７月30日確認）

新潟国際情報大学情報文化学部高木義和研究室の学生、山上貴之氏が２００８年に作成したデータベース。全国４５５種類の伝統野菜の横断検索が可能。

http://open.nuis.jp/2008/yamagami/form.html

伝統野菜ネット（２０１４年７月30日確認）

「伝統野菜マップ　一覧」など、全国の個別の品目や活動団体が見られる。

http://www.dentouyasai.net/

各伝統野菜のウェブサイトなど

会津の伝統野菜を守る会

福島県会津若松市一箕町大字鶴賀字船ヶ森東４８０

TEL 0242-25-2117 FAX 0242-22-1711 E-mail dentouyasai@aizu-city.net

http://www.aizu-city.net/dentouyasai/（２０１４年７月31日確認）

信州の伝統野菜

『からだにおいしい野菜の便利帳　伝統野菜・全国名物マップ』pp.70-74

長野県農政部園芸畜産課「信州伝統野菜認定制度の取り組みについて」（２０１４年８月８日確認）

http://www.pref.nagano.lg.jp/enchiku/sangyo/nogyo/engei-suisan/yasai/dentouyasaigaiyou.html

「加賀野菜」公式サイト（２０１４年７月30確認）

http://www.kanazawa-kagayasai.com/

大阪府環境農林水産部　農政室推進課（２０１４年７月30日確認）

http://www.pref.osaka.lg.jp/nosei/naniwanonousanbutu/dentou.html

奈良県　農林部　農林水産振興課（２０１４年７月30日確認）

http://www.pref.nara.jp/dd.aspx?menuid=2767

プロジェクト粟（２０１４年７月30日確認）

http://www.kiyosumi.jp/index.html

ＪＡ京都（２０１４年７月31日確認）

http://www.jakyoto.com/jakyoto/kyoyasai/

公益社団法人 京のふるさと産品協会「さいさい京野菜倶楽部」（２０１４年7月31日確認）
http://kyo-furusato.jp/index.html
長崎県農産園芸課（２０１４年7月31日確認）
http://www.n-nourin.jp/oh/dentou/index.htm
熊本市　農水商工局　農商工連携推進課「ひご野菜について」（２０１４年7月31日確認）
http://www.city.kumamoto.jp/hpKiji/pub/detail.aspx?c_id=5&id=670&class_set_id=2&class_id=145
熊本県農林水産部園芸課（２０１４年7月31日確認）
http://www.pref.kumamoto.jp/site/kumamotohurusatoyasai/
かごしまの伝統野菜（２０１４年8月6日確認）
『からだにおいしい野菜の便利帳　伝統野菜・全国名物マップ』pp.152-155.
http://www.pref.kagoshima.jp/sangyo-rodo/nogyo/nosanbutu/dentou/index.html
※各品目について「種子の入手方法」についての情報も掲示されている。
おきなわ伝統的農産物データベース（２０１４年11月16日確認）
http://www.okireci.net/dentou/
「日本、いにしえ」（２０１４年8月19日確認）
http://nihon-inishie.ichi-ichi.info/modules/dentousangyou/kyoto/yasai01.html

引用・参考文献〔I部〕

書籍および雑誌掲載論文

Barham, E. (2003) Translating terroir: the global challenge of French AOC labeling Journal of Rural Studies 19: 127-138.

Bérard, L., Marchenay, P. (1998) Terroirs, Produits et Enracinement. Pour Une Anthropologie Impliquée. Argumentations Face aux Extrémismes, special issue of L'ARA, l'Association Rhône-Alpes d'Anthropologie (43), 16-17.

Mansholt, UJ (1909) Van Pesch Plantenteelt, beknopte handleiding tot de kennis van den Nederlandschen landbouw. 3rd revised edition, pt 2. Plantenteelt. Zwolle.

Tripp, Robert (1996) Biodiversity and Modern Crop Varieties: Sharpening the Debate. Agriculture and Human Values 13(4):48-63.

Zeven, AC (1998) Landraces: a review of definitions and classifications. Euphytica 104:127-139.

ＪＡ東京中央会（1992）『江戸・東京ゆかりの野菜と花』

青葉高（2013）『日本の野菜文化史辞典』八坂書房

石川県野菜花き研究会（2007）『加賀能登の特産・伝統野菜』

氏原暉男、俣野敏子（1974）「普通ソバ（Fagopyrum esculentum M.）主要形質の地理的変異に関する研究」信州大学農学部紀要 11(2):221-230

碓井崧、松宮朝（2013）『食と農のコミュニティ論』創元社

江坂宗春（監修）（2011）『生命・食・環境のサイエンス』共立出版

大竹道茂（監修）（2009）『江戸東京野菜 図鑑篇』農山漁村文化協会　p.159, 207
大野和興（2004）『日本の農業を考える』岩波ジュニア新書　岩波書店
奥田政行（2010）『人と人を結ぶ料理　食で地方はよみがえる』新潮社
小田切徳美、藤山浩（編）（2013）『地域再生のフロンティア：中国山地から始まるこの国の新しいかたち』農山漁村文化協会
金沢市農産物ブランド協会（2013）『加賀野菜について』
金丸弘美（2011）「商品にオリジナルストーリーを付与する」『地域ブランドを引き出す力　トータルマネジメントが田舎を変える！』合同出版
河名秀郎（2009）『自然の野菜は腐らない』朝日出版
草間壽子（2014）「伝統野菜にみる地域名と地図」地図情報 34(1):8-12
熊本県農林水産部園芸課（2013）「伝統野菜生産販売状況」
栗原彬、テッサ・モーリス・スズキ、苅谷剛彦、吉見俊哉、杉田敦、葉上太郎（2012）『3・11に問われて——ひとびとの経験をめぐる考察』岩波書店
生源寺眞一（2010）『農業がわかると、社会のしくみが見えてくる』家の光協会 p.46
世界農業遺産活用実行委員会（2013）「能登の里山里海」『世界農業遺産構成資産調査報告書』石川県里山創成室内
高橋書店編集部（2012）『からだにおいしい野菜の便利帳　伝統野菜・全国名物マップ』高橋書店
タキイ種苗株式会社出版部（編）、芦澤正和（監修）（2002）『都道府県別　地方野菜大全』農山漁村文化協会
辻芳樹（2013）『和食の知られざる世界』新潮新書　新潮社
冨吉満之（2013）「奈良における伝統野菜を使った農業の6次産業化」伊佐淳・西川芳昭・松尾匡（編著）『市民参加のまちづくり［グローカル編］』82-100　創成社
西川芳昭（2005）『作物遺伝資源の農民参加型管理』農山漁村文化協会

西川芳昭（編）（2013）『種から種へつなぐ』創森社
西川芳昭、根本和洋（2010）『奪われる種子・守られる種子——食料・農業を支える生物多様性の未来』創成社
日本経済新聞（2014）『伝統野菜、地域耕す』２０１４年4月28日朝刊29面
農林水産省北陸農政局（2009）『伝統野菜サミット——伝統野菜が地球を救う！　報告書』
農林水産省（2010）「特集　野菜をめぐる新しい動き　伝統野菜の実力」『ａｆｆ』２０１０年2月号
農林水産省（2012）『平成24年度版　食料・農業・農村白書』農林統計協会
ビーパル地域活性化総合研究所（2014）「ゲンキな田舎！　Ｃａｓｅ　１２４　インタビュー／大竹道茂さん（江戸東京・伝統野菜研究会代表）」『ＢＥ-ＰＡＬ』２０１５年1月号　ビーパル地域活性化総合研究所 73-76
久松達央（2013）『キレイゴトぬきの農業論』新潮社
（財）広島県森林整備・農業振興財団　農業ジーンバンク（2010）『広島お宝野菜カタログ（平成22年版）』
（財）広島県森林整備・農業振興財団　農業ジーンバンク（2011）『広島お宝野菜カタログ（平成23年版）』
（財）広島県森林整備・農業振興財団　農業ジーンバンク（2012）『広島お宝野菜カタログ（平成24年版）』
（財）広島県森林整備・農業振興財団（2014）『平成25年度　事業報告書』
福岡伸一（2007）『生物と無生物のあいだ』講談社現代新書　講談社
堀内美緒、岩井紀美子、中村浩二（2013）聞き取り調査資料　熊木川流域　水辺の昔の遊びと生き物　七尾・中島地区　里山里海づくり調査プロジェクト
松下良（2007）『加賀野菜　それぞれの物語』橋本確文堂
松本栄文（2014）『日本料理と天皇』枻出版社
丸果石川中央青果（2012）『流通業界からみた加賀野菜』
三浦雅之（2012）「朝日新聞　奈良版　連載『人生あおによし』」２０１２年（平成24年）1月29日〜2月25日　朝日新聞社
三浦雅之・三浦陽子（2013）『家族野菜を未来につなぐ——レストラン「粟」が目指すもの』学芸出版社

山形県農林水産部（2014）「山形の伝統野菜について」『全国伝統野菜サミット報告資料』
山形在来作物研究会（2007）『どこかの畑の片すみで——在来作物はやまがたの文化財』山形大学出版会
山形在来作物研究会（2010）『おしゃべりな畑——やまがたの在来作物は生きた文化財』山形大学出版会
山本正臣（2004）「加賀野菜を考える」『北陸経済研究』313: 1-15
和田充夫、菅野佐織、徳山美津恵、長尾雅信、若林宏保（2009）『地域ブランド・マネジメント』有斐閣

ウェブサイト

ＪＡ京都「京野菜」（２０１４年７月31日確認）
http://www.jakyoto.com/jakyoto/kyoyasai/
外務省資料「和食：日本人の伝統的な食文化——正月を例として——」ユネスコ無形文化遺産代表一覧表への記載決定について
http://www.maff.go.jp/j/press/kanbo/kihyo02/pdf/131205-03.pdf
河北新報「『全国伝統野菜サミット』試食ブースに人気」（２０１４年８月31日確認）
http://www.kahoku.co.jp/tohokunews/201408/20140831_51005.html
（社）京のふるさと産品協会「さいさい京野菜倶楽部」（２０１４年７月31日確認）
http://kyo-furusato.jp/index.html
熊本県「くまもとふるさと野菜」
http://www.pref.kumamoto.jp/hpkiji/pub/list.aspx?c_id=3&class_set_id=1&class_id=1290
熊本県農林水産部園芸課（２０１４年７月31日確認）
http://www.pref.kumamoto.jp/site/kumamotohurusatoyasai/

熊本市農水商工局農商工連携推進課「ひご野菜について」
http://www.city.kumamoto.jp/hpKiji/pub/detail.aspx?c_id=5&id=670&class_set_id=2&class_id=145
農林水産省（2012）「中山間地域等直接支払制度とは」（２０１２年10月14日確認）
http://www.maff.go.jp/j/nousin/tyusan/siharai_seido/s_about/cyusan/index.html
農林水産省「特集　野菜をめぐる新しい動き　伝統野菜の実力」（２０１４年7月18日確認）
http://www.maff.go.jp/j/pr/aff/1002/spe2_04.html

第Ⅱ部　闘い、制度、そして伝統野菜の未来へ

第Ⅱ部では、伝統野菜を素材として、農業に関わるさまざまな制度や論点について取り上げていくこととする。具体的には、3章で食をめぐる国際的な課題、4章で知財をめぐる新政策、5章で農林業の評価と農地に関わる国内の制度について述べる。

3章　遺伝資源をめぐる国内外の動き

本章では、非政府組織（ＮＧＯ）と産業界による食に関する議論とその問題提起を概観していく。今、私たちの食の源である、植物の種子や遺伝子をめぐる状況は激動の時代に入っている。「遺伝資源」として大きく注目され、国、大企業、市民団体などを巻きこんだ大きな論争となっている現状を紹介する。

3-1　非政府組織による問題提起

伝統野菜は環境に優しいのか

伝統野菜は、環境に優しいのか。簡単なようでいて、なかなか難しい問いかけである。伝統野菜であれば、無農薬や有機栽培されているのかといえば、そうではない。「伝統野菜は全て無農薬」という印象が広くあるようで、必ずしもそうではないことを伝えると、幻滅したという反応を示されることも多い。「伝統野菜の生産は無農薬で行われていそう」というのは、あくまでイメージ先行の話であって、何か数字や検証の裏付けがあるわけではない。繰り返し述べているように、伝統野菜の定義は曖昧であり、農薬の使用に関する統計も存在しない。

そもそも、伝統野菜の取り組みは農薬の使用、不使用ではなく、価値観やライフスタイルが出発点になっている。代々伝わってきたものを粛々と守りたいというパターンもあるだろう。「作りづらいけれども作り甲斐のあるものを作る」といった生産者の、いわば職人としての姿勢もあるだろう。あるいは、メジャーで作りやすい野菜ばかり作られる背後にある国の政策や企業の思惑などが透けて見え、そうした動きへの抵抗という面もあるだろう。また、遺伝資源に熱い視線が注がれている国際情勢から、伝統野菜を改めて評価する動きもあるだろう。本節では、「国際問題」としての遺伝資源の側面から、伝統野菜を考えていくことにしよう。

遺伝資源をめぐっては、そこから得られたさまざまな利益をどのように分配するのかが、国際的な生物多様性の議論でも焦点となっている。さまざまな利益には、お金だけではなく、それを育んできた伝統的な社会の知恵といったものも含まれる。利益分配が議論の焦点となった発端には、熱帯雨林、サンゴ礁など生物多様性に富んだ地域を抱える発展途上国の資源が、先進国の研究者、企業などにより持ち出されて、その利益の還元が公平ではなかったという発展途上国側の不満がある。その不満が高まるにつれ、国同士の条約のなかで、遺伝資源について「私」の面をはっきりさせよう、制度化していこうという動きとなった。国同士の取り決めである条約のなかで、遺伝資源が国際的な「公」の部分としてよりむしろ、それぞれの個別の国が権利を主張していく「私」の部分としての性格が非常に色濃くなっている。石油などのほかの資源と同様の扱いとなり、いわば資源ナショナリズムの様相すら呈しているのが現状だ。

一方で、世代を超えて受け継がれてきた景観や生態系、あるいは伝統的知識（ないしは地域社会でのノウハウ）などは、「権利」というよりも、コミュニティのなかでの「共有」のもので、何か排他的な権利ではなく、「責任」と考える社会も少なからず存在する（Curci 2010）。これは、必ずしもマイナスではないが、法的にはもちろん複雑となり、経済評価、担い手などの育成の面でも課題となる。また伝統的知識といわれるものの中身は必ずしも古いものばかりではなく、新しい知識も含まれる。ただ、その中身や関係性が伝統に基づいているか、どのように生まれ、普及しているのかという点が重要とも専門家は指摘している（Hansen & Vanfleet 2003）。後述するが、伝統野菜は必ずしも世代を超えたものばかりではなく、比較的新しいものが事業として取り組まれている事例も含まれ、このような伝統的知識の議論は伝統野菜についても参考となる。

遺伝資源と伝統野菜、特許

私たちの身のまわりにある野菜を考えてみよう。スーパーなどには、形が整って、色が綺麗なものが並んでいる。最近ではコンビニエンスストアでも生鮮野菜を取り扱う店が増えてきたが、彩りが豊かな生野菜で消費者の目を引こうと、入口の近くに配置されていることが多い。

しかし、もちろんのこと、生産された野菜が全て形が整っているわけではない。野菜は数多くのプロセスや選別を経て店頭に並んでおり、形が整っているのは、収穫、梱包、流通段階で生産者や農協などが厳しくチェックし、少しでも曲がっていたり、傷があったりする品を「規格外品」として外しているからだ。私もジャガイモ、ネギの収穫に参加したりもするが、少しでも皮がむけてしまったり、小さいものは容赦なく、畑に捨てられている光景を目にする。作物によって異なるが、10％から30％は規格外などとして、利用されないのが実情だ。

圃場《ほじょう》での選別だけが形や味を揃えているわけではない。実は植えられている種子から選別がなされている。色、味、形で欲しい特徴のある遺伝子を持つ親をかけ合わせたF_1（First filial generation＝雑種第一代の略）と呼ばれる、特性が一代限りのハイブリッドの雑種を使っていることも多い。消費者がそのような整った産品を嗜好し、そのような作物しか出荷できないのだから、結果として、そのように生産されるようになったという生産者側の言い分もよく聞く。

一方で、消費者にしてみると、整った産品を嗜好しているとは限らず、日常の買い物で、ほかに選択する場がなかなかないというのも実情ではないだろうか。だが、いずれにしても、現実として、生産ないし販売しにくい形質を支配する遺伝子の多くが切り捨てられ、遺伝資源の多様性が失われつつあるといえそうだ。コメでも似た現象が発生しており、食卓に並ぶコメはさまざまな名前が付いているが、実際にはコシヒカリの血筋を引く品種が多く、非常に狭い幅の遺伝資源のなかでのかけ合わせとなってしまっていることに警鐘を鳴らす声が上がっている。

こうした状況のなか、伝統野菜の議論は、農薬や環境に関わる取り組みというよりも、農作物の遺伝子の多様性を守っていく取り組みとして、遺伝資源の文脈のなかで語られることが多い。

伝統野菜の担い手となる農家は、長い時間をかけて、その土地にあった生産方法を工夫し、産品を選んできた。その一環として、よその産品との組み合わせを行っている場合もあり、伝統野菜も地元生まれ、地元育ちの「純血」ばかりではない。加賀野菜のように、京都や九州から持ちこまれたことを、むしろ歴史的な由来の強みとして活かしている事例もある。

いずれにしても農家は、長い時間をかけて取捨選択と工夫を重ね、伝統野菜の維持を担い、結果として多様な遺伝資源を育んできた。遺伝資源をめぐる国際的な議論でも、農家の貢献を認め、ほかの関係者によって特許などの知的財産権が取得されている遺伝資源へのアクセスや利益分配を認めていこうという主張がなされており、それが国際条約で議論されている「農民の権利」の根底にある。

実は国際的な問題でもある遺伝資源の課題

遺伝資源は、「それは公のものか、私的な所有がなされるものか」という緊張関係のなかに存在する。篤農家といわれた個人の農家が開発・改良したものも地域内で共有されていたことに象徴されるように、かつては公のものであった。本章の冒頭でも述べたように、世代を超えて受け継がれてきた景観や生態系などはコミュニティのなかでの「共有」のもので、権利ではなく、「責任」と考える社会も少なからず存在する実情がある（Curci 2010）。作物遺伝資源の専門家である、西川芳昭と根本和洋は、共著『奪われる種子・守られる種子』のなかで、集落で栽培されてきた漬け菜などは制作者なり所有者の特定も困難だと指摘している。

それが、個人や組合が登録をして権利として私的に所有するものへと変わろうとする力が働いているのが現状だ。大企業と農家の対立に見られるように、個別の農家の自家採種や伝統的なやり方と齟齬が生じてしまっている面もある。あるいは、F_1といわれる商品向けの改良品種は、自家採種しても次世代には同じ形質が出ないので、同じものを作ろうとすると、タネをその生産者から買い続ける必要がある。そうなると、先進国の種苗会社に依存せざるを得なくなり、農家、特に発展途上国の農家が立ち行かなくなるのではないかという、警戒感も強い。また、新品種の登録に際して国際的な制度で要求される項目、例えばすでに販売されている品種との違いである新規性、一般に知られているものと違うとわかる区別性、均一性、安定性などは、農家が自分たちで作り続けてきた作物を登録することを難しくしていると、先の西川と根本は述べており、制度と現実との齟齬も指摘される。「私」の知財に関わる権利だけではなく、農民が補てんを受けられると同時に継続して栽培を可能にする「農民の権利」という概念が重要となる背景だ。さらには、公平性や地域の文化の破壊という観点から、より裾野の広い層の人々が反発し、国際会議に乗りこんで抗議行動を起こすケースもある。例えば、ブラジルで開催された生物多様性条約の締約国会議では、交渉をしている政府代表団の席を先住民の人々が人間の鎖で取り囲んでしまったことがあった。当初は粛々と議事を進めていた議長も、「皆さんの存在を無視せずに、真摯に懸念を受け止めたいと思っていますので、そろそろ議場からは退席してください」と述べた一幕もあった。また、海賊に扮した集団と、種子の袋を手にした地元の先住民とおぼしき集団が、「金儲けに貪欲な先進国と企業が途上国の資源を奪っている」と主張しながら廊下を練り歩くパフォーマンスも見られた。実は、海賊に扮した集団は非政府組織（ＮＧＯ）だったのだが、ＮＧＯは遺伝資源に関わる分野でどのような活動を展開しているのか。

ＮＧＯの主張とキャンペーン手法の多様化

もちろん、十把一絡げにＮＧＯといっても目的も手法も多岐にわたり、一括りにはできない。それを踏まえつつも、国際的な交渉の場での催し、キャンペーンなどから主流となる主張は読み取ることができる。まずは、大企業が農作物の源泉である種子や遺伝資源を抑えようとする動きに対する警戒感である。また、十分な議論が深まらないままに制度が出来上がることに危機感を抱いているケースも多い。

ドイツなど欧州の会合で、ＮＧＯが具体的に大手種苗メーカーの企業名を挙げて、その企業への反対運動を展開することも少なくない。また、米国で遺伝子組み換えによる種子の発芽を制御する技術に特許が付与された際に、その技術は第二世代の種子を自殺においこみ、終焉させる技術であるとして、環境ＮＧＯが「ターミネーター技術」という名称をつけ、その危険性を訴えた。その後、欧州のＮＧＯも同じ名称を用い、その実用の延期や禁止を求める内容のビラやポスターを国際会議の会場で配布するなどしている。国連の事務局は科学的な情報の収集とリスク評価を行い、原則として技術使用の禁止や延期を主導するものではなく、実用も広がっていないのに、なかには「国際条約で使用の延期が決まった」といった強引なビラまで含まれていることも多い。食品での遺伝子組換体の使用禁止は、食や環境のＮＧＯあるいは消費者団体の「定番」ともいえるアジェンダの一つであるが、日本と比較して、欧州では遺伝子組換体に対してアレルギーを持つ団体の声は大きいという印象を個人的には持っている。生物多様性など、環境に関わる国際交渉の場において、大企業を名指しで批判する映画の上映会を告知するポスターと並んで、「食品は遺伝子組み換えなしで」といったポスターが貼られていたこともあった（図32）。

なお、NGOの影響力は日本と欧米ではかなり開きがある。欧米などでは、一般的に、NGOはそれぞれの目的に向けてキャンペーンなどさまざまな活動を行い、企業の行動、社会の動き、時には国の方針にまで大きな影響力を持ち、実際にNGOのキャンペーンによって行動を変えた企業も少なくない。シンポジウムなどでも、NGOに不買運動を起こされ、評判を落としたという事例が紹介され、どうすればそれを避けることができるのかといった議論となることも多い。国内のNGOからは「予算や人員の規模が異なるから、欧米のようにはいかない」という声をよく聞くが、予算を獲得するための広報やコミュニケーションの努力や計画性の違いが、影響力の違いとなっている面も大きい。欧米のNGOの巧妙ともいえる手法から学べる点も多いのではないだろうか。

欧米のNGOにとって、キャンペーンの呼びかけを新聞やテレビといったマスメディアが取り上げるかどうかは、目的達成の成否を左右する大きなカギとなってきた。だからこそ、日本もターゲットにされた調査捕鯨船への攻撃など、違法行為さえも厭わない過激で派手なアクションが繰り返されてきたのだが、注目を集め

図32　「おいしい食事は組換え技術なしで」2008年ドイツ・ボンでの生物多様性条約締約国会議

るのは問題があるということを知ってもらうためという、ＮＧＯにしてみれば正当な意義があった。

また、注目を集めるための作戦を周到に立てている。洪水が起きる前から、「これは気候変動が原因」といった横断幕とゴムボートを準備し、実際に洪水が起きると即座にＰＲ活動を実施したＮＧＯを筆者も知っている。あるいは、ＷＷＦの広報担当者からは、「有名人に協力してもらうのは大事だが、中途半端な知名度だとかえって良くない。環境問題を重視する度合いと、来てもらう有名人のランク付けまでしているよ」と、まるで広告代理店のような話を聞いた。日本で募金を集めることが主な機能となっている国際ＮＧＯの日本支部では、企業の広報担当者をヘッドハンティングしている。

加えて、メールを使った攻撃的なキャンペーンも行われている。例えば、熱帯雨林を破壊した可能性があるパームオイルを使用したということで、チョコレートや洗剤を製造したメーカーの代表に、ＮＧＯの呼びかけで大量のメールが送り付けられた。最近では、YouTube、フェイスブック、ツイッターなどソーシャル・ネットワーキング・サービス（ＳＮＳ）を活用した新たな手法も登場している。なかには、養鶏場に潜伏して、鶏が狭い場所で飼われ、挙句に足をつるされて流れ作業で運び出される様子を許可得ずに撮影し、YouTube で配信するといった過激な例もある。

劇場型キャンペーンの落とし穴

ただ、広報やキャンペーンに頼って、活動資金を集めることに偏重した活動は危うさも孕んでいる。まず、論点を過剰に単純化する傾向がある。次に、自らが批判の対象となった場合、反発も大きい。

一例を挙げると、２０１４年６月に、あの有名な国際的環境保全団体のグリーンピース本部が為替取引による差損を出したことが発覚した。それも、総額で５億円以上（３８０万ユーロ）、２０１４年だけでも３億円以上の損失が見込まれている。時には過激な反対行動で注目を集め、環境保全に消極的な国や企業を容赦なく批判する組織だっただけに、多くの関係者にとって驚きであった。

グリーンピース側は、プロジェクト、キャンペーンの費用への影響はないと火消しに躍起になっている。しかし、寄付に大きく依存する非営利組織が為替市場で大損失を被ったことによるイメージダウンは避けられず、実際の損失額よりも、大企業と戦う、庶民の声の代弁者という看板に傷がついた懸念がある。加えて、損失を数カ月遅れて公表したことに、情報開示の体制への批判も強まっている。

国際交渉でのグリーンピースからの威勢のいい啖呵《たんか》は、ある意味では環境条約における風物詩ともいえるものであった。時に強引さを伴いながらも、歯切れ良く大企業の不正、政府の行動の遅れを指摘する姿には多くの賛同を呼び、それが寄付の原動力となってきた面がある。強引なことをして、時には逮捕者を出すことも「勲章」になる劇場型キャンペーンは、攻めている時には威力を発揮する。しかし、そうした活動が目立っているだけに、資金運用の失敗などがスキャンダルとして自分たちにはねかえってきてしまう怖さもあることを、今回の事例は示している。

政策提言型の活動への転換

より本筋の問題として、ＮＧＯのキャンペーン展開の仕方について、自らの主張のために目立ちさえすればいいのか、という疑問もある。特に遺伝資源は、市民と専門家、先進国と発展途上国の意見が対立しており、相互の不信感も高まっている分野なだけに、NGOの発信とそれがもたらす結果には注目が集まる。NGOのターゲットとなる側の企業や国にしてみると、例えば、実際には実施されていないことで攻撃を受けたり、風評に近い被害を受けたりした場合、NGOと同じ土俵で争うべきなのか、あるいは、そもそも対話やコミュニケーションを取らないほうがいいのかといった点で悩むこととなる。

NGOの側からも、反対や不買運動だけではなく、政策や保全に直結するような活動をするのが本筋ではないかという機運も色濃く出てきており、政策提案などを積極的に行い、行動を鎮静化させる姿勢もみられ、地道な活動で成果を上げている事例も増加しつつある。最近の例としては、クロマグロやウナギなどの絶滅リスク評価が我々の食卓に直結する問題であることを見せつけたが、それというのも、科学者集団を抱えた非政府組織が信頼性の高い基準や根拠を発表し、それが国際的に大きな影響を持つようにもなってきたからこそである。

このようにNGOの活動は、派手なスタンドプレイで反対運動を展開したり、科学的根拠に基づく政策提言をしたりとさまざまであり、その手法も多様化している。キャンペーンにしても、テレビや新聞で大きく報道されるホームランだけを狙うのではなく、情報の速さ、手軽さという利便性からSNSを活用するようになっていることは先に述べたが、ネガティブな発信ばかりでなく、前向きな事例や情報に軸足を置いてキャンペーンを展開する事例も出てきている。いずれにしても、NGOが資金集めの活動ではなく、目的に沿った活動を展開する集団として、存在意義を発揮することが期待されている。以上、国際的な動向と関連づけながらＮＧＯの変遷やイベントを概観してきた。

３-２　食と遺伝資源をめぐる産業界の動き

伝統野菜、食との非政府組織の活動の接点、関係性

食と遺伝資源に焦点を絞り、ＮＧＯと企業のそれぞれの視座に立った活動について見ていこう。食と遺伝資源をめぐる活動でも、ＮＧＯは批判や不買のキャンペーンを繰り返してきたが、それだけでは限界もありそうだ。例えば食品の遺伝子組換体については、是非を論議する前に、食肉などの場合は飼料に遺伝子組換体が含まれている場合もあり、加工品の場合は原材料で遺伝子組換体が使用されても一定率以下であれば表示義務がないことから、実際に組換体が使用されているか、またどれほど使用されているのか、わからないという実情もある。そこで「知る権利」が侵害されているという主張が出てくる。一方で、医療の現場などでは、体内に使われる素材を含めて遺伝子組換体はすでに広く使われているのに、食品に対してのみ過剰な反応ではないかという反論もある。いずれにしても、食をめぐる活動は、一気に盛り上げていく活動と並行して、サイエンスカフェといった小規模で時間をかけた活動も有効であるとの指摘もあり、即効性を追求する劇場型だけではなく、じわっと裾野を広げていく、いわば漢方薬型の活動も重視されている。実際に、遺伝資源などの明確な争点があって

の争いだけではなく、地道に理解者を増やす活動も幅広く展開されている。

他方、食と遺伝資源をめぐる議論は、ライターの速水佑次郎が提起した「フード右翼　対　左翼」という構図のような一国のなかや家庭内の賛否といった次元には留まらない。冒頭でも述べたように、先進国の大企業と発展途上国の農業従事者との関係が重大な問題として議論されている。途上国の農業従事者にしてみると、先進国の大企業にタネを押さえられてしまうと、タネを買わなければならなくなり、それによって生活が脅かされるのではないかという不安がある。そうした不安を根底に、国際的な交渉の場で途上国側から、自分たちの収入の手段である農業が先進国の企業に依存しなければ存続できないようになることに対する反発や、タネを買わなければならなくなる経済的な負担についての不透明感などが表明されている。特に、一回しか芽が出ないようにする技術や特許に対して、経済的負担や先進国への依存を生む大きな要因として反発を強めている。それに対し、企業側は投資や開発のコストを回収する必要を主張し、意見の食い違いは大きい。

そうした状況のなか、企業側は自らの利益を守るため、あるいは正当性をアピールするため、さまざまな手段に訴えている。世界からも注目された事例を二つ紹介しよう。一つは大企業が一農家と争った裁判、もう一つは企業が大々的に打った新聞広告である。いずれも伝統野菜とは直接の関係はないが、市場や圃場《ほじょう》から駆逐する圧力を加える側の主張を鵜呑みにするのではなく、企業や国が広めようとしている技術や価値観は何なのか、注意深く読み解いていくリテラシーを持つことも必要となることを示唆している。どのような技術や素材が使われているのかを知り、その背景にどのような議論があるのかに関心を持つと、農業をめぐる世界の議論が知的財産という問題と密接に関わっていることをおわかりいただけるだろう。

モンサント社と生産者の抗争

遺伝資源やバイオ関連資源の巨大資本である米国のモンサント社と農家とが7年間にわたって争ったカナダでの裁判は、農作物と特許をめぐる論争として最も有名な事例である。そもそもの発端は、モンサント社がカナダの農家の農地で同社が特許を保有する菜種が許可や契約もないまま栽培されていることを確認したとして、その農家に対して1997年に訴訟を起こしたことだ。裁判で、両者の主張はまっこうから対立した。モンサント社側は農家がタネを許可なく使用し、権利を侵害したと主張した。一方の農家の側は、「風で農地へ運ばれたタネが交雑した」「それに気づいていなかった」「むしろ自分がそれまで生産してきた作物が交雑して被害を受けた」と主張した。ほかにも、特許の範囲は遺伝子レベルに留まらず植物など高等生物にまで及ぶのかどうかといった、知的財産に関わる論点が議論された。

最高裁までもつれこんだ法廷での争いは、「モンサント社側が取得した特許は遺伝子レベルでの保護であって、植物全体の保護を受けられるわけではない」と、複数の裁判官が指摘したものの、5対4の僅差でモンサント社側に軍配が上がって結審した。つまり、「特許権侵害」が認められたわけだが、その一方で、最高裁は農家が「タネから利益を得ていない」との判断をくだした。利益を得ていない根拠として、問題の菜種は特定の除草剤に耐性があるように遺伝子を組み換えた作物であり、その除草剤を使用した場合には利益が生じるが、農家は使用していなかったことが確認されたとしている。

農家の側は勝訴できなかったものの、モンサント社から請求されていた損害賠償の支払は免除され、裁判費用も各自負担という判決がくだされ、モンサント社の一方的な勝利というわけではなかった。

「巨大資本　対　農家」という構図と、作物の特許をめぐっての裁判という題材がセンセーショナルに取り上げられ、「遺伝資源」「農作物に実は特許が絡む」という側面が強調されたことも、モンサント社側にとってはさまざまな意味で誤算だったのではないだろうか。米国とカナダ国内の農家の組合や世論の反発もあったが、むしろ影響が大きかったのは、この裁判が副作用として、その後の発展途上国の資源ナショナリズムを刺激した側面である。植民地時代から現代まで、自国から資源を持ち出し、保有している先進国の大企業、研究機関などだけが特許などで得をしていると、そもそも不満を感じていた発展途上国が、「奪われただけなく、資源の使い方で下手をすると訴えられる」と反発を強めたからだ。その後、「遺伝資源」と付随する「農民の権利」は、さまざまな国際条約や貿易交渉の火種となっていく。農地で栽培されている作物とその特許の争いは、それだけの衝撃を世界に残していったともいえる。裁判からずいぶんと時間が経過した２０１５年に日本で、『モンサント——世界の農業を支配する遺伝子組み換え企業』といった訳本が発刊され、日経新聞など新聞社の書評などでも取り上げられていることで、その注目度の高さがわかる。

シンジェンタ社による危機言説

前述したように環境、特に生物多様性や食料に関わる国際交渉の場では、ＮＧＯなどが遺伝子組み換え技術、個別の企業をターゲットにした反対運動を展開するようになっている。とりわけ欧州では、その傾向が強い。国際社会において反発が強まるなか、遺伝資源やバイオに関わる企業も手をこまねいているわけではない。例えば、先に言及したモンサント社は食料安全保障に関わる世界会議を支援し、なぜ自分たちが遺伝子組み換えに関係するのかを説明する場を設定して対話を試みている。

また、モンサント社と肩を並べる世界的企業シンジェンタ社は、日本で生物多様性に関わる国際会議が開催された２０１０年に、環境団体のものと見紛うような、「生物多様性を守るのに、私たちができることは何か？」という問いかけを大きく掲げた広告を主流な英字新聞の一面に掲載した。その問いかけの下には、広々とした畑を背景に中年の男性が手にした穂をじっと見て調べている様子を写した写真とともに、答えとして、「農業を減らす」と「生産性を高める」という二つの選択肢が示されている。そして、要約すると「『農業を減らす』というのは、人口が増える社会において選択肢とはなりません、私たちは食料の『生産性を高める』ために努力しています」という次のようなメッセージが入っている。

> 農業活動を減らすというのは、選択肢ではありません。２０５０年までに世界人口は20億人以上増えるでしょう。新しい農地によって生物多様性を失うことなく、必要とする食糧の全て

を賄うことができるでしょうか？　私たちSyngenta社では、答えは「イエス」と考えています。農民の方々が既存の農地からより多くの収穫を得られ、同時に生態系を守ることができるように、私たちは新しい高収率の種を開発したり、作物を虫、雑草、病気から守るための方法を考案しています。実は、さらに一歩踏み込んで、作物と一緒に、野生の植物、虫、鳥が繁栄できるようなプログラムも用意しています。

図33　大手英字新聞に掲載された、シンジェンタ社による「生物多様性」の全面広告

つまり、「生物多様性を守りたいのは、皆が一致するところだが、だからといって食糧生産を減らすことで妥協することはできない。人口増加を背景とした世界の情勢は食糧の減産を許さない。そこで、わが社としては、生産面の改良を通じて貢献していく」という姿勢をシンジェンタ社は打ち出しているのだ。新しい技術に反対するだけでは解決にならず、むしろ、「では、どうするのか」という、反対派の反発を逆手にとった、ある意味では挑発的な広告でもある。しかし、新しい技術に対して懐疑的なＮＧＯや消費者団体との溝はなかなか埋まっていない。シンジェンタ社がこの広告を出したのは5年程前に遡るが、そうした様相は今も継続され、むしろ深刻化している。例えば、先進国を中心

に逆風もあると指摘されるなかで、近年では、モンサント社、シンジェンタ社に加えて、ドイツのバイエル社、ＢＡＳＦ社、米国のデュポン社、ダウ・ケミカル社など大手６社（「ビッグ６」とも呼ばれる）が、南米などの新興国での投資や研究開発で競争を急いでいるという報告もある（日本経済新聞２０１４年11月25日朝刊）。

なお、この広告と時を同じくして２０１０年の生物多様性の会合で発表された、生態系と生物多様性の経済学（TEEB）というプロジェクトの報告書でも、シンジェンタ社は「貧困と生物多様性を共同で対処しているビジネス」として取り上げられている（TEEB 2010: p.13）。そのなかで、同社はケニア、インド、マリ、ブラジル、バングラデシュの小規模農家に対して、近代的な農業技術を導入し、保全型農業の実施や市場アクセスの改善を行い、地元の大学、ＮＧＯとも連携していると報告されている。ただし現実には、発展途上国で中央政府、州政府が、やや上からの押し付けのような形で、新しい品種や技術を農家に対して「啓発」していく事例が見受けられる。このような議論の延長戦上で、それぞれの地域に伝わる伝統野菜は生産量では非効率で、味や加工の面から「遅れている」という評価となりがちである。行政や支援機関だけではなく、生産をしている農家自身もそのように信じてしまうケースが多い。

しかし、実際にはどのような場面、条件、圃場《ほじょう》で新品種が向いており、どのような場面で在来品種が向いているのか。相反と補完の両方の要素があるので、冷静な議論が必要だ。例えば、収入を得るには新品種を、自家消費用の作物としては灌漑施設や土壌の条件が異なる圃場で在来品種を選択するというやり方もある。シンジェンタ社の広告が訴える「生物多様性か食糧生産か」という二者択一は、現在でもリアリティがあるとはいえ、少し注意が必要だ。

食糧生産の解決　「ドラえもん」型と「サツキとメイ」型の将来

生物多様性か食糧生産かの二者択一ではなく両者を解決していくには、どのような道筋があるだろうか。有名なアニメになぞらえて、主に科学技術で克服していこうという「ドラえもん」型と、省資源の昔ながらの生活に戻っていこうという「サツキとメイ」型（映画『となりのトトロ』に登場する姉妹）と、二つの考え方に分類する議論がある。食について大まかにいえば、新しい技術や品種で、食糧問題を乗り越えていこうというのが前者で、伝統野菜や在来品種も栽培しながら、規模や便利さ以外のものに価値を見出していこうとするのが後者ということになるだろう。ただ、話はそこまで単純ではなく、「ドラえもん」、「サツキとメイ」のどちらのタイプにもそれぞれ、注意点や思わぬ強みがある可能性がある。

例えば、「サツキとメイ」型であれば、「ドラえもん」型の生産スタイルに常に生産性で劣るかというと、そうとも言い切れない。そもそも作物に多様性を持たせることには、生産という側面だけではなく、気候変動、水循環の変化、害虫が発生した際の食糧生産における「保険」のような役割もあるのだ。その土地で栽培が続けられてきたということは、それなりに土地にあったタネが残ってきている可能性が高いので、一律に遅れていると決めつけることにはリスクが伴う。さらに、もともと自生している野生種といわれる植物が種々あるということは、その特徴をほかの作物と組み合わせて新たな品種を作る余地が残されており、食糧生産に使っている品種に病気が流行したり、気候が寒冷化あるいは温暖化していったりしたときに有効に使える可能性があるということだ。このように、シーズンごとの天候や害虫への保険の側面もあるし、長期的な温暖化や寒冷化に対する保険も兼ね備えている。今後、長期的に気候変動などを前提とした環境となっていく場合に、「サツキとメイ」型が思わぬ強みを発揮する可能性もある。

そもそも、人口増加に対応すべく食糧を増産するのに、作物を改良するのが最も近道であるとも限らない。食糧生産には、水や土の部分が及ぼす影響も大きいからだ。能登野菜の沢野ごぼうは、もともとの品種はほかの産地の種子が使用されたが、土壌が粘土質であることによって、野菜が大きく育ち、独特の歯触りとなっている。また、近代的な品種に切り替えなくとも、灌漑や水の流れを改善することで、食糧の増産に貢献できる余地もあるだろう。また、土の部分では、豪州のように肥料の使用などによって、農地を拡大せずとも食糧問題の大部分を解消できるエリアがあることが農業経済学者によって指摘されている（川島 2009）。

そうしたことを意識してか、「サツキとメイ」型に正面から取り組むケースもある。例えば、栽培方法を全面管理しようとする近代的な農業から逆行する形で、効率や生産性を求めず、害虫対策に天敵を使うなど自然の力に任せる粗放的なやり方で栽培する試みも各地で取り組まれている。アイガモを田んぼで飼うことで、害虫の制御と肥料の両面からメリットを得ようとする農法もある。また、コメなど水を比較的多く必要とする作物から、あまり必要としない作物に切り替えるなど、作物と土地の相性を見直すことも一つの手として進められている。もともと環境や伝統の分野では「サツキとメイ」派が主流で、「ドラえもん」派は少ないと思われるかもしれない。だが、実際にはそうとも限らず、土地計画や国土のデザインでは「都市に集約したほうが効率的」とか「新たな科学的・技術的知見に基づき藻や昆虫を利用したイノベーションで食糧やエネルギー問題は解決できる」という論調も根強く、逆のケースもままある。また最近では、昆虫の動きや生態系の水の流れなど、自然界の構造や技を真似る、バイオミメティックスや生物模倣と呼ばれる工学の技術が注目を集めている。いわば「サツキとメイ」と「ドラえもん」を組み合わせた考え方で、すでに人工蜘蛛糸など高機能素材として生産されているものもあり、都市や居住空間でも、森や自然を模倣したものが登場しつつある。また、高機能食品開発も進行中であり、今後は農業分野での応用にも期待が高まっている。

以上、食、農作物をめぐるＮＧＯと大企業の議論、先進国と途上国、企業と農家、政府と非政府組織など、立場によって異なる主張や論争を具体的な事例を交えて紹介した。近代技術で課題を克服していこうという「ドラえもん」型、昔ながらの暮らしを見直していこうという「サツキとメイ」型など、今後の方向性も議論した。ただ、どちらが正しいかということとなると、価値観の問題も含まれて、なかなか答えが出ない。穏当な正解は折衷案となるのだろうが、一方で、それぞれのタイプにも思わぬ強みや弱みがあることも念頭に置きながら、それぞれの場所での強みを考えていくことが大事となってきそうだ。

4章　知的財産と地理的表示

3章では農産物をめぐる駆け引き、せめぎ合いについて述べたが、その根底には農産物の改良品種やタネを遺伝資源として権利化、そして私的所有する動きが国際的に激化していることがある。また、産地の「地名」も公と私との緊張関係の狭間にある。どこまで「私」のものとして権利化ができ、どこまでが「公」なのかの線引きを考えつつ、地域団体商標や欧州や日本での地理的表示の保護について概観していく。国境を越えた食や農の知的財産は、実感は薄くとも、実はとても身近な題材となりつつある。

4-1　知的財産と農産品をめぐる近年の動向と課題
――激化する遺伝資源の「私有化」と揺らぐ地名の扱い

研究心に富む意欲的な農家、いわゆる「篤農家」が自ら改良した品種やタネあるいは栽培法を進んで無償で提供し、共同体のなかで当たり前のように共有された時代があった。政策研究大学院大学の原洋之介氏も、国内でそのような時代や雰囲気があったと述懐する。その時代、人やモノの移動が地域のなかに限られ、共同体のなかでのやり取りは合理的であり、地域全体での生産性が上がるメリットもあっただろう。何より、篤農家当人が私的な見返りを求めず、むしろ自身の成果が近隣の農家で使われることを誇りに思っていた可能性も高かっただろう。そのように地域社会で曖昧に共有されてきた実態や、農産物は自然の恵みという考えから、国内ではそもそも農業では権利化するという発想が生まれにくいとも指摘されている（松原 2007）。

しかし、そうしたことは遠い過去の話となりつつある。現在では、品種を改良した個人や団体に育成者権などが付与され、勝手に新品種を使用すると権利の侵害とみなされる状況も出てきた。とりわけ欧米の知財先進国では権利侵害をめぐって裁判沙汰に発展するケースも珍しくなく、カナダでの大企業と個人の農家との係争（3-2内「モンサント社と生産者の抗争」で詳述）は大きな注目を集めた。また、欧州でも違反を取り締まる団体が農家や企業の協会のような形でフランス、イタリアなどで設立され、個別の農家に対する違反の摘発が粛々と続けられている。さらに、２００８年には、モンサント社やシンジェンタ社など世界各地のアグリビジネスの大企業がメンバーとなり、育成者権侵害の取り締まりを代行する事務局としてＡＩＢ（Anti-Infringement Bureau）という団体も設立されている。なお、育成者権とは、新しい植物の品種を育成した者が登録することでその新品種をビジネスなどで独占的に利用できる権利を示す。育成者権という形で種子や品種の改良などが権利として確立されて以来、欧米などを中心に、このように取り締まりや厳罰化の動きが加速している。こうした動きを是とするかどうかは別にして、日本でも対応を迫られる部分が出てくることは避けられそうにない。あるいは、国際的な協定や自由貿易の協議に関連し、農産品に関わる取り締まりや権利の係争が国内でも報道される機会が増えそうだ。このように、種子や農産物の鍵を握る遺伝子は、「公」や「共有」

ではなく、急激に「私有化」、または個別の国、地方行政、あるいは先住民の集団を含めて「所有」「権利化」の動きが広がっている。２０１４年に日本知財学会が発刊した書籍でも、農林業を中心とした第一次産業に特化した章が設けられているように、国内でも行政などで議論は進められている。

ただし、日本の農業の現場感覚からすると違和感があるのが実情だ。日本の農業では権利化という発想が生まれにくいと指摘されていることは先に述べたが、実際に生産者の側になかなか意識が浸透せず、育成者権や商標の登録を行政側から要請されても、「面倒だ」と断わったり、渋ったりする農家が多い。そのため、県などの行政体が生産者に代わって登録をしているケースも多い。行政が権利を取得するのは安全なようでいて、その活用には自治体の首長や議会の承認が必要となるなど、積極的な有効活用を阻む問題もあり、本来は活用すべき商標や育成者権がいわば「表彰状」として額に入っているだけといった事態も発生している。また、知事など首長が交代するたびに、新しい商標が取得されるなどの弊害も大きい。このような知財に関する実態は、育成者権を中心とした知財と農林業の関係性、農業分野の商標と産地の制度など、繰り返し議論され、課題として指摘されているところだ。

そうしたことから、農家や組合に商標の申請や登録の大切さを訴える長期的な啓発活動が重要となるが、そもそも関心喚起や普及啓発が不足している（久保田 2008）。一方で、普及啓発を待つほど悠長に構えていられない事態が進行しつつある。まず中国などで、日本の団体よりも先に、国内で比較的有名な商標や地名を出願されてしまうケース、いわゆる冒認出願が報道されるようになった。冒認出願とは、出願する権利のないものが特許権や商標権などを出願し、権利を取得してしまうことであるが、日本の地名が国外で先に商標として取得されてしまう事態が広がっているのだ。中国では30以上の日本の都道府県や政令都市が冒認出願されており、地名を冠した農産物、食品、工芸品などが多く販売されている。地名が中国の団体に先に登録されてしまうことによる影響は大きく、伝統野菜など地名が付いた農産品での被害は深刻だ。また育成者としての権利が侵害されたり、遺伝資源として持ち出されたり、あるいは、逆に持ちこまれたりしている事例が相次いで指摘されている。栃木産のイチゴ「とちおとめ」の種苗が韓国に無断で持ち出され、栽培されたイチゴが逆輸入されて話題となったが、日本産の種苗が国外で無断栽培される問題が頻発しており、イチゴに加え、インゲン豆、い草、小豆、サクランボ、カーネーション、輪菊なども、無断利用が確認されている（農林水産省 2006; 木村ら 2014）。また、製薬、化粧品、食品など多岐にわたり、生物の遺伝子レベルでの特性を「遺伝資源」として活用を促す動きが活発化している。生物多様性条約では、各国がそのアクセスなどに主権が及ぶことを確認しており、先進国と発展途上国の主張には今日でも隔たりがある。

　さらに冒認出願や資源の持ち出しなどに加えて、模倣品による被害も拡大している。農作物が直接持ち出されるという被害だけではなく、スナック菓子、ダシなどの調味料などの食のニセ物の被害も続出している（木村ら 2014）。ニセ物というと音楽プレーヤー、ブランド物の服やバッグ、バイクなどのイメージが強いが、実は食品も被害に合っている比率は高い（特許庁 2014）。地域別に見ると、食品に関しても中国・台湾における被害が多くなっている。２０１３年のデータによると、中国では食品企業の約半数（47・9％）、台湾でも一割以上（12・5％）が模倣被害を経験しており、被害の広がりは服や機械と同様に大きい実態が浮かび上がる。

　一方で、中国などを批判するのは一方的であるとする意見もある。そもそも商標は商売上の権利であり、商売である以上、将来の利益を見越して先に「投資」をして、商標登録をしているのだという主張だ。あるいは、もともと商標などの考え方は欧米側が持ちこんだものであり、中国などは支払う側の弱い立場からスタートしており、その反動だという指摘もある。最近の現状では、他国の企業だけが相手でなく、中国企業同士でも商標や知財をめぐる裁判が多く行われており、中国でも極端な模倣や冒認出願を取り締まろうとする動きもある。２０１４年には中国知財裁判所が業務を開始しており、露骨な日本の地名などの冒認出願の一部に対して見直しが始まろうとしている。

いずれの立場にせよ、世界では、模倣品や名前の登録の競争という、知財と農産品をめぐる激しいせめぎ合いが起きている。しかし、被害者と加害者の対立といった次元だけではなく、何が「公」で、何が「私」なのか、その線引きが問われている問題でもある。次節以降では、知財と伝統野菜をめぐる課題について考えてみよう。先進国と言われる国々で農林業自体での里山などの「公的機能」を強調する動きとは裏腹に、好むと好まざるとに関わらず、グローバルには遺伝子や種子では個別の国、団体、個人の所有や権利の意識が高まっているのは間違いがない。まず、伝統野菜にも密接に関係する「地名」から、農作物と知財やブランドの関係について考えてみよう。

地名は公か私か

２０１４年11月、輪島市が出願していた「日本農業の聖地」が商標登録として認められたことがニュースとなった。輪島市がこれを取得したということは、今後は輪島市がそれを独占し、その他の地域では商品などに使用できないという前提となってくる。「日本農業の聖地」という日本を代表するかのような名称を、ある特定の地域に独占させていいのかという議論はあるだろう。そもそも、「聖地」などの名称が登録できることに驚きを覚えた人も少なくないだろう。このような物議をかもしかねない名称を、なぜ輪島市は登録したのだろうか。

　輪島市は世界農業遺産に指定された地域を構成する自治体であり、国指定名勝や日本の棚田百選にも選定されている「白米千枚田《しらよねせんまいだ》」もある。また、輪島の朝市は能登半島観光の目玉の一つでもある。そのように観光資源に恵まれている一方で、輪島市は農業の担い手の不足と高齢化が待ったなしの状況である。観光資源の中心的存在である白米千枚田にしても、実際に耕作している農家となると、２０１３年でもわずか三軒であったのが、２０１４年には二軒が引退し、残り一軒となってしまった。こうした状況に手を打つべく、白米千枚田ではオーナー会員や稲作を手伝うトラスト会員、企業会員などの募集を行い、耕作の維持に努めてきた。また、２０１４年には伝統農法「水苗代」を60年ぶりに復活させるという意欲的な取り組みも開始した。そうした取り組みを広く発信すると同時に、輪島市の農産物の付加価値を高め、信頼やブランドを築いていくのに、商標という独占できるツールを使おうという狙いが、思い切った名称を商標として出願した原動力となったのであろう。今後、恐らく輪島市は独占的に「日本農業の聖地」を使用して、30種類の米、食用粉類、菓子、パンなどの製品と、関連したサービス・娯楽・技芸を展開していくこととなろう。

　輪島市の商標の件からもうかがえるように、農業と知的財産を考えた時、いくつかの緊張関係が内在し、「公と私のバランス」、「規格化と農の共有性」という問題が浮上する。農作物に限らず、産地に由来するものを、商標やブランドとして保護することは、簡単なようでいて難しい。例えば「輪島塗」であればどうか。輪島塗の製法であっても、輪島以外の場所で作られた塗り物を「輪島塗」と称すれば、違和感を覚える消費者も多いだろう。また、輪島塗の職人のなかに新しいデザインを試す者もいた時に、「それは輪島塗ではない」という意見も出てくるかもしれない。ただ、輪島塗を一人の職人や事業者が独占して登録してしまうのも問題だろう。産地という「地名」「地域名」は公のもので、ある個人や団体が独占的に使ったり、登録して保護することと両立しないという課題に直面する。

このように、地名そのものが「公」で共有されている性格がある一方で、地域の特産品を地域ブランドとして育成しようとの観点から、地域名を入れた商標を登録できる地域団体商標制度がスタートしており（地域団体商標の項で詳述）、特定した地域のなかで生産されてきた伝統野菜については、その生産者の努力に報いる意味でも、その地域の行政も地域団体商標の取得に意欲的である。

地理的な範囲

地名の扱いに加えて、「どこまでが産地なのか」ということも課題となる。言い換えると、伝統野菜の冠として付けられている「京」「加賀」「なにわ」「江戸」などの地名は、必ずしも行政の区切りとは一致していないことから、どこまでが範囲なのか極めて曖昧で、特定が難しいということだ。ある地域でヒット商品が出ると、近隣の地域でそれを真似た類似品を生産し、それが同じ産地名で販売され、トラブルや紛争になることも少なくない。特に、類似品の品質が劣る場合、もともとの商品の

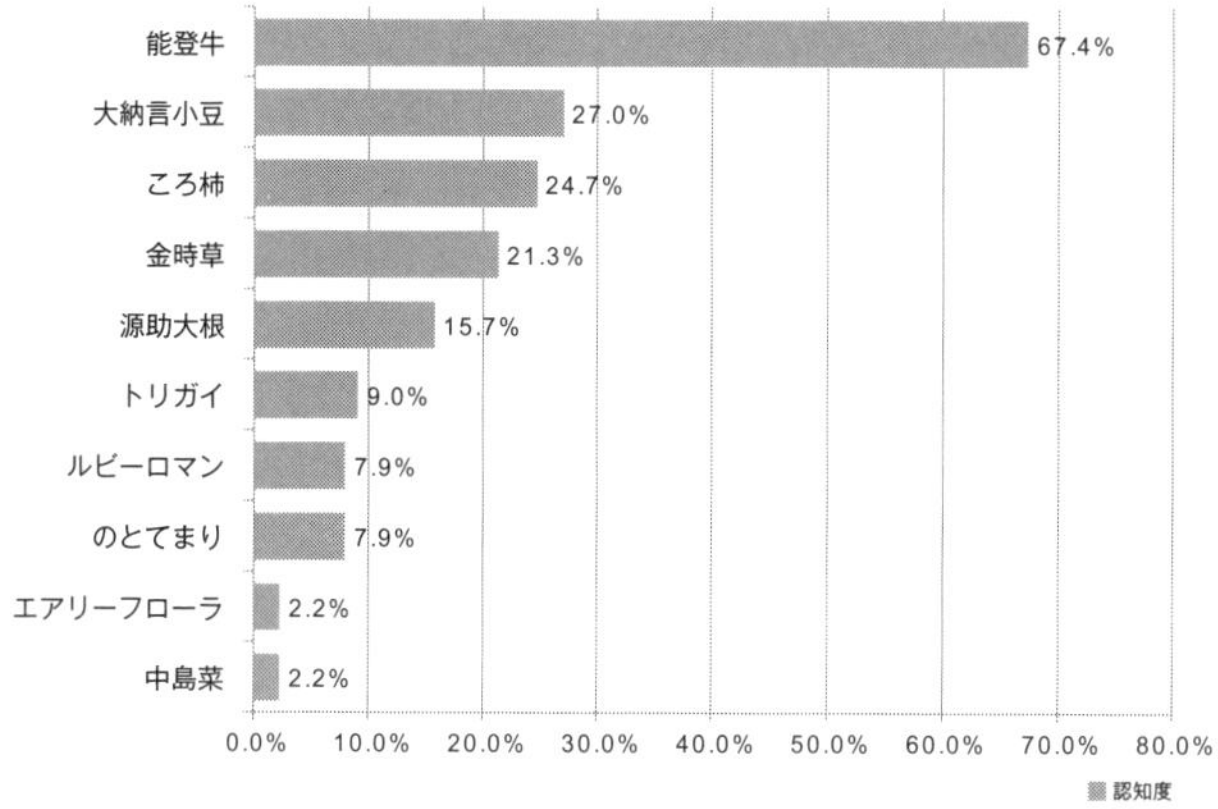

図34　石川県が普及・ブランド化を推進している産物の認知度（観光客89名　複数回答）
出典：香坂玲研究室・日本政策投資銀行北陸支店（2014）「加賀野菜の認知度に関するアンケート調査『加賀野菜』ブランドの発信・普及に向けて」

信頼までもが失われてしまう。長期的には、もともとの商品を開発した生産者は努力が報われないと感じ、新しい商品を開発し、改善していこうという機運が失われてしまう危険性もある。一方で、すでに生産している人々の努力には敬意を払いつつも、同じ品質で生産ができる近隣の産地はどうするのかという課題もある。その場所が、現在は異なる行政区域であっても、かつては同じ藩であって所縁などもある場合、判断が難しくなる。

一方で、近接した地域で別々にブランドが立ってしまい、バラバラに活動している事例もある。その場合、下手をすると共倒れとなる危険性もある。筆者（香坂）の活動している石川県でも、県が後押ししている能登野菜と、金沢市ブランド協会が推進している加賀野菜がある（I部2‐3参照）。現状として、「能登牛」は能登のブランドとして比較的よく知られているものの、「能登野菜」となると、取り組み開始から間もないこともあり、知名度は総じて高くない（図34）。２０１３年時点で金沢に滞在している観光客で、能登野菜の代表格でもある「中島菜」を知っているのはわずか二割あまりである。また、能登野菜ではないが、ブドウの「ルビーロマン」、キノコの「のとてまり」、花の「エアリーフローラ」といった商品の認知度もまだ低い。これらはブランド化の取り組みから10年以内と比較的新しいことも影響している。またキノコの「のとてまり」は、奥能登など生産地に観光に来てもらい、現地で食べてもらうことに主眼を置き、必ずしも遠隔地や都市部で浸透することを意図していない可能性もある。

　同時に、加賀野菜に内包される形で能登野菜を想起する消費者も多い。「能登の野菜を東京でアピールしに行ったら、『加賀野菜ですか』と質問されて、がっかりした」という能登野菜の関係者がいた。実際には、そこはがっかりするところではなく、むしろ、加賀野菜は首都圏に知られるまでに認知度が高まってきているという現状を能登全体の野菜に活かす方法も考えうると、喜ぶべきなのではないだろうか。ライバルは京野菜や江戸野菜であり、伝統野菜以外のジャンルの野菜であるのだから。また、世界的にも有名な旅館の加賀屋が能登の七尾市の和倉温泉にあるように、強みが発揮される柔軟なネーミングも選択肢だろう。可能性として能登野菜ブランドの石川県と、加賀野菜の金沢市という行政上の区分けにこだわることなく、生産者と消費者の視点に立って、柔軟な発想で連携することが大事となろう。

　特に輸出に向けたブランド力という観点からは、「加賀野菜」といえども迫力不足といえるデータが示されている。日本政策投資銀行・日本経済研究所が、中国、韓国、香港、台湾、ロシアの３０８

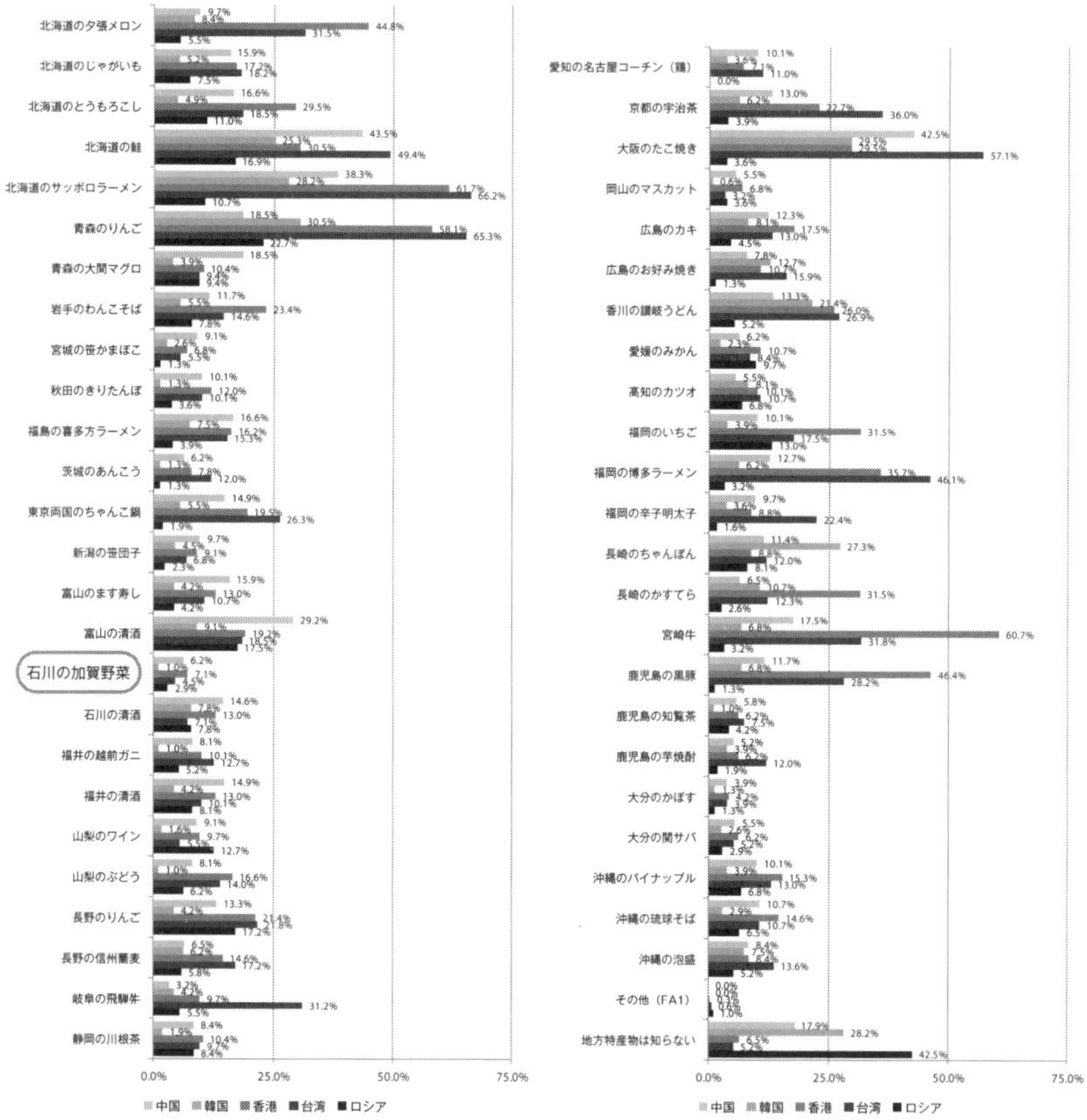

図 35　日本の特産品の認知度　東アジア諸国とロシアのアンケート調査
出典：日本政策投資銀行・日本経済研究所（2012）「食と農の成長（輸出）の再構築に関する検討」

名に対して日本の特産品の認知度についてアンケート調査し、2012年に公表したデータによると、「石川の加賀野菜」はいずれも一桁のパーセントで、6・2%（中国）1%、（韓国）、7・1%（香港）、4・5%（台湾）、2・9%（ロシア）と苦戦している（図35）。各国でばらつきはあるものの、農産品で比較しても、「青森のりんご」「夕張メロン」は圧倒的な知名度で、「北海道のとうもろこし」「長野のりんご」「福岡のいちご」「山梨のぶどう」などが続く。加賀野菜と近いレベルの認知度では「鹿児島の知覧茶」などが該当する。他品目では、和牛、清酒が健闘している。また、同報告書では、「日本食といえば寿司」であるにも関わらず、青森の大間のマグロ、福井の越前ガニ、高知のカツオ、大分の関サバなど個別のネタは苦戦しており、食材の提供機会が少ないことが反映されているとしている。

また、産地や地名というと、国内の産地から国内外の消費を想定しがちだが、実際に我々が食している野菜などは、国外で日本輸出向けの産地が形成されている現実がある。例えば、2001年当時、ニュージーランドのカボチャの輸出量の98%が日本向けであった。そうした状況は「国際的主産地形成」と指摘されている。

ところで、加賀という名称からは、一般的には石川県ないし加賀藩領の範囲を考えることが多いと思うが、実際に加賀野菜の登録に取り組んだのは金沢市である。このように、多くの商標登録の実際の取り組みは、県よりも基礎的な単位である、市や集落である事例が数多い。ところが登録の相談窓口となると、九州や東北といった県よりさらに広域の地域ブロックであったり、伝統野菜であっても工業製品が中心となる発明協会などが相談窓口になっていたりと、実情に即した対応とはなっていない点にも注意が必要だ。

図 36 「はくい　はとむぎ茶」から「能登のはとむぎ茶」へ
（左は 2013 年筆者撮影、右は JA はくい提供）

一方で、小さな単位からスタートして、広域に広げるのに成功した事例もある。例えば、石川県羽咋《はくい》市でスタートしたハトムギ茶の事例である。羽咋市では、水田を有効活用でき、加工や収穫が重労働とならず高齢者でも農業が続けられるという理由で、国の政策を活用しながら米作からハトムギへの転作が促された。生産されたハトムギの出口として、JAはくいがハトムギ茶の商品開発に取り組み、市レベルの「はくい　はとむぎ茶」が開発された。

当時のJAはくいの担当者によれば、国産でノンカフェインという点に訴求力があったため、それほど宣伝費を使うことなく、「はくい　はとむぎ茶」はすぐに都内のナチュラルローソンでスポット商品として販売され、そして定番商品となるまでに至った。また、ネーミングの際に羽咋という地名をいれることで、JAはくいや行政の側が、生産者に「自分たちの商品である」という意識づけをすることに成功した。

そのミクロな地域レベルでの意識づけが終わった段階で、2011年に能登半島が世界農業遺産に認定されたのを受け、2012年に七尾市和倉温泉で開催された国際会議に合わせて、名称を「能登」という広域な地名の入った、「能登のはとむぎ茶」

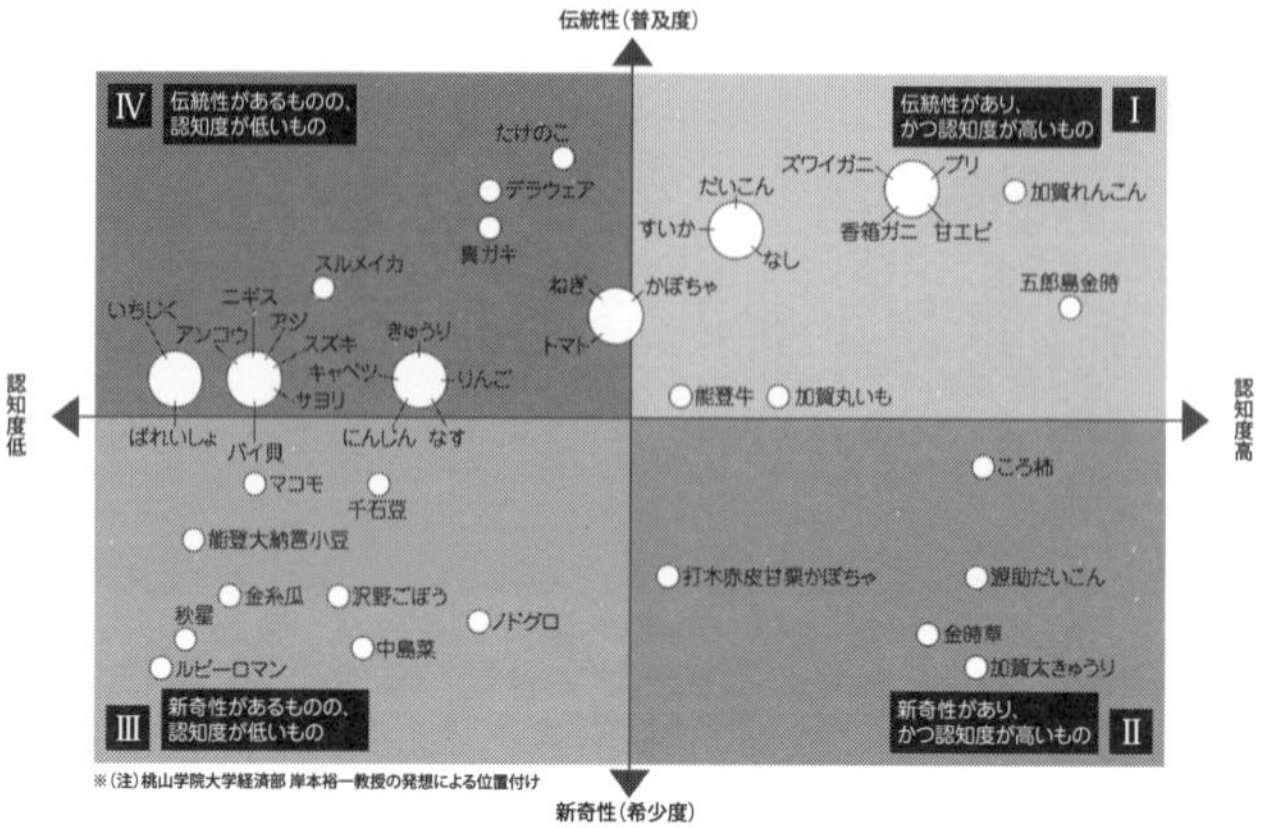

図 37　出典：いしかわブランド食材マーケティング推進協議会（2006）
石川県産食材のブランド化の推進について　いしかわブランド食材マーケティング推進協議会　監修　岸本裕一
※岸本裕一（桃山学院大学経営学部教授）の発想による位置づけ

に変更した。また、当初は売上から1本5円をJAはくいの管内に寄付していたが、それを3円に変更し、残りの2円を「能登の里山里海保全活動」に当てることとした。

一方で、七尾市の旧中島町を中心に生産されている中島菜のように、集落・町のレベルの名称を前面に出したまま、県外の静岡県掛川市の茶とコラボするケースもある。「静岡の茶草場農法　掛川茶」も２０１３年に世界農業遺産に認定されており、世界農業遺産の認定を受けた産地同士というレベルで、市・町という小さなスケールが広域に連携した事例である。

また、知名度だけで位置づけするのはやや乱暴と感じるかもしれない。例えば、いしかわブランド食材マーケティング推進協議会（2006）では、食品ブランド研究が専門の岸本裕一（喜樹朗）の発案・指導の下で石川県産食材のブランド化マトリクスなるものを打ち出している。すなわち認知度の高低にくわえ、伝統性と新奇性という軸で、伝統野菜を含めた県産食材を位置づけている（図37）。その上で各タイプごとに、どのような対応が必要であるのかを整理している。例えば「新奇性がありかつ認知度が高い食材」については、増産による安定供給を図りながらも、供給過剰による値崩れを起こさないために旬の時期のみの期間限定販売とするなどの対応策が明記されている。あるいは、「新奇性があるものの、認知度が低い食材」については、しっかりとした産地づくりと広報活動を提案している。

10年を経て、機能性を打ち出すことで、中島菜のように認知度を向上させたもの、逆に打木赤皮甘栗かぼちゃのように、若干認知度等を落とした可能性のある品目も見られる。また、ハトムギ茶の事例のように、羽咋市という一市町村で取り組んだブランドの産地名の地域をより広域な能登へ広げることで、全体で農業の産地としての強化を図る動きもある。あるいは、産品としては有名で品質にも定評があり、商標として登録されることが有力視されながら、産地の知名度が足りず、地名を付けることが必須の地域団体商標の登録には至っていないケースもある。このようにブランドだけではなく、さまざまな制度的な課題も見えてくる。あるいは「ノドグロ」などは、２０１４年9月にテニスの錦織圭選手が帰国後に食べたいと発言したことで、図37左下Ⅲ欄にあった知名度が一気に上がり、同時に卸の値段も上昇するといった突発的な出来事もある。

いずれにしても軸として認知度だけではなく、伝統性（普及度）や新奇性（稀少度）などの複数の観点を取り入れることは必要となりそうだ。このような複数の軸での分類をしながら、輸入やグローバルな影響が避けられないなかで、安心安全、品質、ブランドなど何で勝負をするのかという視点も欠かせない（千葉 2004）。

担っているのは誰か　作っているものは何か

商標などの保護には、「誰がそれを担っているのか」ということが問題となる。２０１５年には農業を支えてきた昭和一桁世代全員が80歳代となり、２０１５年問題と指摘される（小田切・藤山 2013）。いよいよ担い手の高齢化と引退が「待ったなし」の状況となっている現在、「若者が生産に取り組めるような土地や制度の整備を」といったことが盛んに議論されている。

ただ、若者を担い手として育成するにしても、最も根本的な問題として、原点に立ち返って「その集団で作っているものは何か」という点を明らかにする必要がある。例えば、商標登録に際しては、生産している人と生産物の定義、分類が必要となる。たとえ「うちで作っているのは、輪島塗に決まっている」と生産者が主張したとしても、組合や関係者の合意がわかれ目となる。つまり、誰が担っているのかに加え、「そもそも作っているものは何か」について組合などの構成員が合意するかどうかが問われる。「草加せんべい」の事例で考えてみよう。「草加せんべい」は伝統と歴史があり、知名度が高いものの、不特定多数の業者が「草加せんべい」の名称を使用していることや、組合の管理下にないといった理由で、商標登録の申請が却下されてきた。そこで若い組合員が「『草加せんべい』とは何か」と組合で問いかけたところ、生産している範囲でも、品質の基準でも、実は一致した定義がないということが確認され、それが再出発の原点となり、「草加せんべい」とは何かと作り手は誰かを明確にする取り組みを開始し、地域団体商標の登録に成功した。つまり、組合や生産者団体の間に統一した基準などがないと、商標登録の際に問題となるケースが多いのだ。逆に、商標登録などに向けた議論のなかで、作っていたものの原点、外せない統一の基準、柔軟に変えていい部分などが、組合や地域のなかで改めて認識されるというケースもある。地域のなかで定義や方向性が共有されているところは、その後、強みを発揮して成功する可能性が高いといえそうだ。

　また、新しく生産団体に加わりたいという人が現れた場合、どのような基準をクリアしていれば仲間に入ることができるのかといったことの明確化も検討すべき課題の一つだろう。伝統野菜の登録も多い地域団体商標では、申請の裾野を広げることを期し、２０１４年に団体の基準が緩和され、地元の商工会議所、ＮＰＯなどでも申請が可能となったことから、とりわけ注目される点である。地域に密着しているだけに、地元の人間関係、中心となった組織との関係性に左右される可能性も高いだろう。きちんと品質などの客観的な基準を軸として、新規の加盟を認めるセミ・オープンな仕組みとなっていくのかに注目が集まる。

まとめ

　伝統野菜を商標として登録していく際に、担い手を特定していく作業には、自分たちが生産しているものは何なのか、その定義、品質の基準を明確にしていくことが不可欠である。ただ、繰り返し議論してきたように、伝統野菜という括り自体が曖昧である。したがって、明確化と曖昧な特質という、相反する要素にどう折り合いをつけるかが問題となってくる。形状や色、糖度や酸味、あるいは遺伝子などの範囲や基準を決めたとしても、それに合致しているか否かだけではなく、より複雑で文化的な要素も関係し、伝統野菜の明確な線引きは難しい。そもそも制度化していくこと自体が、伝統野菜を生産するという営みとそぐわないという指摘もあるだろう。そうしたなか、生産者側も登録ありきではなく、そもそも登録が必要なのか、なぜ登録するのか、何を目的とするのかといった視点が欠かせない。また、登録とは切り離しても、コミュニティのなかで自分たちが作っているものは何で、どのような人々がそれを担ってきたのか、今後も担っていくためには何が必要となるのかという原点に立ち戻って考えることも必要であろう。だが、いずれにせよ、これまで自家用、あるいはコミュニティのなかだけで流通し、知的財産とは無縁と思われてきた伝統野菜も、遺伝資源という観点からは国際的な議論とは無縁ではいられない状況となっている。また農産品の貿易交渉、知財の国際協定などを通して、好むと好まざるに関わらず、基準を明確にし、規格化を求める力が加わってくるものと予想される。なお、沢野ごぼうなど、いくつかの伝統野菜の登録事例では、地域団体商標の登録に向けて、ＪＡ、生産者組合、市町村の行政などの関係者はもちろん、大学なども参画した地域全体での一つのプロセスがスタートし、それが登録後も根づいているケースが見受けられた。

伝統野菜を一時的ブームとして終わらせないためには、生産者の後継者育成が欠かせず、Ｉターン、Ｕターン、若者の就農などへの行政の後押しも大事となろう。だが、生産者の育成だけでは不十分であり、流通や消費まで含めて考えた支援や連携が必要である。

現在、六次産業化や農工商連携といった動きも活発化しているが、生産者側と加工・販売者側との意識の差が問題となるケースもある。また、計画、作付、収穫までに少なくとも一年ないし数か月かかる農産品では、消費者の嗜好や需要に即座に対応することは容易ではない。そうしたことから、情報交換などを通じてお互いの信頼関係を醸成できるコーディネーター、あるいは第三者の立場から客観的な提言ができるＮＰＯや研究機関の果たす役割も重要となる。一方で、生産者自身が、一体、消費者（飲食店なども含め）は伝統野菜に対してどのようなニーズを持っているのかということを知った上で、生産をすることも重要だろう。つまり、生産者は「作ったから、売る、売って欲しい」となりがちであるが、「消費者が求めているものは何か」を知ろうとする意識改革が求められているということだ。なお、伝統野菜について金沢で調査した結果、飲食店からは、値段よりも地域の伝統的な食材としてアピールしたいという積極的な評価があった反面、仕入れの時期、価格が不安定であることを懸念する声が目立った。

また地域や郷土を自覚してもらうプロセスで、学校教育の食育が果たす役割も小さくはない。Ⅰ部で熊本の高校でのひご野菜の取り組みを紹介したが、グローバル化や貿易自由化の流れに対して、伝統食や郷土食を給食や地域で食べてもらうことの重要性が指摘されている（渡邉 2004）。加賀野菜でも１９９５年当時で金沢特産の味を知ってもらうため、学校給食での献立が組まれ、好評を得たという報告がある（北陸農政局金沢統計情報出張所 1996）。

知財というと、難しい議論と身構えるかもしれないが、それ以前に、幼少期から文字通り「知ってもらう」ことが農産品、特に伝統野菜の消費の拡大を図る上では欠かせない。

４-２　地域団体商標と地理的表示の保護

伝統野菜には、生産者支援の観点からも特に二つの制度が関係してくる。地域団体商標制度と、地理的表示の保護に関わる制度だ。地名と商品の組み合わせである「地域団体商標」は、２００６年４月から制度が発足している。一方の地理的表示については、２０１５年３月現在で、焼酎、清酒やワインなどの原産地呼称という形で、日本では酒類のみに限定されて運用されている。しかし、２０１４年６月18日に、酒類以外の食品や工芸品を含む「特定農林水産物等の名称の保護に関する法律（地理的表示法）」が成立し、同年６月25日に公布、２０１５年６月に施行され、本格的に制度がスタートする予定である。なお、実際には育成者の権利を保護する種苗法なども関係するが、ここでは割愛し、この二つの制度について少し詳しく見てみよう。

地域団体商標

従来の商標制度では「地域名」と「商品名（役務名）」を組み合わせた名称は、自分の商品と他人の商品とを識別することができないので商標登録ができないのが原則であった（商標法３条１項３号参照）。夕張メロンなど、全国的な知名度を有するに至った場合には認められたが、あくまでも例外的であった。しかし、地域ブランドを育成する方向で商標法の改正が行われ、地域名と商品やサービスの名前からなる商標を登録できる地域団体商標制度が２００６年4月にスタートした。

地域団体商標は、「地域名」という公共財を商標として登録する権利であるから、商標法はその登録要件について特別の規定を設けている（商標法7条の2）。地域団体商標として登録をするためには、①団体性、②その団体が構成員に使用をさせる商標であること、③商標が周知性を有すること、④商標が地域の名称及び商品（役務）の名称等の文字のみからなること、⑤商標中の地域の名称が商品（役務）と密接な関連性を有することの各要件を満たす必要がある。

地域団体商標の登録により，さまざまな恩恵を受けることができる。例えば、他人による商標の使用を禁止できることから、差別化が果たされ、ＰＲ効果やイメージアップにつながる。また品質の劣る類似品が出回ったときには、その使用の差止めをすることが法的に認められる（商標法36条1項）ことになり、模倣品を減らす効果が期待できる。さらに当該地域団体商標名を用いた関連グッズの販売およびそこから発生するロイヤルティーを商標権者として請求できることになる。

そうした効果を期待し、現在では、伝統工芸から温泉までさまざまな分野で、２０１５年１月時点で５８１件あまりの地域団体商標が登録されている。伝統野菜では、能登半島の野菜である「中島菜」、「沢野ごぼう」、加賀の野菜である「加賀れんこん」、「加賀太きゅうり」といった個別の野菜のほか、総称として「加賀野菜」ならびに「京の伝統野菜」の二つが登録されている。個別と総称をあわせて60件余りの野菜・米・花が登録されている。その他の食品関係では、50件強の肉、40件弱の果物、16件の茶の登録がある。変わったところでは、京都の鴨川納涼床、横濱中華街なども、協同組合による登録がなされている。また、海外の事業者組合による申請も認可されており、カナダポークなども登録されている。全体として農産品が三割弱、工芸品などの工業製品が四割弱、乳製品など加工食品で二割、水産物、温泉などのその他が一割強から五分程度となっている。地域では、京都など伝統工芸や食の素材が多い地域からの登録が多く、山陰が少ない。また、弁理士などの代理人を立てずに自分で出願する比率は、水産品が高く、農産品が平均的、加工食品が低く、零細企業が多いセクターでは出願を依頼する費用を負担できない可能性が指摘されている（前田・中村 2014）。

このように地域団体商標をめぐっては、農林漁業分野ではまず出願に関わる費用がネックとなることが多い。次に費用と合わせて専門的な書類手続きも課題であり、どの程度知られているのかという、周知性の証明や、団体としての適性など、提出書類等の煩雑さに二の足を踏む関係者も多い。同時に、知名度がありながらも、産地の地域社会なかで合意に至らずに出願ができないという地域内部の事情を抱える案件もある。産地の地域社会なかで合意というのは、後述する地理的表示でも課題となる（荒木 2014b）。一方、後述する日本の地理的表示の制度では、登録が決定して初めて登録免許税として9万円の費用がかかる制度となる見込みである。

地域団体商標を出願できる団体については、当初は事業協同組合などに限られていたのが、2014年8月の改定を受け、商工会、商工会議所、NPO法人も出願できるように制度変更が行われ、それがどの程度出願増加に結びつくのか注目されている。

地理的表示の保護

次に、地理的表示の保護制度について見てみよう。そもそも地理的表示というのは、原産地の特徴と結びついた特有の品質や社会的評価を備えている農産物および食品について、その原産地を特定する表示であり、例えば、パルマハム、シャンパンなどが代表例である。制度的な発祥事由は、20世紀初頭のフランスのワインの危機にある。ボルドー、ブルゴーニュ、シャンパーニュ、ロワール、ローヌなどの産地が害虫で被害を受け、そこから復興する際に上質なものに見せかける偽装が横行したことであり、その対応策として、１９１９年の原産地呼称及び１９３５年に統制原産地呼称法（ＡＯＣ法）が成立したことが起源になっている（日本政策投資銀行・日本経済研究所 2012）。

もともと酒類を出発点とするこの制度は、ＥＵで採用され、特に南欧やフランスなどで積極的に活用され、チーズ、燻製・ハムなどを含む肉類、野菜など幅広く使われている。近年では、南米などでもＦＴＡ交渉を進めるにあたって取り入れている国が増えてきている。

日本は、自由貿易に関わる協定などの関連性から、酒類については比較的トップダウンで導入していたものの、その他の食品への導入には消極的であり、その背景にはＥＵに後れをとってきた米国の動向を気にしている結果といった指摘もあった（日経 2012）。ちなみに米国は、欧州系の移民、植民地の歴史から欧州由来の地名が全土にあるという事情も抱える。ただ、ここにきて日本も政府の農産品の輸出の方針、あるいは既述のように日本の地名が先に商標登録される偽装の問題などから、酒類以外についても導入を決めた（図38）。政策的な経緯としては、２０１２年に発表された「地

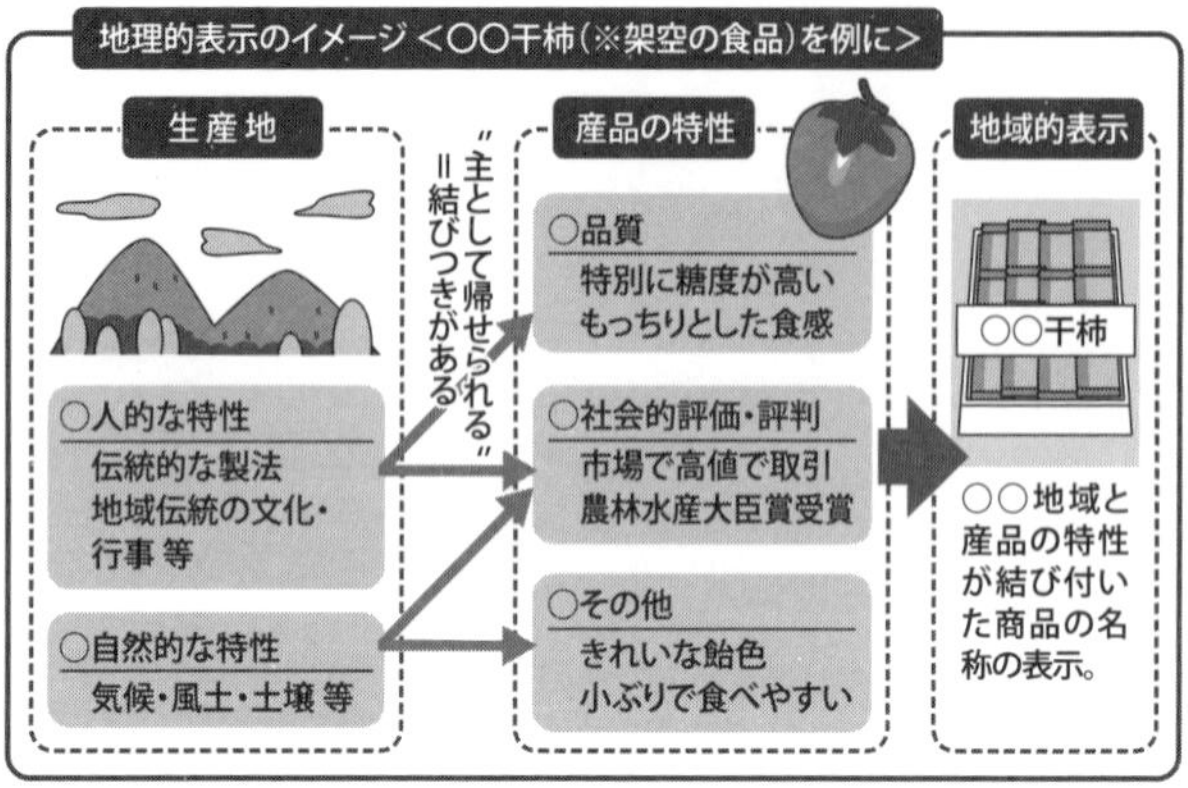

図 38　地理的表示制度の概要
出典：農林水産省（2014）「地理的表示の保護制度について」資料をもとに作成

理的表示保護制度研究会報告書骨子案」などを受け、２０１４年６月18日には「特定農林水産物等の名称の保護に関する法律（地理的表示法）」が成立し、６月25日に公布されている（図38）。それを受け、茨城大学の荒木雅也などによる、地理的表示の目的と役割や生産地の合意形成についての論考も出ている（荒木 2014a, 2014b）。その一年後の２０１５年６月に本格的にスタートする予定となっている。

いわゆる地理的表示の名称の保護で注意が必要なのは、商標と異なり、「権利」ではなく「表示」に関わる制度であることだ。さらにＥＵの場合は保護される名称が二種類ある。地域・産地との結びつきがより強い「原産地呼称制度」と、比較的緩やかな「地理的表示制度」で、専門用語でそれぞれ、ＰＤＯ、ＰＧＩとも称される。大きな違いとしては、原産地呼称は、生産、加工、調整の全てが特定地域内でなければならないのに対し、地理的表示では、そのいずれかが特定地域内で実施されれば良い。また、原産地呼称のほうが、品

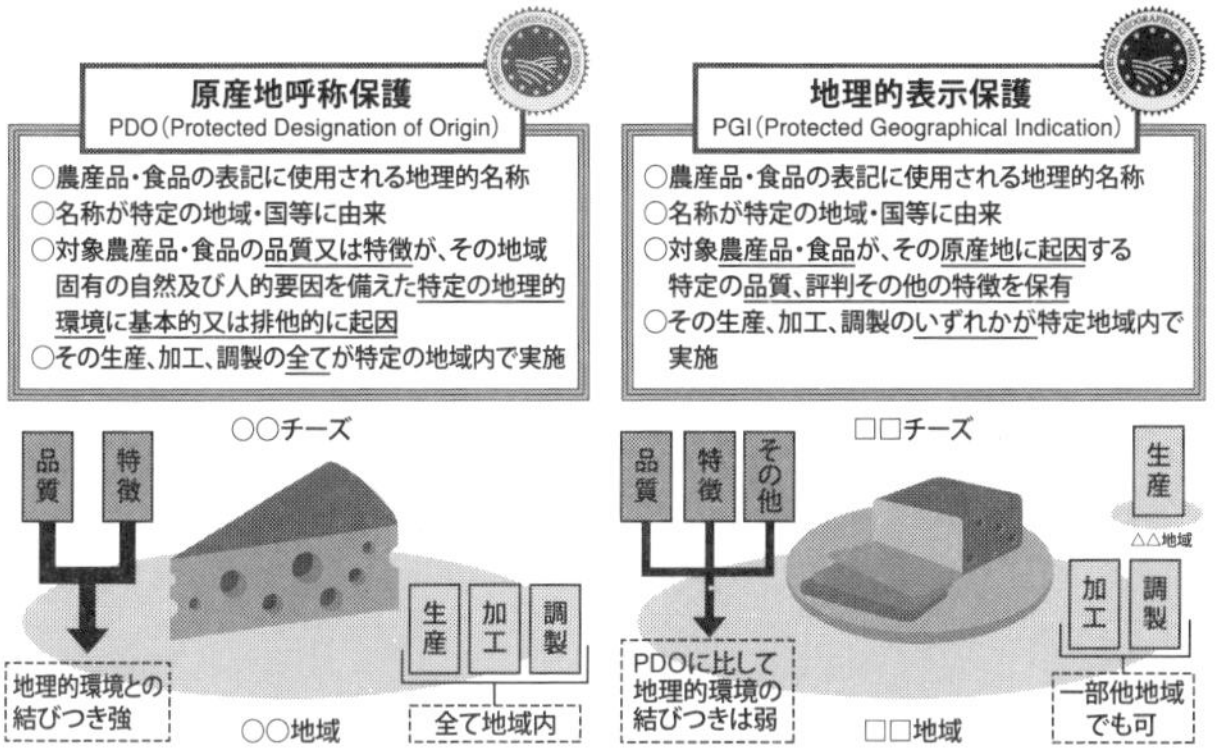

図39　PDOとPGIの相違
出典：農林水産省（2014）「地理的表示の保護制度について」資料をもとに作成

質とその特徴が密接に地域と結びついている必要がある（図39）。今回の２０１５年に日本で導入されるのは、原産地呼称ではなく、地理的表示である。

国際的な取り決めである、「知的所有権の貿易関連の側面に関する協定」（ＴＲＩＰＳ協定）では、この地理的表示を著作権、商標、特許などと並んで、知的財産の一つとして位置づけている。立場としては、ＰＧＩの地理的表示制度を取っている。地理的表示が付いた商品について、そのブランドを守るために、その地方を原産地としない商品について消費者を誤認させるような方法でその表示を使用することを禁止し、同じ名前の商標登録を拒絶するというのが、地理的表示の保護制度である。すなわち、単に産地を表示する名称ではなく、長年の努力によって積み重ねられた特徴と信頼を備えた産品の名称なのである。

地域との関係性という観点では、必ずしもその産地でしか取れない、あるいは作れない特徴とは限らず、ほかで作れる産品であっても、地域独自の祭りや文化との深い関係性が証明されれば、欧州の制度などでも、認められる可能性がある。

産地のなかで合意形成をしながら、品質の管理体制、地域全体での戦略を立てていくことが必要となってくる。また生産者団体で品質管理を改善していく取り組みも欠かせない。

品質や製法については、明細書や基準を定めた規定などに具体的なルールや基準を通常は決めていくこととなる。糖度、弾力性など客観的で科学的なデータとしてわかりやすい要素から、人の味覚を使って総合的に判断するケースも出てくる可能性はある。

品質の管理体制については、国が品質管理をする団体を認定し、その団体やそこで訓練を受けた集団が品質管理のチェック等を行うなど、効率的な方法が模索されている。同時に不正があった場合には、国が取り締まる可能性もある。しっかりとした基準や数値と合わせて、一方で、地域とのつながりなどでは、歴史、伝統、文化など定量化しづらい要素の評価も必要となろう。いずれにしても、詳細は２０１５年の制度導入後となり、制度の概要の公表と今後の運営が注目される。地域や産地での合意形成など、しばらくは試行錯誤も含めて柔軟な対応が必要となることが予測される。もし将来的に国家間などで協定が結ばれれば、海外でもブランドの強化と模造品・ニセモノへの対策ができる。しかし、同時に国内でも海外ブランドを尊重する必要が出てくることも忘れてはならない。

二つの制度　同床異夢か

日本にはすでに「権利」を前面に出した地域団体商標制度が存在している。産地保護のための「表示」

や「ラベル」の話が中心であるとはいえ、部分的に重なる地理的表示の保護制度をスタートさせるのはなぜだろうか。背景として国際情勢の流れもあるが、地理的表示制度は行政が品質の管理にまで関与することが地域団体商標制度と異なり、それが要因として挙げられる。また、地域団体商標は特許庁が所管しているのに対し、地理的表示の保護や産地呼称については、農産物と食品に範囲が限定されていることもあり、農林水産省が所管している。

具体的には、地域団体商標と地理的表示にはどのような差異があるのだろうか。第一に、行政の関与の度合いが異なる。地域団体商標の場合、行政（特許庁）は登録の認定に重きを置き、登録された後の侵害や取り締まりについては、模倣品や違反した相手に対して、裁判所など法的な対応を含めて、権利者である組合や団体が行動を起こす必要がある。しかし、違反に対して実際に行動を起こすのはなかなか敷居が高く、せっかく登録したのにあまり活用されなくなってしまう原因となることも多い。

それに対して、地理的表示の保護の場合には、行政が品質や基準の維持、地理的境界、違反への取り締まり、偽物などの紛争に積極的に関与する。その点では、登録した権利者の負担は減る可能性も高いし、地理的表示に該当した産品は手厚い保護を受けることができる。また登録するコストも、申請の都度の「登録料」ではなく、登録することが決定した後の登録免許税の形として、一回のみ規定の金額を支払えば済むという制度設計にもできる。最後に商品価格にも影響がある。先行して導入している欧州では、地理的な表示の保護を受けた産品は、保護を受けていない製品と比較して、平均で一割から二割程度高い価格帯で取引されているというデータもあり、スペインの羊肉生産者の分析からは、地理的表示の生産者は「市場へのアクセスの改善」、「消費者からの信頼」が同制度による商業上の重要なメリットと考えている実態が明らかとなっている（農林水産政策研究所 2014; 石川 2014a においても引用されており、法制定のプロセスでも利点として挙げられていることがわかる）。

　このように保護を受けた産品の生産者にとってはメリットが大きく、消費者にも信頼できる表示を提供でき、「良いことづくめ」のように見える地理的表示の保護制度だが、課題もある。それは行政コストがかかるということだ。地理的表示は、地域産業資源の品質コントロールを各国の官僚機構が行うことから、そのために要するコストがかさむ。係争の仲裁的な機能についても関与していくとすると、そのコストはさらにかさむこととなり、最終的には税金でそれを負担することになる。そのコストは官僚機構がどの程度の管理監督を行うかによる。また、地域内や産地間の合意形成ができず、紛糾した場合などの対応についても、欧州の場合と日本の農山村の文化とでは異なり、考慮が必要となる可能性も出てくる。

　ＥＵの場合、特許と同様に生産者に対し詳細な明細書の提出を義務付けているこの制度では、各国は保護の対象となる名称を使用する産物が明細書に記載された要件を満たしていることを検証するための検査機関を設立しなくてはならない。例えば、フランスの農産物等の原産地や伝統的な食文化の品質を保証する原産地呼称統制制度（ＡＯＣ）の承認や監視は、公的機関であるＩＮＡＯが行っている。ＩＮＡＯは地方にも事務所を設け、ＡＯＣの承認申請があれば、その地方事務所が審査し、その後、当該製品の原産地以外から選出された専門家による現地調査を経て承認の可否を決定する。その際には、味、形状、物質など各方面から書類と商品の審査をすることとなる。例外的ながら、どうしても科学的な手法に限界がある場合には、実際に審査員が食べ比べるなどの人的な審査も実施するこ

表 11　地理的表示と地域団体商標の比較

	地理的表示（主に EU の保護制度等の場合）	地域団体商標
目的	高付加価値を持つ農村水産品・食品等が差別化されて市場に流通することを通じて、**生産者と需要者の両方の利益を保護する**	地域ブランドの名称を適切に保護することにより、**事業者の信用の維持を図り**、産業競争力の強化と経済の活性化を支援する
対象	EU：ワイン・食品が一体的に運営 日本：酒類と農林水産物・飲食料等が別 2015 年 6 月施行の制度は農林水産物、飲食料品が対象 地域を特定できれば地名を冠する必要がない	全ての商品・サービス（温泉なども含まれる） 地名を冠する必要がある
原産地と名称	原産地を示す名称であることが必要 品質等の特性が当該地域と結びついている必要あり 地理的表示（GI）マークを付す必要あり	産地ではない地域（製法の発祥地等）も可能 当該地域で生産されていれば足りる 地名と商品との密接な関係はある 登録商標である旨の表示を付すよう努める
ブランド化の程度	**伝統性** 概ね 25 年生産された実績（その間の名称は別でも良い）	**周知性** 近隣の県の消費者などに知られている
品質管理	生産・加工業者が品質等のチェック、偽物に対するコントロールを実施し、管理状況について国などの定期的なチェック。	生産基準、品質基準は登録要件ではない（基準を定める場合は、あくまでも団体の自主ルール）
権利付与と申請主体	権利ではなく、**地域共有の財産**となり、品質基準を満たせば、地域内の生産者は誰でも名称を使用可能（独占権無し） 申請は、生産・加工業者の団体で、法人格を有しない地域ブランド協議会も可（日本）	**名称を独占して使用**する権利を取得 ＊権利者は加入脱退の自由のある団体組合、商工会、商工会議所、NPO など（独占権有り） ＊団体構成員は許諾なく商標利用可 ＊団体構成員以外で当該商標の既存使用者は先使用者として利用可能
存続期間	無期限（保護要件を満たす限り存続） 登録する場合のみ費用がかかる	10 年（更新可能） 継続には更新手続・費用が必要
規制手段	不正使用は**国が取り締まる**	不正使用は**商標権者自らが対応**（差止請求等）
海外での保護	海外でも、地理的表示保護制度を持つ国との間で相互保護が実現した際には、当該国においても保護される。その場合、国内でも海外の産品の保護をする必要性が出てくる可能性が高い	各国に個別に登録を行う必要

出典：地理的表示活用検討委員会 (2015)「地理的表示保護制度を活用した地域ぐるみの産地活性化」および内藤恵久・須田文明・羽子田知子 (2012:64)　（ならびに内藤恵久 [2013]）表「EU の地理的表示制度、地域団体商標制度、証明商標制度（米国）の比較」を参照・改定

とがある。承認となった場合は、原産地の定義となる境界線の設定を行う。このように原材料、製法を含めて品質から厳格に管理する場合、制度の設立と維持のコストは当然高くなる。

地理的表示の保護と地域団体商標には、当然ながら、そのほかにも異なる点がある。両者の比較を表11にまとめた。同表二段目にあるように、地理的表示は原産地を示す名称と明確に規定している。一方の地域団体商標は、密接な関係があることが多いが、必ずしも産地とは限定されない。また、すでに述べたように地理的表示は公益保護のカラーが強く、場合によっては最終商品の製法まで規定するなど行政等が品質保証、地理的境界の画定に深く関与している。一方の地域団体商標は申請を受けると、一定の基準に従って審査・登録を行うが、権利を取得した団体は登録を活かして動くことを想定しており、品質保証や地理的境界に関わる紛争を調停する責任を有していない。

次に、同表四段目の誰が使用できるのかについては、地域団体商標、地理的表示の両制度とも、団体であることが前提となる。ただし、地理的表示の保護の申請は、日本の制度であれば、一名でも生産者の団体等として申請でき、品質の管理など基準を満たせば使用できる可能性はある。一方の地域団体商標は、権利を取得した団体の独占的な使用を認めている反面、品質や基準を満たせば原則として誰でも構成員として加盟できる団体でなければならない。このような構成員についての規定を設けたのは、地名が公的な性格のものであることと、個人や一事業者が独占することとのバランスから、制度上、いわばセミ・オープンであることが求められた結果ともいえる。

存続期間は、地域団体商標については10年ごとの更新となっているが、登録料を支払っていれば永続的に使用できる。ある期間だけ独占的に使用できる性質の特許とは大きく異なる点で、与えられた団体（通常の商標であれば事業者や個人）が継続して信用される商品やサービスを提供し続けることができるようにという目的で設定されている。一方の地理的表示について、存続期間は無制限となっている。ただし、品質や製造方法については国や認定を受けた団体からのチェックが入る。

　構成員については、両制度とも加盟が可能な形となっていることは述べた。しかし、現実には、商標の無断使用など不当に商標やブランドの利益を得るフリーライドに加え、登録団体に加盟せず、あるいは加盟を拒否されて、地域内で同一の品質や商品を生産しているアウトサイダーなどをめぐって裁判なども起きている。例えば、地域内でもともと博多織を生産していた生産者が、「博多織」で地域団体商標を登録した組合への加盟を何度も求めたが、品質以外の理由で同組合に拒否されてしまった。そこで博多「帯」と表示して販売していたが、同組合から博多織の地域団体商標権を侵害するとして訴訟となった。この地域団体商標をめぐる裁判では、生産者の博多「帯」という名前は普通名称であって地域団体商標の効力が及ばないとして、博多「帯」の商標使用が認められたが、今後も類似した争いが懸念される。また、温泉地の地域団体商標などでは、組合に加盟していない企業の保養施設も、ブランドの恩恵を受けるといった不公平感を抱くケースもままある。

　ところで、日本では２０１５年に開始する地理的表示の保護制度だが、例外的に先行してスタートしている商品もあり、酒類が該当する。地酒などは地名を昔から活用してきた商品であり、酒類は貿易上のルールが確立され、所管する組織も国税庁で独立していることも要因となり、地理的表示に関わる制度が農産品等の制度よりも20年も先行して始まっている。具体的には、１９９５年に国税庁が壱岐焼酎の産地である「壱岐」、球磨焼酎の産地である「球磨」、琉球泡盛の産地である「琉球」を指定している。その後、２００５年には、薩摩焼酎の産地である「薩摩」、白山菊酒の産地である「白山」を追加で指定した。これらの産地を表示する地理的表示は、当該産地で定められた方法で製造された単式蒸留焼酎や清酒以外は使用できないこととされている。

ところで、酒類を特別扱いしているのは、日本だけではない。先行しているEUにおいても、ワインやスピリッツに限られるが、二段階でさらに厳密な保護を受けることになっている。どういうことかというと、「何々風」や「何々産」というように、原産地について消費者が誤認をしないような表示を前後に付けても、その地理的表示で示されている場所を原産地としないワインやスピリッツにその表示を使用することを禁止し、地理的表示の保護を受けている産品を手厚く保護しているのだ。食品との保護の違いを具体例で考えてみよう。世界三大ブルーチーズにも数えられる、イタリアのゴルゴンゾーラ地域産の「ゴルゴンゾーラチーズ」を手本にしたチーズを函館で作り、「函館産ゴルゴンゾーラ風チーズ」として販売することはできる。ところが、ワインやスピリッツになると、そうはいかない。シャンパンと表示できるのは、シャンパーニュ地方で定められた製法で作られた発砲ワインだけであり、「山梨県産シャンパン」といった表示はできないことになっている。たとえ山梨県で生産されたことが明らかであり、シャンパンの品質基準を満たしていたとしても、その商標登録は拒絶される。法律用語でいえば、「公衆の誤認」をめぐる厳密さの違いである。

話しが少々脱線するが、地理的表示の保護の動きとは別に、酒類の製造者の間では伝統野菜とのコラボレーションなども進行中である。例えば石川県では、柚子酒、梅酒といったオーソドックスなものだけでなく、沢野ごぼう、加賀丸いもといった伝統野菜を活用したリキュール、焼酎など新感覚の酒が開発され、すでに商品として製造販売されている。具体例としては、能登町の松波酒造が日本酒の原酒と沢野ごぼうを使ったリキュール「沢野ごん坊」を作っている。江戸時代に将軍家に献上されたといわれる沢野ごぼうを使い、風味とストーリーを活かした伝統野菜のリキュールが話題となっている。また、加賀の能美市では、宮本酒造店が加賀丸いもを使用した焼酎を開発し、２００７年に石川県下で初めての芋焼酎を製品化し、「のみよし」の名で販売している（図40）。「の」の字がシンプルで、印象に残る現代的なデザインのラベルの効果もあってか、販売初年度に製造した２６００本は１週間で完売する人気で、空港のラウンジなどでも提供されている。また２００９年には水と加賀丸いもを原料とする蒸留廃液を液体肥料として畑に戻すというリサイクルにも成功し、加賀丸いもの栽培育成にも力を注いでいる。どちらの酒づくりのケースでも、地域特産の伝統野菜を活用し、高付加価値の製品を生み出し、全国に流通させており、伝統野菜の知名度アップにも貢献している。

　また東京からの北陸新幹線が長野から金沢まで２０１５年に延伸したことに伴い、地域を超えて、金沢と長野で連携する動きもある。金沢市の伸栄館は加賀野菜の加賀れんこんを使った焼酎を２０１３年から商品化しているが、製造の委託先となっているのは、長野県佐久市の芙蓉酒造である。今後も加賀野菜の焼酎のシリーズとして、知

図 40　小松空港ラウンジで提供される芋焼酎「のみよし」（筆者撮影）

名度が高い源助だいこんなどを使った焼酎などの商品化が予定されていることが日経新聞などで報道されている。なかでも、加賀野菜の提供店では65％程度の頻度で使われているにも関わらず、知名度が低い「打木赤皮甘栗かぼちゃ」を使った焼酎は全国的にも珍しいだろう。打木赤皮甘栗かぼちゃは、我々が実施した金沢の観光客向けの認知度では3・5％程度で、加賀れんこんの76・4％、源助だいこんの9・1％と比較しても、かなり知名度は低いが、焼酎という加工品となり、販売領域が拡大することで知名度が上がり、加工されないかぼちゃへの生産や消費にまで広がっていくのか、あるいは規格外品の受け皿にとどまるのか、焼酎と連動した動きが広がるのか、注目される。加賀野菜の焼酎も、野菜を提供するレストランでどこまで置いてもらえるのか、注目される。

まとめ

以上、伝統野菜に関わる知財やブランドの制度で、地名という「公」と、商品という「私」の部分をどう両立させていくのかを見てきた。すでに制度として運用されている地域団体商標では、伝統野菜も個別と総称の双方で数多く登録され、一定の効果は上げているものの、地域の同じ製品の生産者の加盟の可否をめぐる裁判の問題などが出てきており、商標権を取得している団体とその他の団体との間の軋轢《あつれき》が生じてきており、課題も少なくない。一方、地理的表示の保護については、我が国においてもすでに法制度は整備されつつあるものの、具体的な運用はこれからで、実際に施行されてから試行錯誤となる面もあろう。だが、グローバル規模での競争や規格化が進むなかで、地理的表示で保護される産品はローカルな多様性を持つ高付加価値産品としての注目が集まっており、地理的表示保護制度は地域と消費者を結びつける役割を担うことが期待されていることから、これからの運用を注視していく必要がある。いずれにせよ、地域団体商標保護制度と両立させていくことは課題となる。単純にＥＵで採用されている地理的表示制度を導入するだけではなく、今後の地域資源における商標制度や支援制度のあり方を考える必要がありそうだ。特に産地や産地間の合意形成では、日本独自の意思決定や地域文化と擦りあわせながら、成功事例を積み重ねていく必要があろう。

そのようななかで、地域の研究機関や大学が、留学生やシニア層との交流も含めた形で仲介や議論の場を提供できる潜在性は大きい。千葉大学の上野武は『大学発地域再生』のなかで、日常と農業や食とのつながりを感じる「農的生活」を取り戻す上で、大学が果たせる役割を強調している。ただし、それは大学が行政の事務や総務を肩代わりし、商標登録や産地ブランド育成の「お手伝い」をすることではない。あくまで長期的で科学的な見地から「公」と「私」のバランスなどについて提言することが、研究機関の地域貢献の役割であろう。

２０１５年現在、大学をローカル型、グローバル型に区分する議論が盛んだが、長期的かつ科学的にという役割はどちらの型の大学でも変わらないだろう。大学の側にもビジネス上のノウハウだけではなく、地元の産品は「伝統」や「アイデンティティ」に関わる、息の長い議論にもなることを丁寧に説明していく必要があろう。

繰り返し述べてきたように、「伝統」には変化する要素が出てくる。だからこそ、地域での議論や合意形成は必要となってくると思われる。

コラム11　伝統野菜の認知度を上げるインターネットよりも強い意外な情報源「店舗での会話」

伝統野菜を知ってもらいたい、買ってもらいたいなら、「インターネットで情報発信をすればいい」と提言する人がいる。だが、果たしてインターネットは最適なメディアなのだろうか。

筆者ら金沢大学の研究グループは、２０１３年11月から12月にかけ、七尾市の能登食祭市場および輪島の輪島朝市の訪問客３７８名への聞き取り調査を実施し、情報源として店、インターネット、友人・知人（いわゆる「口コミ」）テレビ、新聞、ガイドブック、ポスター・パンフレットのどれが、加賀野菜を知るきっかけとして影響が大きいのかを探った。その結果、意外にも店でのやりとりといった「生の体験」を情報源としているケースが多く、また積極的に評価するコメントも目立った。つまり、インターネットが情報源として有意な影響を与えているというより、むしろ訪問客は会話などを通し旅の体験の一環としてアナログに情報を得ていたり、インターネットから情報を得ない層が購入をしていた。

学術界では、インターネットがどのような製品群に宣伝手法として効くのかという観点から、ネット購買での抵抗感についてジャンルごとに分析した研究がある。そのなかで、食品全体としての位置付けは、ネットでやや買いやすいという結果となっている。一方で、嗜好品については、ネット口コミは有用性が低いという報告もある。伝統野菜のネット注文という消費行動があまり進展してない現状からも、伝統野菜は「食品」のなかでも「嗜好品」としての側面があり、それが朝市や食祭市場での聞き取り調査でも現れた形となったといえそうだ。

　伝統野菜は概して生産の量も場も限られている。そのような「マイナークロップ」型の作物は希少性を持つため、インターネットなどを利用して販路の拡大を追求するのではなく、地道に消費を増やそうとする取り組みを展開し、理解のある消費者と長期的な関係性を構築するなかで、それらの品目と地域に特有な物語を醸成していくことが、ブランド化につながるとされる。聞き取り調査の結果からも、店舗での会話といった信頼関係や旅としての体験を消費者が求めている点が示唆された。

図 41　旅行客への聞き取り調査（筆者撮影、イメージ図で本文とは異なる調査）

　近年、伝統野菜に限らず、インターネットについてはさまざまな課題や問題が指摘されている。情報量が多いインターネットは、良い情報だけではなく、クレームや苦情といった悪い情報も、ブログやSNSなどですぐさま公開される状況になっている。さらには、悪意ないし軽率な気持ちからインターネットやSNSに公開した情報が、店舗に悪影響を与える場合もあり得る。現実問題として、皆さんもご記憶のことと思うが、コンビニエンスストアや飲食店などで、アルバイトや客が悪ふざけをＳＮＳで発信した事件が２０１３年、２０１４年に多発した。インターネットには、そうした落とし穴も限界もあるのだ。

出典：

Kohsaka, R., Tomiyoshi M., Matsuoka H.（受理 印刷中）Tourist perceptions of traditional Japanese vegetable brands: A quantitative approach to Kaga vegetable brands and an information channel for tourists at the Noto GIAHS site　Nakano S., et al.（編）AP-BON book 3.

香坂玲研究室・DBJ（2014）「加賀野菜の認知度等に関するアンケート調査『加賀野菜』ブランドの発信・普及に向けて」

5章　農業や農村に関わる国内の制度

伝統野菜と聞くと、有機野菜同様、ＪＡＳ（日本農林規格：ＪＡＳ法に基づく農林水畜産品およびその加工品の品質保証の規格）のように何かしっかりとした制度によって認定されていると考える読者も多いのではないだろうか。例えば、使用しているタネ、形や色などに規定があり、それに適合したもののみを「これは本物の京野菜」といった具合に認定するとか、認定された団体や組合が生産を担った野菜のみを「京野菜」と表示できるといった、何かかっちりとした定義や決められたルールに基づいて運用されている制度があると想定しがちだ。

ところが、実際には、法律によって規定された厳密な意味での「制度」とはなっていない。伝統野菜というのは、ある種の揺らぎを伴った、動的な集合体になっている。フィクションというと言い過ぎかもしれないが、正真正銘の「伝統野菜」を追求しようとすると、遺伝子、起源や開始された時代区分など、良くも悪くも曖昧な点がぼろぼろと出てくる。伝統野菜に関わる制度というと、まずイメージされるのは、伝統野菜を「認定する制度」であることからすると意外であろう。

なぜ、このような曖昧な実態となっているのかを理解するために、背景として農業が置かれている状況や国内で議論されている制度・政策について見ていくこととしよう。

なぜ伝統野菜を作り続けるのか

伝統野菜を栽培する農家の動機は何だろうか。逆に、なぜ大多数の農家は伝統野菜を作ることを止めてしまったのか。「伝統野菜は、それなりに手間が掛かり作りづらい、加工が難しい、味がいまいちなど理由があって消えていっている」という声がよく聞かれる。その伝統野菜を栽培する動機について農家に聞いてみると、「必要、不要といった次元を超えて、先祖から受け継がれてきたから大事にしている」という、どちらかというと精神論に近い答えが返ってくることがある。

ただし、このような言葉は、そのまま鵜呑みにするのではなく、若干注意が必要だ。というのも、言葉でははっきりと説明されなくとも、長期的にはやはり受け継がれていく合理性やメリットがあるから残っている場合があるからだ。もし「作りにくいし、おいしくない」のであれば、長期的に見ると農家はほかの品種に乗り換えるのが自然な流れである。あるいは、経営の観点からのメリットを考えている場合もある。例えば、先代から受け継いだ伝統野菜を複数栽培している金沢市内のある農家は、加賀太きゅうりや打木赤皮甘栗かぼちゃを「保全すべきもの」としてより、むしろ農業を続けていくために必要な経営資源としてとらえていた。

さらに農業の担い手が兼業や専業の個人の農家だけではなく、企業や団体など多様化していることがこの問題を複雑にしている。現状では、伝統野菜については、個別の農家やグループによって生産されていることが多いが、いつまでも同じ姿で続いていくとは限らない。「懐かしいお母さんの味を守ろうと、郷土の伝統野菜を作っています」という広告が、企業によってなされる日も遠くはないかもしれない。あるいは、若手の新規参入のグループに、携帯電話で伝統野菜を注文できるシステムが立ち上がるかもしれない。

一般的に農家は、基本的には自分で栽培する作物（作目）を自分で決定することができる。夏の畑を例にすると、トマトを栽培するか、ナス、キュウリ、オクラ、ズッキーニ、カボチャ、トウモロコシにするか、その内のいくつかを組み合わせるか、などといった具合である。また、イネを栽培する場合なら、コシヒカリ、ひとめぼれ、あきたこまち、ひのひかりなど、どの品種を栽培するかを選択する。ただし、まったく自由に決められるわけではない。まず、気候、土壌、水といった自然環境の制約がある。あるいは使える種子、機械、労働力といった条件もあるだろう。年齢とともに水田での作業がきつくなったので、同じ田んぼを使いながら作業が楽なハトムギに切り替えるといった動きが見られる地域もある。さらに国や県が政策的にどのような作物を支援していて、どのような作物にはあまり力を入れていないのかといったことも影響してくる。いわゆる農業政策と呼ばれるものだが、農家の生産活動を支援したり、生産を制限したりする制度や政策が含まれ、実態としては農業・農村政策といったほうがより正確だろう。農家はこうしたさまざまな条件を勘案して、実際に栽培する作物を、イネ、小麦、ソバなどの穀類にするか、それともダイコンや小松菜などの野菜にするか、思い切って果樹を植えるかといったことを、天秤にかけているわけだ。農家は経営者でもあるので、常にその選択を迫られながら、作付け計画をたてることになる。

「伝統野菜を育てる」という行為は、消費者や学者サイドから見れば、意味や意義、あるいはイメージから、総論賛成となりがちだが、実際に生産する農家にしてみると、そう単純なことではない。伝統野菜を生産するということは、ほかの作物を作る土地、労働、時間を投入していることになる。無意識の精神論であれ、はっきりとした戦略としての経営的なリスク分散の観点であれ、農家としては敢えて伝統野菜を選択していることになる。伝統野菜という形で、（敢えて時間はぼかすが）ある程度長く栽培が続けられてきたものを、翌年以降も続けていくのかどうかという選択は常に行われてきたし、これからも行われるだろう。

ただ、その判断には、土地の風土とか農家個人の好みという次元を超えて、国や県など行政の大きな風が良くも悪くも影響してきた側面もある。米、果実、酪農などと比べると、「個人の意志や精神」の側面ばかりがハイライトされがちの伝統野菜だが、実際には大きな風の影響を読みながら、諸要素を天秤にかけ、選択しているのである。今後、担い手が変わるとか、新たな担い手が登場した場合、なおさらそうなる可能性がある。以下、「個人」の側面ではない、農業や農村に関わる政策や制度について、具体的なものを取り上げながら概説する。同時に、その個人を超えた流れが伝統野菜とどのように関わってくるかについて述べる。

高まる公的な存在としての農林業と地域社会

現代の日本農業は、生産基盤の脆弱化や貿易自由化などによって、輸入農産物が増加する一方で国内生産が縮小し、さらなる農業生産基盤の脆弱化を招くというプロセスの只中にあるように見える。日本の農業経営は厳しい状況が続いており、農業従事者の高齢化も進んでいる（一瀬 2014）。

現代の日本の農業については、このように危惧する論調が多い。それに関連する話題は日頃のニュースでも繰り返し耳にし、その対策あるいは農業政策についても語られている。ただし、その際に「食糧の供給」と「農村を守る」という二つの目的が混在していることがままある。この両者は重なり合っているように見えて、実は矛盾する問題も孕んでいる。例えば、農家の高齢化や農業者数の減少が危惧されるが、１８８５年において農林水産業者の割合は75%だったのが、戦中の１９３０年にはすでに50%にまで減っていた。それが、戦中・戦後を通してさらに減少していき、人口の10%を割るようになっていったのである（速水 1986）。同時に、農政学を専門とする橋口卓也は、農村、山村、農山村、農山漁村など、用語についても、法制度での定義や裏付けがまちまちでもある実情を明らかにしている（橋口 2013）。

戦後の農業政策の目標を一言でいえば、「食料の安定供給と国土・環境の保全」となる（武部 2011）。言い換えると、第一点は、コメや野菜、果物といった食べ物をどのようにして安定的に人々に提供するか、そして、第二点は、農業や農村における生産活動や暮らしを通じて、どのようにして土地（農地）や環境を守っていくか、ということになる。

第二の点については、棚田、里山、伝統野菜を含めた地域文化といった農業の公益的機能、保全、地域経済などという観点から、先進国では比較的共通して、環境の側面が強調されるようになってきている。背景には農作物や農業従事者への賃金が物価などに対して相対的に低下したこと、成熟した経済のなかで消費者や住民の価値観が多様化したことなどが一般的に挙げられる。このような背景もあり、多くの国々では個別の農産品に加え、健康、防災、環境の面での農業や林業の役割が強調されるようになった。また、そこに少なからぬ税金が投入されることに対して、行政の側も、単に条件が不利な地域への支援、救済といった趣旨ではなく、幅広く社会や地域に役立っている点を明確にする論理を必要としたことも影響している。

　農山村ならびに担い手の問題でも、生産している当事者、産地だけの問題ではない。実は都市部との関係性が裏表の関係となる。２０１４年に発表された、消滅可能性都市のリストは、地方だけではなく、都市部にも人口面での危機が迫っていることを示し、多くの自治体関係者に衝撃を与えた。具体的には、元総務相の増田寛也を座長とする日本創成会議が、20~39歳の女性が、２０１０年から40年にかけて五割以上減少する自治体を消滅可能性都市としている。

　科学者の間でも、上記のレポートと関連した、農山村への認識は広がっている。例えば、文部科学省科学技術政策研究所が多数の専門家を対象に大規模に行っている「将来社会を支える科学技術の予測調査」（いわゆるデルファイ調査）の調査（２０１０年公表の第9回）では、農村の地域環境並びに都市とのバランスの問題は、世界と比して日本にとって特に深刻であるというアンケート調査結果も出ている（図42）。

　その課題に含まれるものとしては、個別の農業技術というよりも、「通勤型農業」など交通や都市と農村のつながりや仕組みに関わる技術だ。言い換えると、地球温暖化、廃棄物、化学物質などの環境問題であれば、世界で共通して取り組むべき課題となり、技術やシステムについて、他地域に先進事例を求めることも可能となるが、都市部と農村の関係性は日本にとって独自に取り組んでいかなければならない要素が多いと科学者が考えているテーマであるということだ。

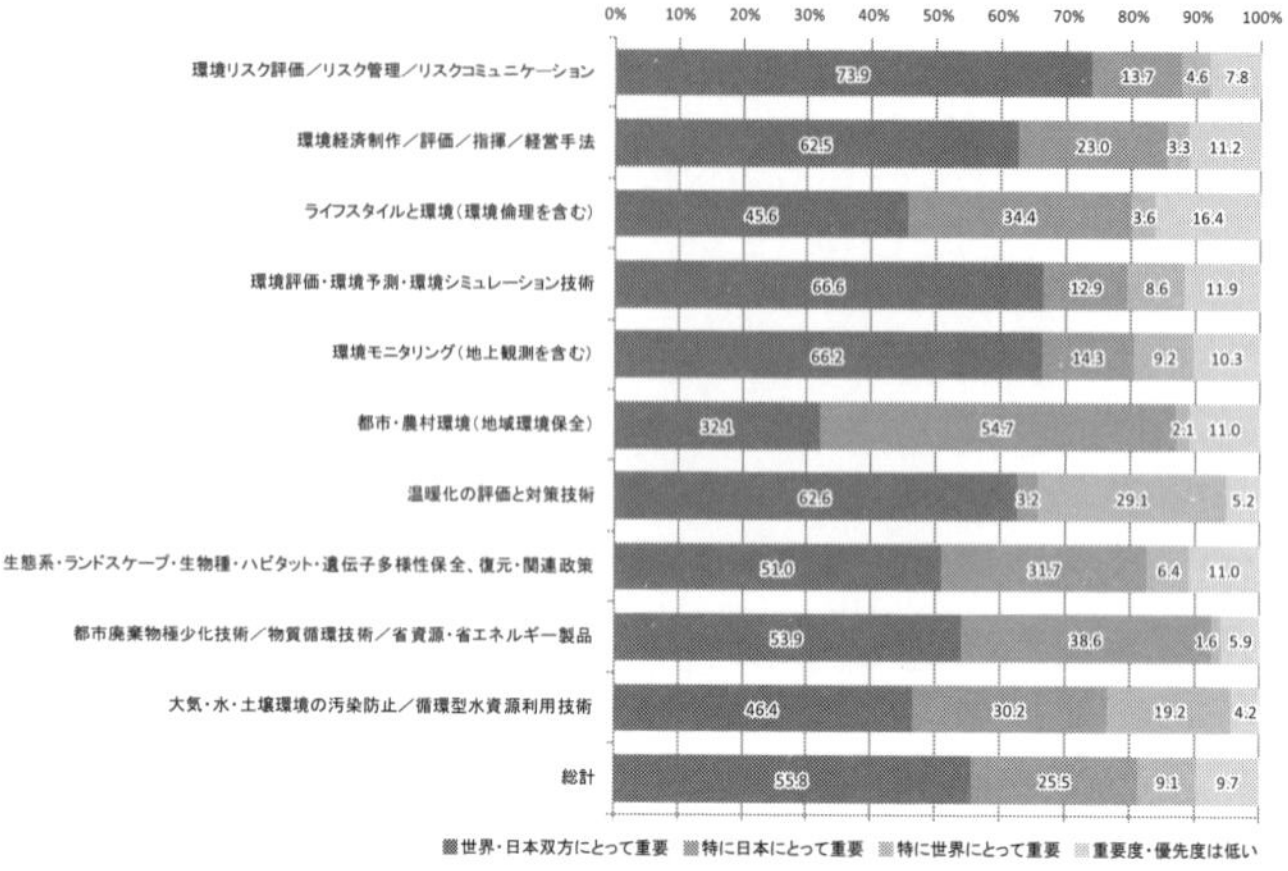

図 42　環境分野における科学技術についての優先度の回答
出典：文部科学省科学技術政策研究所・（財）未来工学研究所（2011）
文部科学省第９回デルファイ調査より

このように農村や里山の存在を考える上で忘れてはならないのが、里山や里海での営みを担ってきた農村部の高齢化や都市部への人的な流出による「担い手」の不足という深刻な問題が根幹にあり、それが耕作放棄地、山林の荒廃、獣害、土砂崩れ災害といったハードの現象と表裏一体の関係となっていることだ。

これを金銭で評価した場合にはどうなるのか。方法論での不備や貨幣価値に換算することへの批判はあるものの、複数の選択肢を提示するため、あるいは道路やダムなどのインフラとの比較を可能にし、人間にとってその存在や便益についての理解を深める意図もあって、農業や農村の公益的機能については、金額での試算がこれまでに行われてきた（表12）。「公益的機能」といわれると、なにやら小難しくきこえるが、要は「単に農産物が作られて、それが供給される場」としての価値だけではなくて、ほかにもさまざまな価値を持っ

表 12　公益的機能がもたらす効果の経済的評価の例

効果	調査者	金額	方法
農用地の公益的機能	農林水産省 (1980)	12 兆 1,700 億円／年間	
水田の外部経済効果	三菱総研（1991）	11 兆 8,700 億円／年間	ヘドニック法
水田の洪水調節効果	永田（1982）	6 兆 1,200 億円／年間	代替法

出典：保母（2013）をもとに作成

ている、ということである。例えば、(1)田んぼがたくさんあることで、大雨が降っても「水瓶《みずがめ》」のような効果を発揮する（洪水調節効果）、であったり、(2)農村に旅行、観光に行くと癒される効果（観光保健休養効果）などがある。

具体的な金額が示されると、公益的機能についての効果を理解しやすくなるだろう。農水省の１９８０年の試算では、農用地がもたらすさまざまな機能の価値は12兆円を超えていた。12兆円と聞いてもピンと来ないかもしれないが、１９８０年の日本の農業総産出額が10・３兆円であったことと比べると、その価値の大きさがよくわかる。つまり、農産物の生産される場としての価値と同じくらいかそれ以上の多面的な価値を有しているということなのである。ただし、経済的評価、貨幣換算はインパクトが強い反面、注意も必要である。

２００１年に日本学術会議が示した、農業が持つ多面的機能についての試算がある（表13）。洪水防止、地下水涵養、土砂崩壊防止など、さまざまな機能についての評価額が示されているが、試算にあたってはさまざまな条件が設定されており、実態を完全に反映しているとはいえないだろう。また、「保険休養・やすらぎ機能」などは各家庭の農村への旅行金額を推定したものであり、答申で注記されているように機能のごく一部の評価ということになる。また、表13に示された8項目以外にもさまざまな多面的機能が定義されているし、全体の一部の評価であることは答申でも述べられている。貨幣換算には限界があるこ

表 13　農業の多面的機能の貨幣換算の試算

機能の種類	評価額	機能の種類	評価額
洪水防止機能	3 兆 4,988 億円／年	土砂崩壊防止機能	4,782 億円／年
河川流況安定機能	1 兆 4,633 億円／年	有機性廃棄物分解機能	123 億円／年
地下水涵養機能	537 億円／年	気候緩和機能	87 億円／年
土壌侵食（流出）防止機能	3,318 億円／年	保健休養・やすらぎ機能	2 兆 3,758 億円／年

資料：日本学術会議（2001）「地球環境・人間生活にかかわる農業及び森林の多面的な機能の評価について（答申）」
（株）三菱総合研究所（2001）「地球環境・人間生活にかかわる農業及び森林の多面的な機能の評価に関する調査研究報告書」

とに留意しつつも、日本の国土や農村にはそのような価値が包含されていることを認識し、その上で将来のあり方の議論をしていくことが必要になる。

グローバルな議論と日本の里山の評価などを題材として、農村計画の文脈のなかで、農業、林業の現代的な位置づけと概念化を生態系サービスという概念を軸としながら整理している研究もある（橋本・斎藤 2014）。農業とは少し位置づけが異なるが、林業でも、木材の価格の下落などを背景として、林業よりも森林が持つ公益的な機能に対する国民の期待が高まっている現状は同様である（林野庁 2013　図 43 参照）（実際にその機能を維持するために間伐などが必要だとしてもだ）。

ならば、このような「公」の部分の貢献を強調することで、政府がどんどんと補助ができるかというと、そう簡単ではない。補助金に対しては、「自由貿易」に関わる原則があるからだ。一国のなかでは最適に見える政策も、貿易まで含めて考えると、配慮しなければならない点が出てくる。例えば、ある地域や国のなかで重点的に支援された結果、その農産品が他国に輸出され、その輸出された先の国の農業のセクターに打撃を与えてしまうリスクがある。生物多

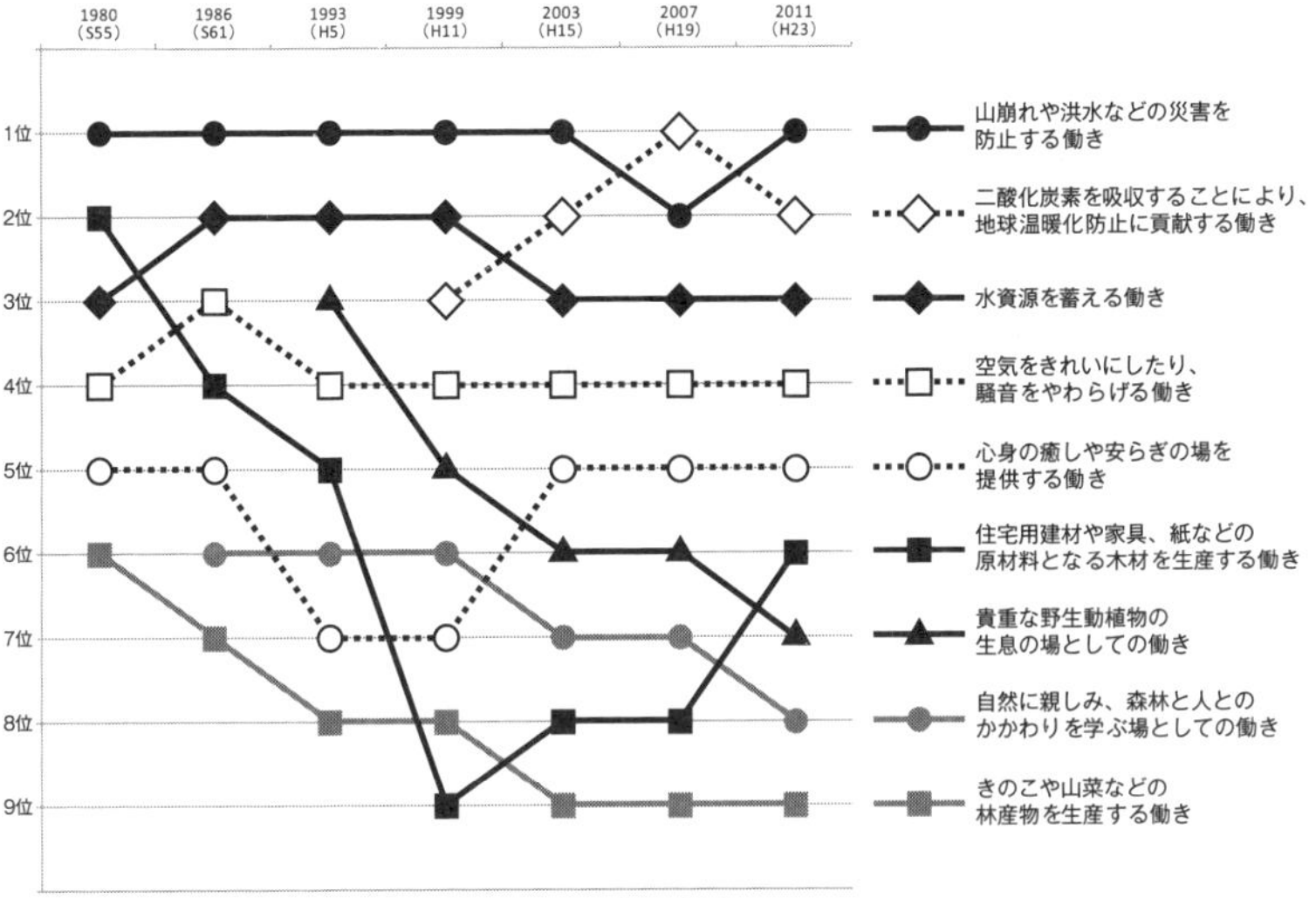

図43　森林の有する諸機能と保全の国民期待の推移
出典：林野庁（2013）『平成24年度 森林・林業白書』資料Ⅳ-2
http://www.rinya.maff.go.jp/j/kikaku/hakusyo/24hakusyo_h/all/a29.html

様性条約の交渉のなかで、農業輸出国のオーストラリアが当初は、日本政府と国連大学が提唱した「ＳＡＴＯＹＡＭＡイニシアティブ」に強硬に反対したことが象徴的だが、ある国のなかでの環境配慮型の農林業への公的な支援は、他国からは形を変えた農業への補助金ではないかという疑いの念を持たれる側面もある。このように、「農林業の環境配慮はいいことだから、どんどん政府がやったらいい」というほど、話は簡単ではない。同時に自由貿易に関わる議論でも、一律に認めないといっているわけではなく、ＷＴＯなどでも、「『緑』の政策」（「グリーンボックス」とも呼ばれるが、環境のグリーンではなく信号の青の意味）という形で、貿易を歪めず、また価格に影響を与えないような補助金であれば認められており、実際にＥＵの共通農業政策などでも補助金が支給されている。そして、近年の２０１３年の改定でも環境要件を強化するなど、価格面ではなく、環境を強調した補助金へとなってきている。

少し前置きが長くなったが、読者にしても、伝統的な地域社会の維持、里山のための地域の農業の活性化、林業の間伐の公的な必要性など国土・環境の保全に関わる主張はしばしば耳にするのではないだろうか。しかし、このような公益的機能、環境、あるいは生態系サービスを取りこんだ「公」を強調する言説はそれほど古いものではない。戦中・戦後の食糧不足だった時代には、食糧の増産とその安定的確保こそが、政策における中心的な課題であった。したがって、農業政策の目標は、第一の食糧の安定供給にほぼ限定されていた。その後、十分な食糧が確保できるようになる一方で新たな問題も起き、政策の目標が変化していったわけだ。食糧の安定供給は、国内での農産物の生産と供給だけでなく、農産物の輸入による食糧の確保も対象となり、政府としては海外からの輸入農産物を安定的に確保することも大きな役割となった。実際、私たちが日々口にする食べ物には、世界中の国々から輸入された農産物が含まれている。一方で、海外への依存度が高まるにつれ、食料安全保障の観点からも問題視する声が高まり、食料自給率向上を旨とする食料・農業・農村基本法も策定されている。エネルギーなども海外依存しているわけだが、食糧を海外に大きく依存してしまうことは国民にとっての心理的なバリアでもあるし、外交上のカードとされてしまう恐れを抱く人も多い。

さらには、海外からの安い農産物が出回るようになると、国内の農家が農業を続けることが難しくなり、生産者が著しく減少する。そうなると、農地や水路などの環境が悪化してしまう。棚田や里山などを含めた農村景観は、日本人にとっての「原風景」といわれることが多く、環境の悪化はそうした「原風景」が損なわれることをも意味する。それを防ぐために農業政策は第二の「国土・環境の保全」へウェートを置くようになっていったというのが、その論理の流れである。なお、伝統野菜が特徴的なのは、作物でありながら、食料としての役割よりも、暮らしや原風景としての側面を強調されることが多い点であり、伝統野菜に関する政策は概ね「国土・環境の保全」のなかに位置づけられているといえよう。

では、このようにさまざまな問題を抱えている現在、日本における農業政策の根本的な目標は何なのか。農林水産省は、どのような立場、状況のなかで動いているのか。以下では、戦後の日本の農業政策が社会状況の変化のなかで、どのように変化してきたかについて整理しながら、現在展開されている政策がどのような意義と課題を持っているかを検討していく。

農業と農地

最近では、植物工場がメディアに大きく取り上げられることも多い。企業が農業に参入する成功例としても注目を集めている。ファーストフード店内で栽培されていることもあれば、なかには病院で病院食として提供されているケースまで出てきた。確かに天候や気温の変動の影響が少なく、費用や労働時間の計画や計算ができるという点では、事業者やそこに融資する銀行や農協にとっても組しやすい側面がある。

しかし、生産されている農産物全体として見た場合に、植物工場は万能薬ではない。このような形態で栽培できるのは、必要とする光の量が少ない一部の葉物（レタスやベビーリーフなど）などに限られている。また、太陽には依存しないものの、代わりに多くの電気を使うことからも電気料金などに左右される。結果、現在でも私たちが普段口にする食べ物の多くは田畑で栽培されている（露地・ハウスを含む）。時代は変わりつつあるとはいえ、基本的に農業と農地が切っても切り離せないのは、今も変わらないといえる。

　土地と農業の関係性を考えた場合、手間や労働のかけ方、作物の特性への適応などから、大まかに2タイプに分けて考えることができ、専門用語では「集約型農業」と「土地利用型農業」と表現される。前者は限られた土地を有効活用し、労力をふんだんに投入するタイプを指し、具体的には施設園芸（野菜、花卉）や畜産（酪農、養鶏、養豚）が集約型にあてはまる（厳密には畜産や酪農を農業と分ける考え方もある）。いわば、狭い土地でたっぷりと手間をかけるやり方である。狭い農地でも経営を行うことができることから、土地節約型農業とも呼ばれる。広い意味では「植物工場」もこのタイプに含めることができるとする専門家もいる。ただし、手間をかける分、当然、コストが上がってくる。それをカバーできるだけの量が採れるか、値段の高い作物などが採れる必要がある。

　一方の土地利用型農業は、水田や畑作があてはまる。このタイプの農業においては、規模拡大と作業の効率化が鍵となる。企業経営でいえば、スケールメリットを追い求め、大きければ大きいほど効率的で、また交渉などでも有利になる。北海道や一部の県では、大規模化に成功して欧州並みの面積規模で農業経営を実現させている例もあるが、都府県の水田農業では兼業農家も大きな役割を果たしている。ただし、個々の兼業農家の耕作面積は比較的小規模である。また、兼業農家でも高齢化が急速に進んでおり、それにより持続性を失いつつある。

ここで兼業農家の具体例を紹介しよう。最初の事例は滋賀県の琵琶湖にほど近い場所で、１.５ヘクタールほどの水田を耕作しているＡ氏である。彼は、平日は近隣の都市で造園業の仕事、週末には水田農業に従事している。このような形態が可能になったのは、日本の水田農業の大部分で機械化が進んでいるためである。専用の農業機械を持っていることと、親の代からの水田を受け継いだことも大きな要素である。Ａ氏の場合は、平坦な農地が広がる地域なので、機械化された農業に取り組みやすいということも、農業の継続を可能にしている一因であろう。一方で、中山間地域と呼ばれる場所では、もっと小規模な面積（例えば50アール程度）を耕作している場合が多い。Ｂ氏は、平日は都市部の学校の教員をしながら、週末に50アールの田畑で農業を行っている。いずれの例でも、農業「以外」の収入が多く、農業は副業的に位置づけられていた。しかしながら、「自分はいいが、子供たちには農業を継がせたくない」という話を、色々な場所で耳にした。

やや専門的な議論となるが、現在、農業政策においては、「農地の集積」を推進する動きがある。しかし、この「農地の集積」という言葉は単に小さな田畑の境界をなくして広い農地にするということだけを意味しない。具体的には、担い手へ農地を集約させるということが想定されている。農業政策における「担い手」という言葉は、農業に関わる人や組織全体を示すのではなく、「専業・準専業の農家や法人経営など、地域の農業を牽引する農業者」を指している。

このような「担い手」に農地を集積させることを進めるために、１９９２年に農林水産省より「新しい食料・農業・農村政策の方向」（以下、「新政策」と呼ぶ）が公表された。この新政策の流れのなかで、

１９８０年施行の農用地利用増進法が改正される形で、１９９３年には農業経営基盤強化促進法が成立し、それに基づいて具体的な政策が実施された。その一つに、認定農業者制度が挙げられる。この制度は、市町村から認定を受けた農業者に、支援を集中させる制度である。農業における「選択と集中」が、新制度の目標であった。

認定農業者の数は、２０１４年時点で２３１１０１経営体（個人・法人を含む）である。ただし、認定農業者に施策を集中させることは、主として中山間地域などで地域を支える役割を担っている兼業農家を切り捨てる政策だとする批判もある。そのような批判は的を射ている面があるが、一方で外国からの圧力などによって、農産物の自由化がさらに進んだ場合にも、農業を続けていくことのできる担い手を各地で育成していくことも重要な課題である。農業に関する議論は、一面的な観点からの議論が展開されることもままあるが、現実としては、国際社会・国内の産業構造といったさまざまな次元から方策を考えていく必要がある。

その際に、「農地の集積」は一つのキーワードとなる。次節で農地制度の歴史的な背景も踏まえつつ、農地集積について考えてみよう。

農地制度の概要

日本の農地政策は、戦後の農地改革によって大きな転機を迎えた。それまで日本では長らく地主制がとられ、多くの農地（土地）を持つ地主が力を持ち、小作人は地主から農地を借りて耕作し、年貢を納めるという関係が成り立っていた。

戦後、ＧＨＱ指導の下で実施された農地改革により地主制は解体され、政府は地主から農地を安値で買い取り、それを農民に再配分した。それまで小作人だった人にも農地が配分されたため、農地の所有者＝耕作者という図式（自作農主義）が成立し、全国で小規模な面積を持つ自作農が数多く出現した。収量が収入と直結する自作農が増えたことにより、作業技術の改善、収量増加への工夫などが盛んに行われるようになった。その結果、稲作（コメ）の収量は増加し、食糧不足は過去の話となり、十分なコメを確保できるようになった。

その後、食の欧米化の影響もあり、コメが余る時代が到来する。そうなると政府は生産調整（いわゆる減反政策）を実施し、米価の安定化を図るとともに、畑作などへの転作を奨励した。その流れのなかで、全国各地の稲作農家は畑作への転換を模索し、野菜の産地が形成されていった。一方で、コメを作っても儲からず、他の作物を作ることができない（労力的、金銭的、気候的、地理的制約により）農家は、耕作地を放棄するようになっていった。

担い手の高齢化や後継者不足の問題も加わり耕作放棄地の増加に歯止めがかからず、現代では耕作放棄地をいかに減らすかが大きな課題となっている。一方で、全国で耕作区画の整備や耕地の集団化が推進された結果、水田１枚あたりの面積はそれなりに拡大した。しかしながら、「自作農」が耕作しない状況が増えつつも、農地の流動化は進まず、それが規模拡大を図る農業者にとって大きな障壁となっている。ただし、単純な規模拡大を行うことで米国やオーストラリア並の農家を各地に育てようとすることは、日本では現実的ではない。国内の農業問題に精通する名古屋大学の生源寺眞一は、

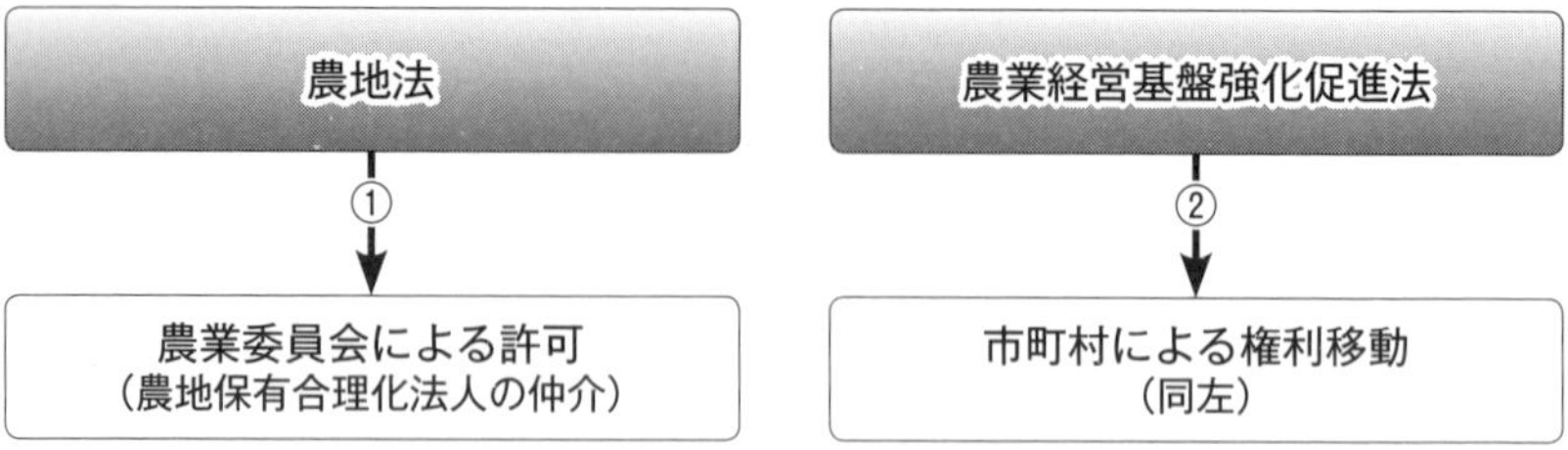

・ 市町村段階の農地保有合理化法人は 2009 年に農地利用集積円滑化団体へ改組
・ 都道府県段階の農地保有合理化法人は 2014 年に農地中間管理機構へ改組
・ 法制度が複雑化した状態が続く

図 44　農地の貸借・売買の 2 つのルート
出典：生源寺眞一（2011）『日本農業の真実』をもとに筆者作成

10ヘクタール程度の規模の農家が各集落や複数集落に一件程度は存在し、そのまわりで兼業農家などがそれぞれの力を発揮することが、将来の農村の姿なのではないかと展望している。農村環境を維持していくにあたって、中核的な担い手と、それを補完する兼業農家が存在し、その双方が重要な役割を果たすということになる。その姿を実現するためには、ある程度の規模拡大は重要となる。そのためには、農地の集積が不可欠である。また、高齢化により自身の耕作は断念し、農地の貸出を希望する農家も増えつつあると考えられる。

　では、農地の集積を行うために、現実には何が問題となっているのか。先の生源寺は、制度の基本理念レベルは改善されており、強いて改善する必要はないと指摘している。例えば、２００９年の農地法改正によって、戦後の歴史を見るなかで登場した「自作農」主義に関する文言が姿を消した。そのことからは、農地の所有者よりも利用者（耕作者）が優位となる制度への転換を図ろうとしていることが読み取れる。制度の理念としては、農地を適切に管理する（すなわち農業を行う）ことができる農家に土地を集めるために、これまでの農地所有者の優位性が転換期を迎えていることを示している。

つまり問題は、個別の制度とその運用なのである。農地の貸借や売買については、法制度が複雑化した状況が続いており、主なルートが二つ存在する（図44）。一つ目は、農地法のなかで行われるもので、農業委員会が審査して、農地の売買や賃貸借の許可を出す方法である。近年、企業の農業参入が注目されているが、それらの多くはこの方法によって行われる。この場合、農業委員会の役割が極めて大切になる。二つ目は、農業経営基盤強化促進法に基づく市町村による権利移動である。ここで、農地保有合理化法人の仲介は、いずれのルートにおいても可能である（農地法による場合、農業委員会の許可は不変）。なお、２００９年に市町村段階の農地保有合理化法人は農地利用集積円滑化団体に、２０１４年に都道府県段階の農地保有合理化法人は農地中間管理機構に、それぞれ組織替えされた。制度の変化が急速に進んでいる状況にあるが、課題を解決するためには、制度のワンフロア化が必要となるだろう。

企業参入が可能となった経緯

農業の担い手として企業が注目されていることはすでに書いたが、株式会社などを含めた一般企業による農業への参入は、昔からあったことで突然のことではない（神門 2006）。ここまでに見てきたような農地制度の変更に伴って、少しずつ参入の障壁が低くされていった。それ以外にも、例えば食品会社が契約栽培を行うことなどの形で、実質的な農業参入も進められていた。しかし、企業が農地を買ったり借りたりすることは、非常に難しかったのだ。

そのような状況から、２０００年代前半には、政府の構造改革の流れを受けて、いわゆる企業（株式会社）でも農地を借りることが可能となった（リース特区制度）。ただしそれは、特区として設定された地域に限られていた。その後、２００５年にはそれが全国展開されることになり、企業は市町村などの仲介のもとで、農地を借りることができるようになった（特定法人貸付事業）。この時期に農業参入した企業は、建設業や食品企業が多い傾向が見られた。例えば、建設業者の主な参入理由としては、公共事業の減少により本業が不振であることから事業の多角化を進めるため、ということが挙げられる（渋谷2007）。

企業が参入することは、地域住民や農家にとっては不安材料ともなる。地域の外から知らない企業がやってきても、「儲からなかったら、すぐに撤退するのでは」「農地を産業廃棄物の処分場所に使うのでは」といった懸念の声が聞こえてくる。実際に、そのような問題も起こっている。ただし、地域に根差した中小の建設業者などの場合、地域とのつながりがもともとあるわけで、「顔見知り」であることで住民の不安材料は緩和されるだろう。もちろん、それは企業者の質いかんによるのだが。

さて、その後、規制緩和はさらに進む。２００９年に農地法が改正されたことをきっかけとして、貸借の形態であれば、企業などの一般法人であっても全国どこでも参入することが可能になった。法改正を踏まえて、それまで以上に多くの企業が農業参入している状況にある。２０１４年６月時点での参入した企業数（一般法人）は１５７６法人である（農林水産省2014、52ページ図5も参照）。参入企業の経営規模はさまざまなので一概にはいえないが、注目されているといっても、法人数でいえば

１５００程度である。参入が進んでいるという論調はあり、まじめに農業経営に取り組む企業が多数あることは事実であろう。しかし、農業生産法人が１万４千法人、先に見た認定農業者が23万経営体であることと比較すると、日本の農業全体の担い手としてのインパクトはそれほど大きいとはいえないだろう。

ここまでは企業参入というトピックスから農地問題について見てきた。それ以外にも農地の問題を難しくしている背景にはさまざまな要因が考えられるが、地形的特徴もその一つであろう。山国の日本では、農地の半分近くが山村部に位置している。いわゆる中山間地と呼ばれる山村部では、平野部と比較して田畑一枚あたりの面積は小さいばかりか、農地の集積も難しい。次節ではその中山間地について見てみよう。

日本の中山間地

中山間地という言葉は、中間地と山間地を合わせた言葉である。いわゆる平野部を除いた農山村をイメージするといいだろう。正式には「平野の外縁部から山間地」を指し、より詳しくは「20メートルあたりの傾斜が１メートル以上」と農林水産省によって定義されている。山国である日本は、このような中山間地域が国土面積の65％を、耕地面積の43％を占める（農林水産省2012）。では、最近になってこの中山間地域という言葉がよく聞かれるようになったのはなぜだろうか。それは、農村部の過疎化や高齢化による農地や山林の荒廃と関係しているからだ。

農業経済学の分野では、いかに効率的に適正規模での農業を行うかについての研究が進められてきた。田畑の単位面積を拡大し、大規模な農地で耕作することで、作業効率を高めようという方向性である。このような考え方に沿い、生産効率を高める目的で農地を整備するための「圃場《ほじょう》整備事業」と呼ばれる補助事業が全国で行われている。そうした取り組みは、小さな農地をまとめやすい平野部においては有効に機能し、農家は公的なサポートを受けてより作業の行いやすい農地を得ることになっていった。もちろん、複数の農家が所有する農地を集約するのは簡単にいくことではない。日本では、戦後の農地改革以降、ほとんどの農家に農地を所有させることになり、各農家が小さな田んぼを色々な場所に持つことになった。それぞれの田畑には、水はけや日当たり、土壌の肥沃さなどの環境条件があるため、各農家は自分の農地のなかでも「良い田畑、ましな田畑、だめな田畑」を持つことになる。そして、それらの農地が集落の色々な場所に分散していて、すぐ隣の畑も自分のものというわけではない。自分の複数の農地を合体させるだけなら話は単純であるが、そうでない場合が多い。するとどうなるか。拡大した結果、自分がもらう農地が優良ならいいが、必ずしもそうはならない。よって、農家間での利害調整が必要になる。そのような調整のために、これまでに国はさまざまな施策を講じてきた。

平野部などで圃場整備による1区画の拡大が図られる一方で、もともとの田畑の面積が小さい上に、棚田のように傾斜がある場合も多い中山間地域では、農地の拡大そのものがまず難しい。また、拡大できたとしても、平野部と比較するとまだまだ小さく、効率的な農業を行いにくい状況にある。

農業の改革の議論のなかで、「とにかく規模を拡大して生産効率を高め、欧米並みの国際競争力を

表 14　各国の農地面積の比較

	日本	米国	EU（27か国）				豪州
			全域	ドイツ	フランス	イギリス	
平均経営面積（ha）（倍）	2.27 (1)	169.6 (75)	14.1 (6)	55.8 (25)	52.6 (23)	78.6 (35)	2,970.4 (1,309)
農地面積（万ha）	456	40,345	18.841	1,689	2,927	1,733	40,903
国土面積に占める割合（%）	12.2	41.0	43.5	47.3	53.3	71.1	52.8

出典：農林水産省「主要国農地面積」http://www.maff.go.jp/j/kokusai/kokusei/kaigai_nogyo/pdf/area.pdf（アクセス：2014 年 8 月 21 日）

持つようにするべき」という主張がある。しかし、このような主張は無謀かつ非現実的な話である。もちろん、規模拡大そのものが悪いといっているのではない。「拡大して欧米並みにすべし」ということが無謀だといっているのである。

農地面積の各国の数値を示した表14を見れば、日本を欧米並みにすることがいかに非現実的であるかがわかるだろう。国土に占める農地面積の割合は、欧米諸国（オーストラリアを含む）が軒並み40％以上であるのに対し、日本は12％程度と、圧倒的に低い。国土の七割を森林が占めているのだから、当然の話ではある。一つの農業経営体あたりの平均経営面積となると、さらに差は拡大し、日本が2・3ヘクタール程度であるのに対して、比較的小さめのEU全体でも14・1ヘクタールと日本の6倍である。英・独・仏のEU3国は23〜35倍、米国は75倍、オーストラリアに至っては1300倍以上と桁違いの面積規模を誇るのである。このような規模の差を、単純な規模拡大路線で埋めることは非常に難しい。

また、国が「開国」を声高に叫んでいる状況にあるが、実は規制緩和という意味で、日本は世界的に見てもすでにトップクラスの開かれた国なのである（鈴木・山下2011）。「日本の農業は保護され過ぎている」という主張がメディアでも頻繁に登場するが、自由を標榜する国であるアメリカのほうが遥かに強く自国の農業を保護していると聞くと、多くの読者には意外なことに映るだろう。

農業（農地）の規模拡大は今に始まった話ではなく、全国の意欲的な農家などによって以前から進められてきた。確かに、平野部ではさらなる面積拡大によって効率性を向上させることは可能であろうし、実際に、さまざまな場所で法人経営などによる水田耕作の規模拡大は進行中である。しかし、中山間地域で農地を飛躍的に拡大することは容易ではないだろう。また、仮に規模を大きくできたとしても、稲作の場合、10ヘクタールを超える面積では、生産費のコストダウン効果が頭打ちになるという指摘もなされている（生源寺2011）。では、どんな方策が考えられるのか。この問題は、戦後、長らく農業政策の大きな課題であった。

農業や農村を支援する制度

本節の冒頭でも説明したが、そこで登場したのが「農業・農村の多面的機能」論である。農業や農村を、より「公」の存在として位置づけていく考え方といえる。多面的機能とは、イメージしにくい言葉かもしれないが、要は、農業や農村は農産物を生産し供給するだけではなく、ほかにもいろいろな役割を果たしている、という意味である。

例えば、森林や田畑は大雨が降った時にプールのように水を蓄えておく、蓄えられた水をゆっくりと浄化しながら地下水に返す、美しい景観が見る人に安らぎを与えるなどの役割が挙げられる。とりわけ中山間地域では、農林業が営まれることによって、農業生産に留まらずさまざまな恩恵がある。歴史的に見ても、中山間地域の農村部に人が住み、農林業が継続的に行われることによって、さまざまな地域資源が直接的・間接的に管理され、文化的な多様性が維持されてきた。具体的な地域資源としては、農用地、林地、景観といった自然資源、文化財、祭といった文化的資源、地域固有の技術やバイオマスなどがあり、多岐にわたっている。伝統野菜についても、そのような地域資源の一つと捉えることができる。

中山間地域の維持・管理は、日本だけでなくヨーロッパ各国でも課題となっており、どのように支援していくかが議論されてきた。現在では、農産物の価格安定を図るために政府が買い付けや補償など市場に介入する価格支持から農家の所得を直接補償する直接支払への転換が、先進国を中心として世界的に行われている。いずれにしても、政策として農家を支援する場合、その背景を納税者に対してきちんと説明する必要がある。

日本では、中山間地の農家が果たすさまざまな役割を示しつつ、中山間地域直接支払制度という補助制度によって、条件不利地域で農業を営む人たちに補助が行われてきた。中山間地域直接支払制度とは、条件不利地域における農業を支援するための制度のことを指す。ヨーロッパの直接支払制度をモデルとしている（荘林ほか2012）。補助に対しては賛否両論あるが、そのようにして日本の中山間地域は持ちこたえてきた側面はあるだろう。しかし、人口減少や高齢化に歯止めはかからず、長く続いてきた祭りが人手不足でできなくなるなど、集落機能の低下が進んでいる地域が多い状況にある。コミュニティ機能の低下に加え、耕作放棄地の増加、野生獣害の増加などさまざまな問題が顕在化しているのが実情である。

そうした状況を受け、中山間地域に存在している農業集落を維持すべきかどうかが問われ、賛否両論あるなか、さまざまな学問領域がそれぞれの立場から多様な主張を展開し、「農村集落からの撤退論」のような主張も登場している（林ほか 2010）。一方で、人口減少社会においても、「どっこい農村は存続している」という主張もある（徳野 2011）。民主化された日本において、基本的にはどこに住むかは個々人の自由である。「農村集落にずっと住みたい」「今さら街には住みたくない」、あるいは「集落に移住したい」といった個々の意向を否定することはできない。一方で、補助制度があるにしても、なんらかの対処がなければ条件不利地域に住むことは難しい。集落に代々人が住み続けるためには、その時代に沿った戦略を持って、住民が自らの集落・地域を維持し管理していく必要がある。これまでも集落に暮らす人々は田畑の生産性を高めようと技術の改善に努めたり、より高く販売できるものを生産しようと栽培する作物を模索したりしてきた。それによって、地域の特産品が生まれたりもした。今後の日本社会のあり方を考えた時に、伝統野菜は条件不利地域にとって特産品として一つの武器になり得るのではないだろうか。

伝統野菜との関係性

以上、担い手や農地あるいは制度など日本の農業を取り巻く状況を概観してきたが、本章を結ぶにあたって、農業の現状における伝統野菜のあり方について触れておこう。まず、伝統野菜は、一般的に作りにくく、大量生産には向かないといった側面を持つ。よって、土地利用型の大規模農業においては、基幹作目としての維持は困難であるといえる。また、栽培するのに手間暇がかかるといった意味で、労働集約型に近い一面があるものの、高く売れる品目は限られる。このような意味で、伝統野菜の大半は、兼業農家などが細々と作っていくことによって維持されるものなのかもしれない。

　しかし、中山間地域などの条件不利地域にある伝統野菜がその地域の特産品として確立されれば、それは伝統野菜を維持する一つの方策となりうるだろう。同時に、伝統野菜がそうした地域にとっての救世主ともなりうる。今後、日本の中山間地域での農業は、ツーリズムなどとの組み合わせや、付加価値のついた特産品の生産などによる差別化が求められているからだ。近年の伝統野菜ブームと相まって、伝統野菜の認定制度を設ける自治体も増えているが、それは一種の差別化を目指した取り組みといえよう。ただ、第Ⅰ部で見てきたように、伝統野菜として認定する年代にかなりの幅があり、また地理的範囲やブランドが競合したり、融合したりする事例も見られ、伝統野菜の取り組み実態はそう単純ではない。そもそも、地名という「公」のものを、野菜という「私」の産品のなかでいかに位置付けていくかという問題があり、制度の側に「権利」や団体の申請資格の「オープンさ」などに関わる悩みがつきまとう。取り組む主体としても、農家、ＪＡ（農協）、行政、企業、ＮＰＯ、大学、教育機関などさまざまな団体・個人が、時には連携・協力し、時には衝突しながらも、それぞれの立場から伝統野菜の振興・存続を目指している。そして、その先には農業生産や地域農業そのものをいかにして存続させていくか、という想いがこめられている。どちらかといえばマイナーな作物である場合が多い伝統野菜は、政策的な影響を強く受けやすいともいえる。今後も国際競争などの外圧が高まっていくことが予想される。

今後の政策という文脈では、本書の冒頭で、和食の世界遺産なら「世界、国連が認めた」、地理的表示であれば「国のお墨付きを得る」という言葉を何度も筆者（香坂）は聞いたと述べた。その言葉には、制度のユーザー側にとって、認定や保護を受けることが、何らかのメリットにつながっていくこと、具体的には消費量や価格に反映されるのではないかという期待がにじんでいる。もちろん、自らの作業、地域の「誇り」に結びつけばそれでいい、というパターンもあるだろうが、農産品の生産者の期待はシビアなまでに現実的であることも多い。

一方の制度側は、万遍なく「国際競争力」「差別化できるストーリー性」など成功事例に飢えている。地理的表示であれば、「地元の合意形成」をキーワードとして、最終的に地元の意思や品質等が比較的しっかりしたものだけを認定する、いわば線引きをせざるを得ない。

そこで伝統野菜と呼ばれる、少し不器用で不揃いな野菜たちはどうなっていくのか。規格や品質基準などを明確化し、制度とユーザーが歩み寄るのか。その場合の伝統野菜のアイデンティティは何なのか。あるいは誰かに認めてもらう成功事例ではなく、オルタナティブとして別の道を目指すのか。別の道を目指す場合に、担い手をどう確保していくのか。両者に折衷案があるのか。問いは尽きない。

いずれにせよ、伝統野菜は変わらない面と、変わり続ける面がでてくるだろう。F_1への反発など、伝統野菜の関係者の多くは反骨精神に富み、一方では、ブランドの曖昧さを活かしたつながりを保つ創造性も持っている。今後の展開から目が離せない。

第Ⅱ部では、やや専門的議論を含めて、国際的な非政府組織（ＮＧＯ）の活動展開、多国籍企業の行動、そしてブランドや知財の話しを交えて、伝統野菜に関わる議論を深めた。今後、２０１５年６月に地理的表示保護の制度が国内でスタートするのにともない、地域での合意形成、海外での展開、あるいは他国との協定に向けた動きが一層活発化することが予想される。その際に関係者の皆さんの議論に多少とも貢献できる要素があれば幸いである。

引用・参考文献〔II部〕

書籍および雑誌掲載論文

Curci, Jonathan (2010) The Protection of Biodiversity and Traditional Knowledge in International Law of Intellectual Property, Cambridge University Press, Cambridge.

Hansen and Vanfleet (2003) Traditional Knowledge and Intellectual Property: A Handbook on Issues and Options for Traditional Knowledge Holders in Protecting their Intellectual Property and Maintaining Biological Diversity. American Association for the Advancement of Science (AAAS) Science and Human Rights Program, Washington

Kohsaka R. (2012) The Negotiating History of the Nagoya Protocol on ABS: Perspective from Japan『日本知財学会誌』Vol.9 No. 1: 56-66

Marette S. (2007) The Labels in Agriculture, Their Impact on Trade and the Scope for International Policy Action. In Grote, U et al. (eds.) New Frontiers in Environmental and Social Labeling Sustainability and Innovation 2007, pp.151-168 doi: 10.1007/978-3-7908-1756-0

Sylvander, B., Isla, A., Wallet, F. (2011) Under What Conditions Geographical Indications Protection Schemes Can Be Considered as Public Goods for Sustainable Development? Torre and Traversac Territorial Governance 185-202

荒木雅也（2014a）「地理的表示の目的と役割——地理的表示法の制定を受けて」『時の法令』1962: 60-69

荒木雅也（2014b）「地理的表示の登録手続きの問題点と、生産者間の合意形成の意義」『時の法令』1968:44-57

石川武彦（2014a）「農林水産物・食品の地理的表示保護制度の創設（上）――特定農林水産物等の名称の保護に関する法律案――」『立法と調査』354:43-57 参議院事務局企画調整室

石川武彦（2014b）「農林水産物・食品の地理的表示保護制度の創設（下）――特定農林水産物等の名称の保護に関する法律案――」『立法と調査』355:38-53 参議院事務局企画調整室

一瀬裕一郎（2014）「日本農業をめぐる情勢と見通し――米政策見直し　ＴＰＰなど岐路に立つ日本農業――」農林金融

市村雅俊（2010）「農林水産分野における知財戦略の展開と地域農業振興」『地域政策研究』13:39-44

今村奈良臣（2010）「農業の６次産業化の理論と実践――人を生かす　資源を活かす　ネットワークを拡げる」『ＳＲＩ』静岡総合研究機構　第１００号 3-9

上野武（2009）『大学発地域再生　カキネを越えたサステナビリティの実践』清水弘文堂書房

小田切徳美（2013）『農山村再生に挑む――理論から実践まで』岩波書店

小田切徳美、藤山浩（2013）『地域再生のフロンティア　中国山地から始まるこの国の新しいかたち（シリーズ地域の再生）』農山漁村文化協会　p.351

川島博之（2009）『「食糧危機」をあおってはいけない』文藝春秋

木村有紀、田中麻衣、高橋なほ佳（2014）「農産物等に関する知的財産の海外流出の現状と対策」『知財管理』64:10 1537-1546

久保田裕美（2008）「農林水産分野の知的財産制度における現状と課題」日本農業経済学会論文集 171-178

香坂玲（2014）「農林産品のブランド化と知財の役割：地域団体商標と地理的表示の制度的設計に向けて」『パテント』特集《農林水産関連分野と知財》67(7):13-24

香坂玲、西悠（2014）「一次産業における知財の活用：地理的表示と地域団体商標の展望」

神門善久（2006）『日本の食と農――危機の本質』ＮＴＴ出版

後久博（2011）『売れる商品はこうして創る――６次産業化・農商工等連携というビジネスモデル――』ぎょうせい
佐々義子、渡邉和男、須田英子、陳佳欣（2007）「サイエンスコミュニケーションにおけるバイオカフェの展望――トラスト構築におけるバイオカフェの有効性とその評価」『公益研究』17(1):46-56
貞清栄子（2012）「企業参入が加速する農業分野」三井住友信託銀行『調査月報』2012年7月号
佐藤洋一郎（2008）「日本の食卓はいま」湯本貴和編『食卓から地球環境がみえる』地球研叢書　昭和堂 55-79
渋谷往男（2007）「地域中小建設業の農業参入にあたっての企業意識と課題」『農業経営研究』45(2):23-34
生源寺眞一（2011）『日本農業の真実』ちくま新書９０２　筑摩書房
荘林幹太郎、木下幸雄、竹田麻里（2012）『世界の農業環境政策』農林統計協会
鈴木宣弘、山下順子（2011）『震災復興とＴＰＰを語る　再生のための対案』筑波書房
清野英二（2010）「農業への企業参入をめぐる動向」『農業経営研究』47(4):7-15
武部隆（2011）「株式会社の農地取得による農業参入の制度と課題」『生物資源経済研究』16:1-16
武部隆（2012）「耕作放棄地の発生防止は可能か」『農業および園芸』87(10):1031-1043
谷口憲治（2012）「集落営農の『６次産業化』と『コミュニティ・ビジネス』による農村振興」『農業と経済』昭和堂　第78巻第5号 24-36
千葉典（2004）「果実・果汁と野菜のグローバル化」大塚茂、松原豊彦（編）『現代の食とアグリビジネス』121-146 有斐閣
徳野貞雄（2011）『生活農業論――現代日本のヒトと「食と農」』学文社
特許庁（2014）「２０１３年　模倣被害調査報告書」
内藤恵久（2013）「地理的表示の保護制度について――ＥＵの地理的表示保護制度と我が国への制度の導入――」『農林水産政策研究』第20号　農林水産政策研究所

内藤恵久・須田文明・羽子田知子（2012）「地理的表示の保護制度について――ＥＵの地理的表示保護制度と我が国への制度の導入――」『行政対応特別研究［地理的表示］研究資料』農林水産政策研究所

西川芳昭、根本和洋（2010）『奪われる種子・守られる種子――食料・農業を支える生物多様性の未来』創成社

日本学術会議（2001）「地球環境・人間生活にかかわる農業及び森林の多面的な機能の評価について（答申）」

日本経済新聞（2012）産地ブランド、知財で育成　産地ブランド、知財で育成「山梨」「壱岐」協定国で保護　日本、適用範囲拡大が課題　２０１４年１月６日朝刊

日本経済新聞（2014）「農薬・種子、新興国を開拓　モンサントなど『ビッグ６』」日本経済新聞　２０１４年11月25日朝刊

日本経済新聞（2015）「『加賀野菜焼酎』で連携　金沢の酒販と長野の酒造　シリーズ化　土産需要開拓　北信新時代」日本経済新聞　２０１５年２月20日　北陸経済39面

日本知財学会知財ゼミナール編集委員会編（2014）『知的財産イノベーション研究の展望　明日を創造する知財学』白桃書房 295-317

農林水産省（2012）「６次産業化等による所得の増大」『平成24年版 食料・農業・農村白書』農林統計協会 189-210

農林水産省（2014）「一般法人の参入状況等」

農林水産省生産局（2006）『植物新品種の保護及び活用について』農林水産省

（財）バイオインダストリー協会　生物資源総合研究所（2011）『生物遺伝資源へのアクセスと利益配分――生物多様性条約の課題』信山社

橋本禅、齊藤修、農村計画学会（監修）（2014）『農村計画と生態系サービス（農村計画学のフロンティア）』農林統計出版

林直樹、齋藤晋、江原朗（2010）『撤退の農村計画――過疎地域からはじまる戦略的再編』学芸出版社

原田純孝（編）（2011）『地域農業の再生と農地制度　日本社会の礎＝むらと農地を守るために』農文協

速水健朗（2013）『フード左翼とフード右翼　食で分断される日本人』朝日選書　朝日新聞出版

速水佑次郎（1986）『農業経済論』岩波書店

北陸農政局金沢統計情報出張所（1996）「食べてみまっし加賀野菜」石川県農林統計協会

前田敦子、中村宏（2014）「水産業における知的財産取得に向けて」日本知財学会知財ゼミナール編集委員会編『知的財産イノベーション研究の展望 明日を創造する知財学』白桃書房 318-339

松原明紀（2007）「農林水産省における知的財産戦略について」Fuji Sankei Business i. 知財情報&戦略システム No.9

馬奈木俊介、豊澄智己（2012）「第9章　林業とビジネス」馬奈木俊介、豊澄智己（編）『環境ビジネスと政策　ケーススタディで学ぶ環境経営』131-148　昭和堂

マリー＝モニク・ロバン（2015）『モンサント――世界の農業を支配する遺伝子組み換え企業』作品社　戸田清監修　村澤真保呂・上尾真道訳

三菱総合研究所（2001）「地球環境・人間生活にかかわる農業及び森林の多面的な機能の評価に関する調査研究報告書」

室屋有宏（2012）「六次産業化の現状と課題～ＪＡの役割を考える」シンポジウム『6次産業化の進展と次世代農業経営者』基調講演　京都大学大学院農学研究科生物資源経済学専攻寄付講座「農林中央金庫」次世代を担う農企業戦略論講座　２０１２年11月10日

林野庁（2013）『平成24年度森林・林業白書』全国林業改良普及協会

渡邉信夫（2004）「地域に根ざした食と農の再生運動」大塚茂、松原豊彦（編）『現代の食とアグリビジネス』273-296 有斐閣

ウェブサイト

農林水産省（2013）「一般法人の参入状況等，企業等の農業参入について」
http://www.maff.go.jp/j/keiei/koukai/sannyu/ kigyou_sannyu.html

国税庁（２０１４年11月27日確認）
https://www.nta.go.jp/shiraberu/senmonjoho/sake/hyoji/chiri/gaiyo/03.htm

香坂玲研究室・日本政策投資銀行北陸支店（2014）「加賀野菜の認知度等に関するアンケート調査――『加賀野菜』ブランドの発信・普及に向けて――」株式会社日本政策投資銀行北陸支店（２０１５年１月６日確認）
http://www.dbj.jp/ja/topics/dbj_news/2013/html/0000015459.html

日本政策投資銀行・日本経済研究所（2012）「食と農の成長（輸出）戦略の再構築に関する検討」（２０１５年２月８日確認）
http://www.dbj.jp/pdf/investigate/area/niigata/pdf_all/niigata1203_01.pdf

あとがき

伝統野菜をめぐる国内外の情勢について、後半では少し専門的な要素を含め、見てきた。食をめぐっては、国内では自由貿易協定や農協の改革が国内の生産農家にどのような影響を与えるのかという文脈で議論がなされているが、実は国際的には規格化や権利化をめぐる動きが非常に活発になっている。そのために国、非政府組織（ＮＧＯ）、産業界、市民社会がまさにしのぎを削る争いを繰り広げているのも、一つの現実だ。

国内でも地理的表示の保護の制度がスタートするなど、今後は大きな変化が予想される。伝統野菜というジャンルが、昔から変わらないものという側面もあれば、最新の国際動向も関係してくる側面もあり、双方の顔を持っていることがわかる。本書がその「揺らぎ」の一端を紐とき、読者の皆様の楽しみや参考となる要素があったのであれば、筆者としては望外の喜びである。

取材に快くご協力いただき、本書にあるように「お手を止めていただいた」農家、加工、流通の皆様に感謝する。また構想段階にもお付き合いいただき、丁寧な校正をいただいた深澤雅子氏（スピカ）にも感謝する。

本書の執筆に当たり、文部科学省・学術振興会の科学研究費助成の課題番号２６３６００６２　１５Ｈ０１５９７　２５８５０１６０　２６３０４０３３　２５２５７４１６、ならびに平成二五年度環境省環境研究総合推進費の採択課題１‐１３０３、熊本大学ＣＯＣ事業「地域志向教育研究経費」の成果を活用している。

コラム（香坂分）では北陸中日新聞２０１３～１４年に寄稿した「里山考」、ならびにⅡ部は、過去の清水弘文堂書房の書籍の原稿や発表原稿を修正したものが含まれる。

また第３章には、２０１１年に出版した『森林カメラ』（アサヒビール・清水弘文堂書房）ならびに北陸中日新聞に掲載した寄稿文に加筆した原稿が含まれている。具体的には、コラム１、コラム５は北陸中日新聞の寄稿記事を加筆修正したものである。また２‐５、２‐７、２‐10は、西川編著『生物多様性を育む食と農』（コモンズ）および伊佐、西川、松尾編『市民参加のまちづくり［グローカル編］』（創成社）に冨吉が執筆した原稿をもとに、大幅に加筆修正を行ったものである。

また以下の方々には取材・インタビューにご協力いただき、本文・コラムで引用させていただいた。

田鶴　均　氏（田鶴農園）　（２‐２　京野菜（京都））
小宅　要　氏（京都府　中丹広域振興局）　（２‐２　京野菜（京都））
松下　良　氏（加賀野菜保存懇話会）　（２‐３　加賀野菜と能登野菜（石川））
大蔵捷直氏（金沢農業大学校）　（２‐３　加賀野菜と能登野菜（石川））
山本謙吾氏（ＪＡ能登わかば農業協同組合）　（２‐３　加賀野菜と能登野菜（石川））
示野信行氏（ＪＡ能登わかば農業協同組合）　（２‐３　加賀野菜と能登野菜（石川））

船越建明氏（(財)広島県森林整備・農業振興財団　農業ジーンバンク）
（2・5　広島お宝野菜（広島））

北亜続子氏（ひご野菜コロッケのお店「ひご之すけ」）（2・6　ひご野菜（熊本））

三浦雅之氏（株式会社　粟）（2・7　大和伝統野菜（奈良））

大竹道茂氏（江戸東京・伝統野菜研究会）（2・8　江戸東京野菜（東京））

白石好孝氏（練馬区の生産農家）（2・8　江戸東京野菜（東京））

亀山周央氏（愛知県の生産農家）（2・9　あいちの伝統野菜（愛知））

その他、表10にある多くの行政、協議会等の担当者、代表に電話でお話をうかがった。

香坂 玲 （こうさか・りょう）

1975年生まれ。静岡県出身。金沢大学大学院人間社会環境研究科准教授。専門は、森林経済学、地域資源論。東京大学農学部卒。ドイツ・フライブルク大学森林環境学部修了、博士（理学）を取得。国連環境計画（UNEP）生物多様性条約事務局（カナダ・モントリオール）勤務、名古屋市立大学を経て、現職。また、名古屋で行われたCOP10（第10回生物多様性条約締結国会議）支援実行委員会アドバイザーを務める。国連大学高等研究所客員研究員として里山の評価にも参画。地理的表示活用検討委員会のメンバーとして、「地理的表示活用ガイドライン（農林水産省監修）」の策定に携わる。

最近の主な著書として、『森林カメラ』（アサヒビール・清水弘文堂書房）、『生物多様性と私たち』（岩波書店）、『地域再生』（岩波書店）、共編著『知っておきたい知的財産活用術』（ぎょうせい）など。

本書の主な担当箇所：

はじめに

１章（1-2前半、1-4、1-5の一部を除く）

２章　加賀・能登野菜、あいちの伝統野菜、江戸東京野菜の事例、2-11

Ⅰ部補足資料、インタビュー

３章

４章

冨吉満之（とみよし・みつゆき）

1980年生まれ。福岡県出身。熊本大学政策創造研究教育センター／地域創生推進機構特任准教授。専門は農業経済学、栽培植物起源学。2011年京都大学大学院地球環境学舎博士課程修了。博士（地球環境学）、修士（農学）。農学部で蕎麦のルーツを探る研究に従事した後、農業や農村に関わるNPOの研究で博士号を取得。在来品種を保全するNPOへの調査をきっかけに、各地の伝統野菜の調査を進めている。最近は、台湾、韓国、中国など東アジアにおける作物遺伝資源の保全体制に関する研究を実施。

本書の主な担当箇所：

１章　1-2前半、1-4、1-5の一部

２章

５章

清水弘文堂書房の本の注文方法

電　話　03・3770・1922
ＦＡＸ　03・6680・8464
Ｅメール　mail@shimizukobundo.com

※いずれも送料300円注文主負担

電話・ＦＡＸ・Ｅメール以外で清水弘文堂書房の本をご注文いただく場合には、もよりの本屋さんにご注文いただくか、本の定価（消費税込み）に送料300円を足した金額を郵便為替でお振り込みください。

為替口座　00260・3・59939
清水弘文堂書房

確認後、一週間以内に郵送にてお送りいたします（郵便為替でご注文いただく場合には、振り込み用紙に本の題名必記）。

伝統野菜の今　地域の取り組み、地理的表示の保護と遺伝資源
ASAHI ECO BOOKS 37

発　行　二〇一五年七月三一日
著　者　香坂玲　冨吉満之
発行者　小路明善
発行所　アサヒビール株式会社
住　所　東京都墨田区吾妻橋一・二三・一
電話番号　〇三・五六〇八・五一一一
編集発売　株式会社清水弘文堂書房
発売者　礒貝日月
住　所　東京都目黒区大橋一・三・七・二〇七
電話番号　〇三・三七七〇・一九二二
ＦＡＸ　〇三・六六八〇・八四六四
Ｅメール　mail@shimizukobundo.com
ウェブ　http://shimizukobundo.com/
印刷所　モリモト印刷株式会社

ISBN978-4-87950-619-1 C0061

No.33
自然の風景論　自然をめぐるまなざしと表象
西田正憲　著　本体２２００円＋税
日本図書館協会の選定図書（第２７４８回 平成24年5月23日選定）

No.34
地球千年紀行　先住民族の叡智
月尾嘉男　著　本体１８００円＋税
日本図書館協会の選定図書（第２８０１回 平成24年1月25日選定）

No.35
銀座ミツバチ奮闘記　都市と地域の絆づくり
高安和夫　著　本体１６００円＋税
日本図書館協会選定図書（第２８３７回 平成24年11月7日選定）

No.36
藝術と環境のねじれ　日本画の景色観としての盆景性
早川　陽　著　本体３０００円＋税
日本図書館協会選定図書（第２８５０回 平成25年2月27日選定）

※各書籍の詳細は清水弘文堂書房公式サイトにてご確認ください
http://www.shimizukobundo.com/asahi-eco-books/